W0360928

LES QUATRE JOURNÉES D'AMERIGO VESPUCCI

DU MÊME AUTEUR

Caravelles, le siècle d'or des navigateurs portugais, Jean-Claude Lattès, 2010

Le Dragon des quatre océans, Jean-Claude Lattès, 2004

L'Aquarium, Jean-Claude Lattès, 2000

La Ballade du loup-cervier, Robert Laffont, 1993

L'Archipel des illusions, Robert Laffont, 1990

OLIVIER IKOR

LES QUATRE JOURNÉES D'AMERIGO VESPUCCI

Mémoires apocryphes
de l'homme qui donna son prénom à l'Amérique

roman

ROBERT LAFFONT

© Éditions Robert Laffont, S.A., Paris, 2012
ISBN 978-2-221-11551-0

Jusqu'à ce jour, j'ai porté mon prénom sans y prendre garde, à la façon de la vieille blouse et du bonnet de matelot accrochés à l'entrée de mon atelier. La blouse est maculée de taches d'encre et ses manches me servent parfois de mouchoir. Le bonnet, quant à lui, garde les traînées de cire et des brûlures du chandelier dont je me couronne quand je travaille la nuit. Lorsque j'ai décidé, comme aujourd'hui, de m'isoler dans mon antre, refusant toute visite, pour me consacrer seulement à ma tâche, j'endosse l'une et je coiffe l'autre, machinal tel un moine égrenant son chapelet. Me voilà fin prêt pour une journée féconde. Mais si mon valet de chambre, profitant de mon absence, s'est avisé de les nettoyer, et que je les retrouve, sentant le savon, craquant le propre, ma plume devient lourde, mon fusain maladroit et mon humeur maussade. Je ne peux même pas, sauf à sombrer dans le ridicule, réprimander ce brave garçon pour son initiative.

Quand, il y a cinq ans, mes amis m'incitèrent à raconter mes voyages* en un ouvrage plus conséquent que les lettres

* Les cartes des quatre voyages d'Amerigo Vespucci se trouvent en fin d'ouvrage.

que je leur envoyais, je n'aurais jamais songé à commencer mon récit en évoquant ces vieilles hardes, ni mon prénom. Les nouvelles fonctions dont venait de me charger le roi Ferdinand d'Aragon ne me laissaient d'ailleurs pas le temps de rédiger mes Mémoires. Aussi, je repoussais cette entreprise à plus tard, estimant que, malgré ce large demi-siècle qui me couvre avec autant de légèreté qu'un bonnet de matelot dissimulant ma calvitie, ma vie serait encore assez longue pour ajouter quelques chapitres à mon histoire.

J'y réfléchissais toutefois, en parlais à mon entourage. Maria Simonetta, ma compagne et gouvernante, à qui j'avais fait lire Boccace, en avait déjà trouvé le titre, *Les Quatre Journées*, le *Tétraméron*, qu'elle estimait, dans sa poétique cervelle, bien plus gracieux et avenant que celui que je m'étais résigné à coucher sur le papier, en latin : *Du Nouveau Monde et des quatre voyages d'exploration au couchant de la mer atlantique que l'on dit ténébreuse, des us et coutumes des habitants, de la faune et de la flore des terres qui la bordent, suivi de quelques considérations concernant l'hypothèse selon laquelle il s'agirait d'un nouveau monde et non de l'Asie comme on l'avait cru jusque-là, avec en supplément un traité de calcul des longitudes et latitudes dans l'hémisphère austral, ainsi que des cartes et gravures dessinées par celui qui avait accompli ces quatre navigations et les raconte dans le présent ouvrage, le premier pilote de la Maison d'enrôlement de Séville, Amerigo Vespucci.* J'en restai là.

Tel est donc mon prénom, Amerigo. Même s'il ne court pas les rues et les chemins de ma Toscane natale, il n'a rien là-bas d'original et nul ne songerait à s'en étonner ou à s'en moquer. Il me vient d'un négociant allemand prénommé Heimrich avec lequel mon père était en affaires au moment de ma naissance. Ce parrain de circonstance se contenta de me porter sur les fonts baptismaux, avant de repartir vers sa Souabe natale. J'ignore si cela eut des suites bénéfiques pour le patrimoine familial. Mais ça n'en eut aucune, hélas, pour mon propre pécule. Quand j'y pense aujourd'hui, j'eus de la chance de ne pas être affublé d'un de ces Hercule, Roland, Amadis, voire Olivier mis à la mode par les romans de chevalerie, et qui m'auraient convenu autant que des guêtres à un lapin. « Amerigo » me suivit donc dans mes tribulations, avec assez de discrétion pour que je ne lui prête pas la moindre attention, sauf quand une femme aimante me le soupirait à l'oreille. Et cela ne me froissait en aucune manière quand les Français ou les Anglais m'appelaient Émeric, les Allemands, Heimrich, les Castillans de bonne famille, Ameriyo ; mes matelots, capitaine Morigo. Seuls les Portugais le trouvaient à leur goût et ne l'altéraient pas. En revanche, il avait le don de provoquer l'hilarité des indigènes du Nouveau Monde, je n'ai jamais pu savoir pourquoi, comme si en le prononçant pour me présenter à eux, je proférais une incongruité. Ces métamorphoses de mon nom de baptême ne m'ont jamais froissé ; tout au contraire, elles m'amusaient. Toutefois, par quelque obscure fierté, j'acceptais mal qu'on écorche mon patronyme, Vespucci, difficilement prononçable dans les langues étrangères.

Si je m'étends avec une certaine complaisance sur ce sujet futile, c'est que cet « Amerigo » dans son dernier avatar, le plus inattendu, fut à l'origine de ces lignes écrites à la volée et dont je ne sais jusqu'où elles me mèneront.

Deux ans s'étaient passés depuis ma nomination à la charge de *piloto mayor*. Je reçus un jour d'un diplomate espagnol attaché à la cour du duc René II de Lorraine un assez bel ouvrage. J'avais demandé que me soit expédié tout ce qui s'imprimait ou se copiait en Europe sur la cosmographie, la cartographie, l'astronomie, les mathématiques, les routiers, les récits de voyages, bref la littérature consacrée à l'aspect physique de notre mère la Terre, dont chaque navire de retour au port nous apprend quelque chose de nouveau. Il me fallait nourrir la maigre bibliothèque de la Casa de Contratación, que je traduis faute de mieux par « Maison de l'Enrôlement » pour tenter de donner un petit quelque chose de marin à cette institution sise à Séville, et fondée sur le modèle portugais de la Maison de Guinée et de l'Inde, dénomination autrement plus ouverte à l'air du large.

L'ouvrage envoyé par le diplomate, *Introduction à la cosmographie avec quelques éléments de géométrie nécessaires à la compréhension de cette science...*, bref, au titre aussi long que celui de mon projet, lui ressemblait sur un autre point : il faisait mention de mon patronyme dans la transcription latine que je lui avais donnée, Americus Vespucius. Les auteurs de cet in-folio d'une cinquantaine de feuillets avaient dû connaître bien plus de difficultés à traduire le leur, d'origine germanique. Ainsi, leur talentueux cartographe signait de l'hellénisant Hylacomilus, le meunier de la forêt, qui, traduit en allemand, donne quelque chose comme Waldmüller. J'apprendrai par la suite que je n'en étais pas très loin.

L'intitulé ajoutait : ... *ainsi que les quatre navigations d'Americi Vespucii*, au génitif, mais avec un *c* au prénom. Il s'agissait de la nième compilation de ma correspondance envoyée jadis à mes amis de Florence, remaniée, expurgée, copiée ou imprimée sans mon autorisation, avant de circuler dans toutes les cours princières et les universités. J'en avais pris mon parti, estimant qu'après tout celui qui a la chance d'apprendre ou de découvrir des nouveautés bonnes et utiles à la connaissance et à la vérité doit en faire part à l'humanité tout entière, en négligeant ses propres intérêts. Propos un peu hypocrites, je l'avoue, mais puisque les quelques paragraphes ci-dessus commencent à prendre l'allure d'une confession, autant poursuivre en ce sens. Il sera toujours temps de jeter cela dans ma cheminée, pourtant si rarement allumée sous les cieux cléments d'Andalousie. Et puis quoi ! Quel mal y aurait-il à espérer une petite part d'immortalité et de gloire, récompense des actes d'une vie dont peu ont été répréhensibles. Oui, je le confesse à mon papier, j'espère laisser mon nom à la postérité, non à la manière d'Érostrate, César ou Attila, mais à celle de Ptolémée, Strabon ou Regiomontanus. Mon nom, certes, mais je ne m'attendais pas à ce que ce fût mon prénom.

Comme d'habitude, je commençai ma lecture par l'examen des cartes, douze planches qui formaient le cahier central du livre, imprimée chacune d'un seul côté. Cela permettait de les détacher de l'ouvrage sans nuire à sa lecture. Je commençai à couper le fil de la reliure quand je vis, au-dessus du pôle Nord, contemplant le monde qu'ils avaient inventé, deux têtes de vieillards barbus et enturbannés, aux allures de mages babyloniens : Ptolémée et moi-même ! Me comparer avec le père de la cosmographie était tout à fait flatteur, mais peut-être un peu exagéré. Une fois les planches décousues, j'épinglai au mur, dans l'ordre, les douze éléments de cette mappemonde sur une grande pièce de tissu en écorce martelée que m'avait offerte jadis un chef de tribu en échange de miroirs et de clochettes.

Je reculai d'un pas. Le planisphère me parut d'une bonne facture. C'était au moins un travail sérieux, car Hylacomilus, le sylvestre meunier, s'était dispensé d'y ajouter des sauvages emplumés, des monstres marins, des tigres à deux têtes, des licornes, enjolivures destinées à masquer les ignorances. Afin d'obtenir une meilleure échelle, il avait appliqué la méthode que je préconisais pour améliorer le système de projection de Ptolémée... J'expliquerai peut-être tout cela dans une annexe en fin de volume. Je sursoyais à mon pressant désir d'examiner d'abord les trois planches de gauche, celles de mon Nouveau Monde, tel l'enfant qui se réserve pour la fin la cerise confite de son gâteau.

L'Ancien Monde d'abord, puis l'Afrique, puis les Indes portugaises, et le mystérieux Cathay de Marco Polo. Je fus déçu. Audacieux et moderne dans la forme, l'auteur restait timoré sur le fond. En cette année 1507, date de l'impression de l'ouvrage, il se contentait de reproduire de vieilles cartes d'avant le fameux voyage de Vasco de Gama et de ses nombreux successeurs. Les îles aux épices étaient éparpillées à la diable dans la mer des Indes, Malacca et le triangle presque parfait de l'Inde étaient toujours confondus l'une et l'autre. L'Afrique elle-même, dont les côtes avaient pourtant été écumées depuis cent ans par les caravelles de Lisbonne, avait encore ses allures chantournées des portulans de jadis. Hylacomilus avait purement et simplement copié pour toute la partie orientale une médiocre mappemonde de Martellus, qui lui-même avait puisé dans les spéculations de mon vieux maître Toscanelli. Cette pâtisserie étant décidément indigeste, je me tournai vers la cerise.

Le Nouveau Monde était représenté sous la forme d'une île immensément allongée d'un pôle à l'autre et nettement séparée par une hypothétique mer du littoral oriental de l'Asie. L'auteur voulait montrer qu'il s'agissait bel et bien d'un quatrième continent, comme je l'avais affirmé à maintes reprises. Pour abonder plus encore dans mon sens, il avait ménagé à l'extrême sud, un autre cap de Bonne-Espérance, un passage vers les Indes, par l'ouest, que j'avais cherché en vain, et avec tant de souffrance. J'apprendrais par la suite que Waldseemüller – c'était son nom exact – avait bénéficié également d'autres de mes travaux, qui lui avaient été communiqués par des personnages haut placés de ma cité natale. La Toscane entretenait ainsi, par l'intermédiaire de mes lettres, son indéfectible et temporaire amitié avec le duché de Lorraine.

De la Floride au Río de la Plata, le cartographe avait repris scrupuleusement les toponymes que mes compagnons et moi-même avions choisis pour désigner les sites découverts. Je me penchai sur mon cher Venezuela avec une règle graduée pour vérifier si Hylacomilus l'avait situé à son exacte position, quand mon regard fut attiré, malgré moi, vers un mot en grandes et épaisses majuscules accroché à l'équateur : « AMERICA ». En dessous, un cartouche bavard expliquait, lyrique, que rien n'aurait pu

›mpêcher l'auteur du planisphère d'*appeler ce nouveau continent* Amerci Terra, *du nom de son admirable découvreur, ou simplement* America, *puisque l'Europe et l'Asie ont elles aussi reçu des noms de femmes.*

Je ne possède en rien la modestie de la violette. Ma renommée de navigateur, de découvreur, de cosmographe était déjà grande, de Séville à Lisbonne, de Florence à Rome, de Bologne à Padoue, d'Oxford à la Sorbonne. Louis XII de France, Henri VII d'Angleterre, l'empereur Maximilien m'ont lu, et j'avais été de la compagnie des Médicis bien sûr, mais aussi de Manuel de Portugal, d'Isabelle de Castille et de Ferdinand d'Aragon. Pourtant, en lisant ce petit mot, *America,* inscrit au cœur de terres inexplorées, le sang me monta au visage, mon cœur battit plus vite et ma cervelle vacilla un instant, sous l'effet sans doute d'un afflux trop brutal de vanité. Puis, tout en gardant un œil stupide sur le planisphère, je ressentis comme une gêne, peut-être un remords, en songeant à mes compagnons, parfois rivaux, rarement ennemis, morts, vivants ou disparus en mer, tel le rude et savant Bartolomeu Dias naufragé au large de ce cap de Bonne-Espérance qu'il avait découvert, nouvelle porte de l'Inde aux épices, qu'il n'atteindra jamais. Son nom restera dans l'Histoire, même s'il ne désigne pas le moindre îlet. Je pensais aussi à cette bonne brute surnommée Fraco, le malingre, par ses camarades, dont tous ignoraient le vrai patronyme, un hercule de foire à qui les juges de Lisbonne avaient demandé de choisir entre la corde et la mer. Fraco finit ses jours dans l'estomac d'une tribu mangeuse d'hommes, après avoir été assommé par une sauvagesse autrement plus chétive que lui. Aussi bizarre que cela puisse paraître, en évoquant ces hommes, illustres ou obscurs, qui auraient tous mérité un bout de portulan pour cénotaphe, le souvenir de mon pauvre Colomb ne me vint pas à l'esprit.

Qu'on n'y voie aucune suffisance de ma part, mais, tout

compte fait, cet *America* était une trouvaille. Il se retient bien, aussi plaisant à l'oreille qu'à la plume, ce *A* majuscule suivi d'un *m* minuscule réjouiront l'enlumineur, et il ne dépareille pas, pour peu qu'on en oublie l'étymologie, auprès d'Asia, Africa et Europa. De plus, les amateurs d'anagrammes peuvent y trouver leur miel : « Icare », « Mare », « Rica », etc. Il faudra qu'un jour je me décide à rendre visite à ces braves chanoines savants qui m'ont rendu un tel hommage. Mais moi qui ai parcouru autant de lieues marines affrontant tant de tempêtes effroyables et de calmes torrides, je redoute comme la peste de parcourir ces chemins défoncés et boueux qui me mèneraient, dans mon imagination peureuse, grelottant, le visage cinglé par une bise glacée jusqu'au fond d'une vallée frileuse, d'une fosse neigeuse où se calfeutrerait la collégiale de ces doctes montagnards, dans la cité vosgienne de Saint-Dié dont je suis bien incapable de donner longitude et latitude.

Très vite, *America* fut adopté par tout ce qu'*Europa* compte de sociétés savantes. Et Dieu sait s'il y en a ! Ou Dieu l'ignore, ainsi que son Saint-Office, et c'est tant mieux pour ces cénacles, qui peuvent s'épanouir sans trop craindre le bûcher. J'étais bien sûr flatté de cet hommage récurrent mais, l'habitude aidant, je n'y attachais plus d'importance. S'il y eut des envieux, ils ne poussèrent pas le ridicule jusqu'à me le reprocher. Et les taquineries de mes amis sur le sujet se sont épuisées bien vite. Après tout, je n'étais pas le premier à laisser mon prénom, et seulement mon prénom à une terre nouvelle. Je ne parle évidemment pas des princes et des saints, n'étant ni l'un ni l'autre. Il y a de cela plus d'un siècle, mon compatriote Lancelotto Mancello, Lancelot de Mancelle pour les Français, ces grands amateurs de romans de chevalerie, découvrit, selon Boccace, au nom du Portugal, ou plutôt redécouvrit tant de temps après le Carthaginois Hannon, l'archipel des Canaries, que l'on appelait alors îles Fortunées. J'y ai fait escale et je ne comprends toujours pas quelle fortune on pourrait trouver au pied de ces volcans. Mais passons. Il advint que quelqu'un, peut-être Boccace lui-même, baptisa l'une d'elles île Lanzarote.

Nul besoin d'avoir étudié la philologie pour comprendre que si *America* résiste à l'épreuve du temps, son étymologie s'oubliera aussi vite que celle de Lanzarote, d'Asie, d'Afrique ou de la planète Mars. L'étymologie n'est que le cordon ombilical du nom. Sitôt que le mot commence à circuler, elle tombe, elle s'oublie, et la trace qu'elle laisse possède autant d'utilité qu'un nombril. Au demeurant, à la Casa de Contratación, la dénomination officielle de ce Nouveau Monde reste, pour les territoires détenus par la Castille depuis le traité de Tordesillas, celle d'Indes occidentales. La raison en est politique. Il s'agit de ne pas reconnaître que l'Inde, la vraie, celle des épices, est devenue la profitable possession du Portugal. Un Portugal qui ne se soucie guère de donner mon prénom à la part qui lui revient des terres du Couchant, oubliant même les avoir baptisées Terra de Vera Cruz, de la Vraie Croix. Ils les appellent désormais du nom de cette essence tinctoriale procurant des bénéfices colossaux aux audacieux qui ont misé sur elle, le bois de braise, le *pau brasil*, qui y pousse à profusion. Dès lors, cette immense masse continentale, dont nous ne connaissions encore que les franges atlantiques, est partagée en deux : Indes occidentales d'un côté, Brésil – ou Terre de la Vraie Croix – de l'autre. *America* n'est plus qu'une plaisante invention de cosmographes qui n'ont jamais mis le pied sur le pont d'un bateau, sinon pour traverser le Rhin ou la Meurthe, un hommage discret à l'un des leurs, un clin d'œil complice à leur confrère prodigue qui leur a rapporté de ses voyages un sujet d'étude plus copieux qu'un festin de roi : un nouveau monde.

Une fois ma vanité repue, je songeai enfin à mon ami Christophe Colomb, décédé l'année précédente. Je n'avais pas le sentiment d'avoir usurpé sa gloire, même involontairement. Jusqu'à son dernier soupir, en effet, il s'était obstiné à croire que ces terres qu'il avait touchées le premier ne constituaient que des archipels lui obstruant le passage vers le Cathay, les Indes et l'île mythique de Cipangu. Ma conscience ne me tourmentait donc pas, mais je craignais la réaction de ses fils, si des personnes mal intentionnées venaient à les informer de la chose, avant que je le fisse moi-même. J'aurais risqué de perdre la confiance qu'ils me portaient depuis que, sur son lit de mort, leur père les avait recommandés à moi pour que je défende leurs intérêts, mis à mal par Son Ingrate Majesté Ferdinand d'Aragon. Je pris donc les devants et les invitai à souper chez moi, comme cela nous arrivait parfois. Diego Colomb avait alors vingt-sept ans et son cadet Fernando, dix-neuf ou vingt. Ils tentaient de recouvrer leur héritage, en titres et en bénéfices, ainsi que de réhabiliter la mémoire de leur père. Suivant les dernières volontés du défunt, je les y aidais, et je les aide encore, du mieux que je peux mais, malgré l'importance de mes fonctions, l'influence et la puissance de mes protecteurs, je reste toujours, aux yeux de beaucoup, de Séville à Burgos, un étranger, un tortueux Florentin, un esprit fort, fleurant l'hérésie à cent pas, selon la Sainte Inquisition. Contrairement à mes inquiétudes, les deux frères prirent très bien la chose, et s'en amusèrent. Diego, le plus fin des deux, se permit, faisant fi du respect dû à mes cheveux blancs, un jeu de mots un peu lourd entre le continent qui portait désormais mon prénom et une supposée incommodité inhérente à mon prétendu grand âge, l'incontinence.

La vie put donc reprendre son cours. *America* entra dans l'usage, et côtoyait sur les cartes, sans fâcher personne, *Indes occidentales* ou *Nouveau Monde.* Quand je reçois un livre le mentionnant, cela me fait plaisir, mais pas plus qu'un regard à peine appuyé et l'ombre d'un sourire d'une inconnue croisée dans la rue, qui rendent un instant plus joyeux et plus jeune. J'avais écrit, avec beaucoup de retard, à la société savante de Saint-Dié, autrement dit « le Gymnase vosgien », pour les remercier de l'hommage qu'ils me rendaient. J'essayai de donner à ma lettre un ton souriant pour ne pas paraître trop pompeux, puis je me permis de leur signaler quelques-unes des nombreuses erreurs relevées dans le planisphère. Le temps passa, comme il passe à mon âge, de plus en plus vite, tandis que mes jambes vont de plus en plus lentement. Il y a quelques semaines de cela, je reçus de Saint-Dié une nouvelle édition de l'*Introduction à la cosmographie.* Leurs auteurs n'avaient tenu compte d'aucune de mes corrections et suggestions. Rien n'avait changé, sinon qu'*America* et son cartouche avaient disparu, pour être remplacés par *Terrae incognitae* « découvertes par l'amiral Colomb ». J'en conçus, je l'avoue, une légère amertume, mais rien de plus.

La semaine dernière, comme chaque mercredi, je recevais en audience à la Casa de Contratación toute personne de quelque importance partant ou revenant des colonies, afin de réitérer, pour les premiers, mes consignes et recommandations, et, pour les seconds, la demande expresse de nous remettre les documents que le voyageur voudrait bien nous communiquer : journaux de bord, portulans, livres de comptes... Même les plantes en pot ou en herbier, même les animaux, vivants ou empaillés, feraient l'affaire.

Mon visiteur n'était pas homme à se livrer à ce genre d'aimables et savantes activités. À trente-cinq ans passés, Bartolomé de Las Casas venait tout juste de se faire ordonner prêtre, dans l'ordre des dominicains. J'avais entendu parler de ses parents qui furent parmi les premiers à s'installer dans l'île d'Hispaniola découverte par Colomb. Au lieu de se perdre comme les autres dans la recherche vaine de l'or, ils y avaient prospéré en y introduisant la canne à sucre. D'après le dossier que mon secrétaire m'avait remis, ce tout frais tonsuré était devenu par héritage une des plus grosses fortunes des Indes occidentales, ce qui expliquait son choix d'entrer dans l'ordre de saint Dominique, plutôt que chez les franciscains, qui avaient toujours eu, dans les îles dont il avait été le vice-roi, la préférence de Colomb, mais qui aurait obligé Las Casas à se dépouiller de ses biens. En principe.

Après une retraite au monastère de Montserrat, il avait été désigné par ses supérieurs, et à sa demande, comme chapelain d'Hispaniola, où il repartait par le prochain convoi. Notre entretien ne serait que de pure forme, puisqu'il ne faisait pas partie de ma juridiction. Je lui demanderais seulement comme une faveur de me rapporter les anciennes croyances, us et coutumes des indigènes qu'il aurait à convertir.

Malgré sa robe noir et blanc, son air confit en dévotion, avec sa haute taille, ses larges épaules, sa trogne vermeille et bosselée, Las Casas avait toutes les allures de ces soldats de fortune, brutaux et sans scrupules que j'étais amené par ma fonction à fréquenter, après avoir eu quelques heurts avec eux sur le pont d'une caravelle. L'œil était d'un vert pâle, rendu plus étrange encore par son enfoncement sous un sourcil épais. Bien que son visage fût enfoui jusqu'aux pommettes sous une large et longue barbe d'un noir de jais, un je-ne-sais-quoi dans son allure me disait que cet homme-là devait attirer les femmes, avant d'être tonsuré. Peut-être parce qu'il les inquiétait un peu. À son entrée, je me levais pour marquer le respect dû à son habit. Et puis, j'avais quelques craintes que ce zélé novice eût également proposé ses services au Saint-Office.

Pour donner à notre entretien une tournure moins solennelle, plus familière, j'abandonnai ma table de travail et l'invitai à nous asseoir dans deux fauteuils en vis-à-vis, à côté de la fenêtre. Il refusa d'un geste brusque, ce qui me mit dans l'embarras. Nous n'allions tout de même pas rester ainsi debout l'un en face de l'autre, comme deux coqs de combat avant leur affrontement. Aussi me décidai-je à revenir derrière mon bureau et m'enfonçai dans mon siège, jambes croisées dans une posture que je voulais désinvolte. Je posai la main sur les quelques feuilles manuscrites qui le concernaient et m'apprêtai, armé de mon sourire le plus amène, à lui adresser le compliment que je venais de préparer sur sa belle conversion. Il ne m'en laissa pas le temps. D'une voix étonnamment suraiguë pour une aussi imposante carcasse, il me demanda :

— Savez-vous, monsieur le premier pilote, que dans le procès en réhabilitation de feu l'Amiral, ce prophète, ce martyr, et la défense des intérêts de ses pauvres orphelins, je viens de remporter sur vous une première victoire ?

Ces deux gaillards de Diego et Fernando Colomb, de pauvres orphelins, cela prêtait à sourire. Mais je ne songeais pas à m'en amuser tant la violence de cette attaque incompréhensible m'avait stupéfié. Cet homme-là était fou, et je l'aurais congédié sur-le-champ, religieux ou pas, si je n'avais pas soupçonné son appartenance à l'Inquisition. J'avais jadis, malgré moi, fréquenté ces gens-là et je savais que le moindre mot de ma part pouvait être interprété comme un aveu. Je restai donc silencieux, me contentant de lever les sourcils pour l'inciter à poursuivre. Ce qu'il fit, d'un débit précipité et fébrile.

— America, monsieur le premier pilote, America ! J'ai enfin obtenu raison de cette usurpation, de ce vol ! Vous avez pourtant de puissants protecteurs parmi les têtes couronnées et parmi d'autres, bien plus obscurs, cachés, occultes, engeance dissimulant leurs pratiques diaboliques sous d'hypocrites simulacres...

L'énergumène, qui m'écrasait de toute sa taille, commençait singulièrement à m'agacer. Je pris les quelques feuillets le concernant, contenant la liste de ses ancêtres maternels et paternels depuis sept générations. Ce procédé d'alguazil me répugnait, mais je n'avais aucune envie de continuer à me faire insulter ainsi. Las Casas était peut-être fou, mais il n'était pas sot. Comprenant sans doute que j'allais évoquer un de ses trisaïeux du côté de sa mère, dénommé Samuel Baruch, il interrompit son discours véhément, plongea dans sa soutane une grosse main couverte de poils où brillaient quelques bagues peu compatibles avec la règle de son ordre, en sortit un in-folio qu'il posa lourdement sur ma table. Il l'ouvrit, renversant du même coup un petit buste en plâtre de Simonetta, que m'avait moulé et peint jadis mon ami Botticelli.

— Faites un peu attention, voyons, bougre d'empoté !

— Regardez, regardez, me répondit-il en écrasant sur une page son index à l'ongle violacé.

— Un instant, voulez-vous ? grognai-je en me penchant pour ramasser la figurine tant aimée, tout en entendant craquer une ou deux de mes vertèbres. Ouf ! Pas de dégât... Le tapis a amorti la chute.

— Regardez, regardez, vous dis-je ! Admirez ma victoire, pleurez votre défaite !

— Si vous aviez l'obligeance d'ôter d'abord votre doigt... Eh bien, c'est la deuxième édition de la *Cosmographie* du Gymnase de Saint-Dié. Je l'ai déjà examinée. Elle n'apporte rien de nouveau à la première. Pourtant, selon les informations que j'ai reçues de Lisbonne, la presqu'île de Malacca...

— Ce n'est pas de cela que je vous parle, mais de cette vignette, là, sur la page de gauche.

À nouveau, son index sale et cassé... Je pris une plume dans l'encrier, et vlan, je lui piquai la première phalange. Il retira vivement sa main.

— Lisez donc, poursuivit-il de sa voix d'eunuque.

— *Ces îles ont été découvertes par l'amiral Colomb au service des rois d'Espagne.* Je ne vois rien là qui aille à l'encontre de la vérité.

Je commençais enfin à comprendre où cet hurluberlu voulait en venir, avec ses élucubrations de victoire et de défaite, d'usurpation et de vol, de pauvres orphelins... Il m'intentait un procès ridicule, que j'aurais gagné sans encombre, si mon accusateur n'avait pas été ce dément.

— Et autour, hein ? insista-t-il. Autour de la vignette :

Terra incognita ! Disparue, America, volatilisée ! Ce n'est là qu'une première victoire contre l'indigne usurpation. Malgré mon injonction, ces pleutres de Vosgiens n'ont pas osé donner à cette terre où vivent les tribus perdues d'Israël le nom, ô combien légitime, de Colombia, tel l'oiseau apparu à Noé, au bout des quarante jours du Déluge, et porteur d'un rameau d'olivier.

Je n'ai jamais pu me départir d'un grave défaut qui m'a parfois joué de mauvais tours : le mot d'esprit. Sitôt que l'occasion se présente, rien n'y fait, je le lâche, et tant pis pour les conséquences.

— Colombia... Joliment trouvé... Mais, pourquoi pas Christofia ? Topez là ! Je vous abandonne mon prénom, remplacez-le par celui de Colomb. Après tout, ils n'ont pas jugé bon de donner à ce nouveau monde celui de Vespucia ?

Son visage, qui ne connut jamais, sans doute, l'ombre d'un sourire s'illumina, comme si le Saint-Esprit s'était d'un coup déversé sur lui.

— Christofia... Non, pas Christiofia ! Christofera, la terre porteuse du Christ. Ah, monsieur le premier pilote, comme je suis heureux ! Je vous croyais un ennemi de la Sainte Église, mais vous voilà, en si peu de temps, converti. Christofera ! Permettez que je vous embrasse.

— C'est inutile, répliquai-je. Allez donc propager ce beau nom de Christofera auprès de vos ouailles ; enseignez-le aussi à vos centaines d'esclaves indigènes. Je suis sûr qu'ils apprécieront. Hélas, je ne puis profiter plus longtemps de votre agréable compagnie. On m'attend.

Il s'assit, aussi familièrement que chez un vieil ami, et me dévisagea longuement. Je ne pus soutenir son regard. Ses yeux s'emplissaient de compassion. Il me pardonnait. Mais de quel crime ?

— Mon fils, me dit-il alors, maintenant, je te sais innocent de cette conjuration contre la mémoire de l'Amiral. Oh, bien sûr, tu n'as rien fait pour t'y opposer, *vanitas vanitatis*... Mais quoi, nous avons tous nos humaines faiblesses. J'ai moi aussi les miennes comme tu viens de me le rappeler. Ces esclaves travaillant dans mes domaines d'Hispaniola... Ton chiffre est tout de même très exagéré. Je n'en possède pas plus de cent vingt. Ces Indiens sont comme des enfants, d'une douceur et d'une candeur infinies, prêts non seulement à recevoir, mais à vivre la Parole, comme ceux qui écoutaient Notre Seigneur, au pied de la Montagne.

Le vitupérant prophète s'était mué en doux apôtre. Sa voix devenue mielleuse laissait présager un long sermon. Je me levai, refermai violemment le livre, et je le tendis au dominicain néophyte. Bartolomé de Las Casas comprit enfin que l'entretien était terminé. Il se dressa tout d'une pièce, tourna les talons comme un soldat obéissant. Et roulant des épaules, il disparut de ma vie à tout jamais en grommelant :

— Christofera, Christofera. *Ad majora dei gloriam !*

La porte se referma. J'éclatai involontairement d'un mauvais rire. Pour me remettre les idées en place, je pris ma plume qui dessina, toute seule, sur la fiche de Las Casas, un œil écarquillé d'où coulait une larme. Mes mains se mirent à trembler et j'eus envie d'éclater en sanglots. Je tentai de me raisonner. Ce n'était quand même pas ce moine frénétique qui me mettait dans un état pareil. Demain, il serait en mer et je l'aurais oublié. Moi peut-être, mais lui... Selon son dossier, Las Casas avait été longtemps un de ces *encomiendos* dotés par la Couronne de vastes terres où il exploitait des Indiens par le travail forcé. Ces gens ne portaient pas dans leur cœur les responsables de la Casa de Contratación, dont l'une des tâches était de mettre son nez dans leurs vilaines affaires. Il avait une première fois rejoint ses parents là-bas après la disgrâce de Colomb et ne paraissait pas avoir entretenu des liens particuliers avec lui. Inutile d'aller chercher si loin les raisons de sa folie. Sa toute fraîche conversion en était la seule cause. Dans son fanatisme de néophyte, il s'était trouvé une mission qu'il croyait noble et belle : rendre à Colomb ce qui n'appartenait même pas à Vespucci. Il était peut-être également un pantin dans les mains de la Sainte Inquisition qui, depuis longtemps, cherchait à me prendre en défaut.

Je lui avais jeté ce « Christofera » comme un os à un chien enragé. Il ne le lâcherait plus jusqu'au triomphe de son idée fixe. Si par malheur il découvrait d'autres mentions d'America dans des ouvrages que des bonnes âmes ne se feraient pas faute de lui communiquer, il repartirait à la charge contre ma personne, et toutes les armes lui seraient bonnes, surtout celles dont usent le plus souvent les gens de son espèce : la délation et la calomnie. Avec un moine comme les autres, je me serais contenté, malgré mon peu de goût pour ces procédés, d'évoquer cette rencontre, sur le mode de la plaisanterie, devant l'archevêque de Séville, qui me fait l'honneur de s'intéresser à mes travaux. Une réprimande, et notre homme se serait calmé. Mais Las Casas n'est pas un moine comme les autres. D'abord, il est riche, beaucoup plus riche que moi, et n'aurait aucun mal à m'intenter un procès, subornant témoins et juges. À Hispaniola il trouverait pour l'aider à me perdre quelques-uns de ces arrogants et stupides hobereaux de sac et de corde, fauves enragés d'envie contre la renommée et les honneurs comblant un obscur bourgeois de Toscane, sans titres ni blason.

Le papier était maintenant couvert de monstres en tout genre, hommes à tête d'oiseau, licornes au corps de serpent, et des lignes tournant en spirale, ou zigzaguant comme la crête dorsale d'un dragon. Las Casas n'aura besoin de personne, songeai-je alors, de plus en plus épouvanté. Il lui suffira, pour me hisser sur le bûcher, d'évoquer quelques-unes de mes actions passées. N'ai-je pas aidé les juifs, lors de leur expulsion, dix-huit ans auparavant ? N'ai-je pas conservé avec les enfants d'Abraham réfugiés au Brésil des amitiés solides ? Et mes écrits ! Mes écrits imprimés et largement diffusés ! Le plus médiocre des théologiens n'aura aucune difficulté à y trouver des traces d'hérésie, de blasphème, d'athéisme, et dans ma vie un chapelet de péchés plus long que le chemin menant de la Casa de Contratación à l'esplanade du pilori.

Quelle mouche m'avait piqué, aussi, quand je m'étais interrogé ironiquement sur le tonnage de l'arche de Noé, à la vue des innombrables animaux que recelait le Nouveau Monde ou quand j'avais évoqué la proximité du Paradis, juste après mon récit concernant les habitudes alimentaires d'une tribu d'indigènes appelés « Cannibales » ? Passe encore pour ces boutades dignes d'un bachelier, mais voilà que, pris à mon propre jeu, prêt à monter sur l'échafaud pour amuser mes lecteurs et surtout mes lectrices, je lançai quelques piques contre Leurs Majestés, les Rois Très Catholiques, Isabelle de Castille et Ferdinand d'Aragon, irrespect commun à nombre de citoyens de la République de Florence, méfiance d'hommes libres ayant eu à subir le despotisme de Laurent le Magnifique puis la dictature mystique et populacière du moine Savonarole. Mais j'ignorais en les écrivant que ces propos légers seraient assemblés en recueil et connaîtraient un tel succès. D'ailleurs je ne m'en souciais guère, sûr que ma renommée et mes modestes talents me protégeraient autrement mieux que la couronne d'un roi ou la mitre d'un évêque.

Las Casas gagnait la partie. Il était entré dans mon âme, tel le diable, dit-on, dans celle des possédés. Il savait tout de moi ! Il était allé fouiller jusque dans mon plus lointain passé, voire celui de mon ascendance, pour y dénicher je ne sais quel secret, une erreur de jeunesse, une peccadille qui pourrait étayer son réquisitoire. Cette idiote conviction devint une hantise, et bien que ma raison tentât en vain de s'en défendre, mauvais souvenirs, regrets et remords envahissaient ma mémoire comme autant de pièces à charge versées à mon procès. Ma raison me criait que ces broutilles ne rôdaient que dans ma vieille cervelle percluse, et que même le plus sévère des confesseurs n'aurait pas vu là motif à la damnation éternelle, ni que le plus obstiné des inquisiteurs pût un jour en avoir connaissance. Cependant que je me tourmentais ainsi, je sentais monter en moi les premiers symptômes d'une fièvre contractée lors de ma première navigation et qui m'accable depuis à date fixe, durant deux ou trois jours. Mais, cette fois, elle avait pris, la fâcheuse, une bien grande avance sur nos rendez-vous annuels.

— Il y a là encore quelqu'un qui attend, seigneur Ameriyo, puis-je le faire entrer ?

La bonne bouille de l'huissier me rasséréna un peu. Mon dernier visiteur, un pilote portugais qui n'avait pu trouver d'embarquement à Lisbonne, faute de puissants protecteurs, remarquant la sueur qui inondait mon visage et le tremblement de mes mains, eut la finesse d'abréger notre entretien. Je note son nom en marge, maintenant qu'il me revient. Une telle délicatesse venant d'un solliciteur est chose trop rare pour ne pas être récompensée. Avant que j'oublie : « Penser à trouver pour Rui Barbosa un emploi digne de ses capacités. »

Je rentrai précipitamment chez moi, m'alitai pour y plonger douze heures durant dans un sommeil agité où un Las Casas grand inquisiteur portait lui-même le brandon à mon bûcher. À l'aurore, alors que, d'ordinaire, la fièvre me laisse languissant une bonne semaine, je me réveillai frais et dispos, l'esprit clair, le corps alerte, sinon comme à vingt ans, du moins comme à quarante. Sans consulter personne parmi mes proches, contrairement à mon habitude, je rédigeai pour le ministre une lettre de démission arguant de ma santé précaire. Je la confiai à mon valet, mais sitôt qu'il eut franchi le pas de ma porte, je faillis le rappeler. Las Casas ! Je battais en retraite devant le fanatique, je m'avouais vaincu, je reconnaissais ma culpabilité. À cette heure, ce dément devait être à bord de l'escadre en partance vers Hispaniola, mais les nouvelles vont vite, de l'Ancien au Nouveau Monde, de Cadix à Isabela, plus rapidement que de Séville à Florence. Et je les entends déjà ricaner, ces barbares, de la lâcheté du perfide Italien, usurpateur de l'Amiral, le grand Colomb, que pourtant ils n'avaient eu de cesse d'écraser de son vivant.

Je ne suis pas homme à courir après les titres ni les honneurs pour la seule satisfaction de les accumuler et m'en parer devant mon prochain pour mieux l'abaisser. Issu d'une riche famille de marchands, de banquiers, de notaires, et malgré mes revers de fortune, je n'ai jamais cherché l'argent que pour le bien-être des miens et la liberté qu'il m'offrait à partir en quête de la connaissance et de la vérité. Mes actes parlent pour moi. Je ne suis pas non plus un modèle de vertu, tant s'en faut, et les pages qui suivent le montreront, même si je n'irais pas jusqu'à me flageller.

Comme je ne pouvais pourchasser mon commissionnaire dans la rue, pieds nus et en chemise de nuit, je me dis qu'il serait toujours temps de revenir sur ma décision, en expliquant mon geste au ministre, par un moment de découragement dû à une grande fatigue. Je devais me défendre seul, tout en ignorant les chefs d'accusation que Las Casas porterait contre moi. Les porterait-il, au moins ? N'exagérais-je pas sa puissance ? Avait-il vraiment fait plier les gens de Saint-Dié, ou était-ce seulement le fruit de sa tortueuse imagination ?

Je restais là, planté sur le pas de ma porte. Les cauchemars de cette nuit remontaient à ma mémoire, par bouffées brumeuses. Le dominicain avait pris la tête d'une conspiration contre moi, dont faisaient partie des gens que je ne connaissais pas, mais aussi d'anciens amis, des princes et des évêques, des vieux gabiers ou de jeunes sauvagesses, et ma défunte mère, enfin, dont je me demande encore ce qu'elle pouvait bien fiche sous les palmiers d'Hispaniola. Ces fantasmagories qui heurtaient ma raison se dissipèrent aussi vite qu'elles m'étaient apparues. En restait la certitude absurde qu'il se tramait quelque chose à mon encontre.

Après avoir demandé que l'on me serve à déjeuner dans

mon atelier, et qu'on ne me dérange pas de la journée, j'enfilai ma vieille blouse et me coiffai de mon bonnet de matelot. Empli d'une énergie nouvelle, j'étais fermement décidé à préparer ma défense. Je ferais de mes quatre voyages un récit complet, livrant les noms de ceux qui m'avaient accompagné, donnant des lieux explorés la latitude et la longitude exactes, décrivant les us et coutumes des autochtones, la faune et la flore, relatant également tout ce qui m'était advenu de bon et de mauvais durant mes explorations, sans indulgence ni pour moi ni pour ceux qui avaient partagé mes tribulations. Fermement résolu à ne pas m'encombrer des pudibonderies et de la fausse modestie du vieux savant, je revendiquerais hautement la découverte de ce qui n'était pas des îles côtières du Cathay et des Indes, mais un nouveau monde, et qu'à ce titre le choix de mon prénom par le Gymnase de Saint-Dié pour le désigner était sans conteste légitime.

Je déballai les piles de cartons entassés dans des malles, où étaient rangés mes carnets de voyages, routiers, portulans faits au trait, nets de toute fantaisie ornementale, tables des marées, cartes du ciel, des vents dominants, des courants, éphémérides, glossaires des différentes langues indigènes, croquis de leurs vêtures, de leurs parures, de leurs habitations, de leurs armes et de leurs embarcations, dessins d'oiseaux, de singes, et d'autres animaux, de plantes, dont quelques feuilles et fleurs séchées, avec la description de leurs couleurs, de leurs textures et de leurs tailles. J'avais classé jadis ces documents par thèmes ; il me fallait maintenant les réordonner dans un ordre chronologique, une pile par voyage, et une cinquième pour ce que j'avais appris d'autres navigateurs, ayant exploré « mon » continent. Ainsi, je rendrais à Colomb, Pacheco ou Pinzón ce qui leur était dû, et à Amerigo ce qui appartenait à Vespucci.

J'aurais pu, pour accomplir cette tâche fastidieuse, me faire aider par mon secrétaire, mais j'aurais perdu beaucoup de temps à lui expliquer où il devait placer telle ou telle feuille de papier, répondre à ses questions, tempérer son enthousiasme zélé, sa sollicitude inquiète au plus infime de mes raclements de gorge, son mouchoir jaillissant de sa manche à la moindre gouttelette perlant à mon front. J'aime beaucoup ce garçon extrêmement doué et prometteur, mais l'exaspérante admiration qu'il me voue m'insupporte parfois plus que la haine ou l'indifférence que d'autres m'ont portées. J'espérais aussi que cette solitude et cette manière machinale de trier et classer ces documents que je connaissais parfaitement pour en être l'auteur purgeraient mon esprit des miasmes de ma fièvre et des cauchemars de cette nuit. Peut-être aussi y trouverais-je une note, un croquis, une bribe de phrase ou d'idée provoquant en moi l'étincelle, à partir de laquelle se construirait de luimême et sans effort l'ouvrage que ma pensée n'aurait plus qu'à dicter à ma main.

Mais mon esprit vagabondait dans des chemins de traverse. Quel prince, quel roi, me demandais-je, pourrait être le dédicataire de cette œuvre qui serait forcément le point d'orgue de toute une vie consacrée à la recherche de la Vérité ? Ce genre d'exercice obligé sert surtout à solliciter une faveur, à s'assurer un puissant protecteur ou, mais c'est bien plus rare, à témoigner de sa reconnaissance pour une faveur déjà octroyée. Je ne l'ai fait que deux fois, et pour deux Florentins, un Médicis et un gonfalonier, deux amis de jeunesse, à qui je n'avais plus rien à demander. Avais-je d'ailleurs quelque chose à leur demander, à l'époque, songeai-je en attachant ensemble une carte de l'île de la Guadeloupe dessinée par Bartolomé Colomb et un bref message de son frère aîné qui m'était destiné.

Pour lier deux feuilles, je les place l'une sur l'autre en prenant bien soin que leur coin en haut à gauche soit parfaitement juxtaposé, coin que je corne en un triangle isocèle ; puis avec l'ongle, je déchire soigneusement une fine bandelette de papier que je replie jusqu'au sommet du triangle. Cela me prend beaucoup moins de temps que d'y nouer un fil. J'avais imaginé cette prodigieuse invention à l'âge de douze ans, et je m'émerveille encore de son ingéniosité. Quand j'en fais la démonstration devant mes proches, ils ont beaucoup de mal à dissimuler leur manque d'intérêt. J'ai beau plaider que ces petits riens ajoutés les uns aux autres ont concouru autant, sinon plus, aux progrès de la civilisation que, par exemple, l'invention de la poudre à canon, ils ne s'essaient même pas à ces gestes simples et tentent de changer de sujet de conversation. C'est mal me connaître, car j'insiste alors, avec une joyeuse malignité, curieux de voir jusqu'où ira leur patience, ou leur pitié face à mes manies, qui sont pour eux les symptômes de ma sénilité naissante.

Encore un chemin de traverse. Puis un autre... Je me mis à songer à mon prénom, que je portais comme ma blouse ou mon bonnet, sans y prendre garde. La comparaison m'amusa, je la notai sur un bout de papier qui traînait ; je me pris au jeu et développai cette comparaison un peu triviale, pour en arriver, de fil en aiguille, à ma façon particulière d'attacher deux feuilles ensemble. Je vais continuer ainsi, en toute liberté, sans autres contraintes que celles que je m'imposerai à moi-même. Si je dois un jour me défendre, je trouverais bien dans ce brouillon quelques solides arguments. Un brouillon qui commence à sentir singulièrement le fagot. Qu'un regard malintentionné vienne à en lire les lignes, et ces feuillets pourraient servir de brandon à mon bûcher. Bah, le temps qu'ils instruisent mon procès, j'aurai largement le loisir de m'enfuir, dans les Vosges, pourquoi pas, où je finirai mes jours à redessiner l'univers en compagnie de ces paisibles érudits qui composent le Gymnase de Saint-Dié.

En attendant, je ne me priverai pas de cette nouvelle découverte que je suis en train de faire : l'ineffable plaisir d'écrire.

I

L'Ancien Monde

Jamais je n'ai pleuré ma Toscane natale. Jamais je n'ai souffert de ce mal étrange, la nostalgie, qui frappait parfois les passagers, soldats embarqués ou proscrits, d'une langueur plaintive, nauséeuse, et les faisait dépérir doucement durant la traversée, à moins que la douleur, trop forte, trop intense, les poussât à en finir brutalement, en se pendant à une vergue ou en se jetant à l'eau, « creusant leur trou dans la marinade », comme disaient les matelots dans leur rugueux jargon. Pourtant, contraints de quitter leur pays, ils n'avaient abandonné que la misère, la faim, les pestilences, l'échafaud pour certains. Et ils auraient eu tant à espérer, liberté, fortune peut-être, des terres vierges où la Loi les avait bannis. Quand je les voyais se traîner, gémissants, sur le pont de mon navire, je les prenais en pitié, mon cœur n'est certes pas de pierre, mais je ne comprenais pas les raisons de leur insondable et mortel chagrin. Ils n'avaient rien perdu, puisqu'ils n'avaient rien à perdre.

Tandis que moi, Amerigo Vespucci, j'aurais dû verser des torrents de larmes à faire déborder l'Arno, en songeant à ce que j'avais laissé derrière moi. Mais non... Les souvenirs de Florence, la belle Seigneurie, de ses gracieux palais ou de ses joyeuses tavernes, de mes amis artistes, philosophes, savants, hommes de pouvoir et d'argent ou compagnons de bamboche, ou tout cela à la fois, des femmes, surtout, qu'elles fussent épouses de financiers ou putains, n'ont laissé que quelques sourires dans ma mémoire, mais si peu de regrets. Quant à mes remords, ils ne sont en rien des symptômes de la nostalgie. D'ailleurs, ce ne fut pas pour les fuir que je quittai l'Italie, il y a de cela maintenant dix-huit ans, et je n'ai jamais ressenti mon installation à Séville comme un exil. Seules les circonstances m'ont poussé à partir. Les circonstances... Autant dire l'aveugle destin, la fatalité ! Ma volonté n'y était-elle donc pour rien ?

Je ne suis que le troisième garçon de la branche aînée des Vespucci. Il existe un dicton français peu engageant pour les cadets : « Le premier pour la race, le second pour la grâce, le dernier pour la casse. » Mais une famille comme la mienne, tout entière consacrée au négoce et à la finance, n'aurait jamais détourné un de ses rejetons vers le métier des armes, activité peu rentable et hasardeuse. Mes parents préféraient me garder en réserve, au cas où l'un de mes deux aînés, Antonio ou Girolamo, venait à disparaître. La naissance tardive d'un benjamin n'y changea rien. Bernardo, enfant de l'automne, avait six ans de moins que moi, et des rumeurs coururent sur sa légitimité. Ma mère lui fit payer, par la haine qu'elle lui voua jusqu'au dernier jour, cette souillure sur sa réputation. J'y trouvai mon avantage, le malheureux détournant sur lui une bonne partie des punitions qui jusqu'alors pleuvaient sur moi. Je n'eus droit désormais qu'à l'indifférence de ma mère, ce qui rendait mon sort autrement plus enviable.

Ne pouvant se flatter d'un ancêtre ayant combattu aux croisades, la famille Vespucci clamait haut et fort ne devoir sa fortune qu'à son mérite et son industrie. Le fondateur légendaire de la lignée aurait été un humble paysan ne possédant que quelques arpents de vignes et de lavande sur les coteaux de la colline que coiffait la petite citadelle de Montefioralle, à trois lieues au sud de Florence. Il en aurait tiré le meilleur des vins et récolté le meilleur des miels, appréciés dans les palais et châteaux les plus huppés de Toscane. Depuis, la tradition voulait que les femmes aillent accoucher dans la modeste maison qui aurait été celle de nos lointains et rustiques ascendants, dans l'enceinte de la forteresse de ce village où je suis né.

Quand j'étais enfant, j'avais bien du mal à imaginer mon grand-père en vigneron ou en apiculteur, ce qu'il ne fut jamais. Dans mon théâtre imaginaire peuplé d'humanités grecques et latines, je lui donnais le rôle de Scipion l'Africain. Avec sa couronne de cheveux blancs et bouclés, son œil terrible enfoncé sous un sourcil de neige, ce pacifique négociant et financier ne rechignait pas à poser devant le pinceau des peintres qu'il nourrissait généreusement, pour figurer en philosophe, en Roi mage ou en sénateur romain. Son fils aîné, mon père, cultiva sur ses vieux jours l'étonnante ressemblance qu'il avait avec lui. Pour ma part, je leur ai emprunté, malgré moi, quelques traits, même maigreur, même grande taille, même chevelure, même profil césarien, mais je ne suis jamais parvenu à imiter leur posture de patriarche austère, olympien. La peur du ridicule m'en a sans doute empêché.

Mon aïeul présida un temps aux destinées de Florence, mais ne fut qu'un gonfalonier de compromis, en attente de la prise de pouvoir des Médicis. De cette éphémère expérience, il avait tiré les leçons, pour lui et ses fils. Depuis lors, les Vespucci ne s'approchaient de la politique qu'avec des prudences somnolentes de chat, sans toutefois la quitter des yeux. Il avait eu cinq fils, qu'il avait constitués en un véritable gouvernement, où chacun, sans bruit, s'occupait, en plus de ses propres affaires, de celles de la cité. Mon oncle Piero pesait discrètement sur le Conseil de la Seigneurie ; Guido négociait dans l'ombre les traités avec les autres états italiens ; Giorgio, qui deviendra vite chanoine de la cathédrale, faisait les cardinaux, donc les papes ; Bartolomé, le cadet, recteur de l'université, s'occupait des arts et des lettres. Quant à l'aîné Nastagio, mon père, il veillait à ce que les activités politiques de ses cadets fussent avant tout profitables au patrimoine familial.

Je n'évoque évidemment pas les filles, pas même ma sœur Agnoletta. Le mariage, chez nous, n'était qu'une clause dans un contrat de négoce. Quant aux liaisons illégitimes, passagères ou non, elles offraient l'assurance d'une alliance politique ou financière provisoire, en glissant la victime dans le lit d'un cardinal ou d'un banquier. Du moins pour les plus jolies d'entre elles, car les autres, celles qui, en plus de leur physique ingrat, n'avaient pas assez d'esprit pour plaire par leur conversation, elles épouseraient l'Éternel, dans les mieux dotés des couvents. Elles en deviendraient les supérieures ou y obtiendraient une fonction presque aussi enviable, selon l'importance des dons versés par ses parents à la trésorerie d'un ordre dont les règles n'étaient pas des plus rigoureuses.

Je naquis peu avant le printemps 1454, à Montefioralle, en haut de ce piton aux flancs duquel s'accroche la vigne. Cette année-là, Venise, Naples et Florence signaient un nouveau traité pour une paix aussi immuable que les précédentes. On ne peut rêver meilleurs augures, même si je les déchiffre avec plus d'un demi-siècle de retard. La paix et la vigne... Telle aurait pu être la devise des Vespucci. Notre blason figurait des guêpes, jeu de mots avec notre patronyme, mais nos mœurs et nos activités ressemblaient plus à celles des abeilles besogneuses. Jamais nous ne disputâmes le pouvoir aux autres familles patriciennes. Au sein du Grand Conseil, les différents partis recouraient souvent à notre arbitrage. Cette prudente modestie nous venait sans doute de nos ancêtres paysans, dont les gestes mesurés n'inquiétaient pas la ruche, quand ils venaient récolter le miel, même quand l'orage menaçait.

C'est du moins ce que m'expliqua, après les funérailles de ma grand-mère, mon oncle et professeur de mes jeunes années, le frère dominicain et chanoine du couvent de San

Marco, Giorgio Antonio Vespucci, bien plus fameux au sein de la Chrétienté pour la richesse de sa bibliothèque et ses traductions d'Aristophane ou d'Ésope que pour l'élévation et surtout le nombre de ses prêches. Il aurait pu devenir pape, le bougre, si sa passion pour Pindare ne lui avait pas fait quelque peu oublier sa mission pastorale et les intrigues romaines. Il m'avait pris en affection, affection qu'il m'arrivait de trouver parfois un peu trop démonstrative, lors des leçons particulières, pour tenter de m'inculquer les beautés de la versification grecque. Nous en plaisantons encore, dans nos lettres, avec mon condisciple Piero Soderini, devenu depuis gonfalonier perpétuel ; lui aussi eut à repousser les avances socratiques de mon oncle. Il n'empêche, fra Giorgio Antonio était un maître hors pair, qui sut m'orienter, mine de rien, par la maïeutique, vers ce qu'il savait être ma destinée, l'étude de la physique et des mathématiques de l'univers, la cosmologie. Qu'il en soit remercié, ce vieil homme empli de sagesse, sinon de foi, s'il vit encore, bientôt centenaire, reclus dans sa bibliothèque du couvent de San Marco.

Je m'étais mis en tête d'étudier le droit, afin de me lancer dans la chose publique. Je trouvais offensant qu'aucun membre des autres grandes familles florentines n'ait cru bon de se déplacer pour les obsèques de notre aïeule, à commencer par les Médicis. J'oubliais que ceux-ci portaient, depuis quelques semaines seulement, le deuil de leur chef, le vrai maître de la Toscane, Pierre le Goutteux, à qui la Seigneurie avait rendu un hommage grandiose. Avec l'amour-propre exagéré de mes quinze ans, il me paraissait que l'inhumation de ma grand-mère sous une dalle de la chapelle familiale avait tout l'air, en comparaison, de l'enterrement d'une pauvresse à la fosse commune. Et, de fil en aiguille, durant l'oraison funèbre prononcée par mon oncle, j'entrepris de juger excessifs l'effacement et la timidité de mon clan. Le mot de « lâcheté » m'effleura un moment. Ce serait à moi, songeai-je, de sauver l'honneur des Vespucci. Tandis que Giorgio prêchait, je me rêvais en gonfalonier, menant le Grand Conseil d'une main de fer, faisant plier sous mon autorité les Médicis, les Pazzi, les Pitti, les Neroni...

Je ne parlais naturellement pas de ce grand projet à mon oncle, mais plutôt d'une sorte d'illumination qui m'aurait pris durant son oraison, de défendre la veuve et l'orphelin en étudiant le droit, d'œuvrer à la paix entre les nations, bref de devenir à la fois magistrat et diplomate. Fra Giorgio Antonio, habile dialecticien, eut tôt fait de comprendre d'où me venait cette vocation subite, mais ne s'y opposa pas, du moins en apparence, émettant seulement quelques doutes sur mes capacités à suivre des études aussi austères et monotones. Grâce au quatrième de mes oncles, le recteur de l'université, je pus entrer, malgré mon âge, à la faculté de droit.

Ma seizième année fut une des pires et surtout des plus ennuyeuses de ma jeunesse. Alors que mes congénères s'initiaient aux activités de notre âge et de notre condition, la chasse, le vin et les filles, je me noyais dans les droits romain, canonique et autres, non par goût, mais par défi, pour montrer à mon maître que j'avais eu raison de m'engager dans cette voie bourbeuse où je dépérissais.

Quelques mois après mon entrée en faculté, ce fut au tour de l'oncle Piero de s'intéresser à mon sort. Il me fit venir chez lui, pour l'aider dans une affaire particulière. Je n'eus pas beaucoup de chemin à parcourir pour m'y rendre puisqu'il logeait de l'autre côté de la place du quartier dit « Vespucci ». Le deuxième membre de la fratrie s'occupait avant tout des affaires intérieures de la Seigneurie. Tâche délicate à l'heure où le jeune Laurent de Médicis, encore loin d'être surnommé le Magnifique, avait toutes les peines du monde à imposer l'autorité qu'il tenait de feu son père le Goutteux, face à la très ancienne et très noble famille des Pitti. Piero devait dépenser des trésors de diplomatie pour éviter que la vieille animosité entre les deux clans les plus puissants de la ville ne dégénère une nouvelle fois en bataille rangée ou pis, en guerre civile.

— J'aimerais, me dit-il, que tu m'accompagnes dans un voyage d'une grande importance que je dois faire à Piombino. Tu m'y serviras de secrétaire.

Piero était, physiquement, l'exact contraire de mon père, son aîné. Ils auraient pu former un de ces duos comiques, comme on voit sur les tréteaux. Face à un Nastagio sec, grand et sévère, le cadet était tout en rondeur, en sourire, en onctuosité. Pourtant il régnait entre eux, comme avec les trois autres, une entente parfaite, une complicité totale que je ne partagerais jamais avec mes propres frères.

Je tentai de décliner son offre ; les examens pour obtenir mon diplôme de première année de droit se dérouleraient dans quatre semaines, et mon père, mentis-je, serait fort déçu par un échec.

— Nastagio est au courant, me répondit-il. Il trouve même excellente l'idée de te sortir un peu de tes livres, tant il s'inquiète de ta santé.

Mon père, s'inquiéter de moi ! Ce serait bien la première fois ! Ils manigançaient quelque chose, mais quoi ?

— Tu ne perdras pas ton temps, poursuivit-il car tu pourras mettre en pratique ta belle vocation : défendre le faible et l'opprimé, la veuve et l'orphelin.

Il se moquait évidemment de moi. Mais je ne pouvais qu'obéir et quitter Florence en sa compagnie, dès le lendemain. Pour éviter de passer par l'intérieur des terres, peu sûres, nous prîmes d'abord la direction du port de Livourne, sous tutelle florentine, avant de longer la côte jusqu'à la petite seigneurie de Piombino. Notre voiture était précédée et suivie de cavaliers solidement armés. Des Vespucci ne pouvaient courir les chemins comme n'importe qui. Mon oncle Piero et moi étions le plus souvent à cheval, botte à botte, à parler de tout et de rien, puis de l'affaire qui nous emmenait si loin, du moins pour un garçon qui n'avait jamais dépassé les résidences campagnardes et les pavillons de chasse que possédait son père dans les environs de Florence.

L'affaire en question était d'ordre matrimonial, et je n'arrivais pas à comprendre en quoi pouvait servir le bachelier que j'étais. Il s'agissait de marier mon cousin Marco, l'aîné de Piero, avec la fille d'une puissante famille génoise, chassée de leur cité par Jean d'Anjou une dizaine d'années auparavant. Ces Cattaneo s'étaient réfugiés chez un de leurs parents, l'un des plus redoutables condottieres à la solde de Florence, Jacopo d'Appiano, « fourbe et libidineux », selon ses nombreux ennemis, mais qui avait l'avantage de posséder de très riches mines de fer, dans l'île d'Elbe, juste en face de son fief de Piombino.

— Mais pourquoi votre fils Marco n'est-il pas du voyage ? Après tout, c'est lui, le fiancé...

Pour toute réponse, mon oncle haussa les épaules en poussant un long soupir, puis se plongea dans une longue et morose rêverie. Marco avait trois ans de plus que moi, je ne l'avais donc pas fréquenté au temps de mon enfance. Mes frères aînés, ses congénères pourtant, ne frayaient pas avec lui. Quand ils en parlaient, ils prenaient des mimiques efféminées et l'appelaient « la muse du Verrocchio ». J'avais maintenant l'âge de comprendre leurs moqueries. Mon cousin Marco aimait les hommes. Florence, en ce temps-là, considérait avec une certaine indulgence ce crime de sodomie, puni de mort ailleurs dans la Chrétienté. Le philosophe, traducteur et poète Marsile Ficin, dont la renommée était universelle, avait en effet ce genre de penchants. Le prestige de celui qui avait été le précepteur de Laurent de Médicis rejaillissait sur la cité tout entière. Il était d'une grande discrétion dans ses pratiques amoureuses, mais d'autres, pensant jouir de la même impunité, oubliaient toute prudence. Notre cousin Marco exagérait même dans l'ostentation, persuadé que son nom le protégerait. Il mettait ainsi son père au désespoir : les mœurs de son aîné risquaient de nuire à la bonne réputation de la maison de négoce Vespucci et fils, surtout à l'étranger.

De longues heures, nous poursuivîmes notre chevauchée en silence. En fin d'après-midi, à trois heures de marche de Livourne, mon oncle arrêta le convoi et me demanda de monter avec lui dans la voiture, pour me parler en tête à tête. J'obéis à contrecœur, maugréant qu'il aurait tout le temps de me livrer, en selle, ses confidences et que nos montures ne les répéteraient sans doute pas. Pour montrer ma colère, je claquai avec force la portière derrière moi. En me contraignant à m'enfermer, il me privait d'un spectacle dont je me faisais une fête depuis notre départ : au prochain tournant, pour la première fois de ma vie, j'aurais dû voir la mer.

— Mon cher Amerigo, me chuchota-t-il, quand nous fûmes installés sur la banquette, ce que j'ai à te dire est très embarrassant. Avant toute chose, je dois te préciser que j'ai le plein accord de ton père. Dans une certaine mesure, la fortune des Vespucci est entre tes mains.

Je ne pouvais empêcher ma jambe de remuer, autant par impatience que par angoisse. Il le comprit. Sa voix se fit tranchante, autoritaire.

— Dès notre entrée à Livourne et jusqu'à notre retour à Florence, tu ne seras plus mon neveu Amerigo, mais mon fils Marco. Cela ne te coûtera pas beaucoup. Il te suffira de te montrer sage, posé, respectueux de tous, réservé, mais sachant montrer un peu d'esprit et de finesse. Giorgio Antonio m'a affirmé que tu n'en manquais pas, et même que tu en possédais un peu trop. Je réponds maintenant à la question qui te brûle les lèvres. Mon fils aîné est un garçon sournois et capricieux. Je redoutais que, lors de cette rencontre avec ses futurs beaux-parents, il commît une de ses extravagances dans le seul but de faire échouer cette importante alliance. Ainsi, quand je lui ai parlé de ce mariage pour la première fois, il fut pris d'une soudaine illumination mystique, et m'affirma en geignant qu'il désirait prononcer ses vœux pour entrer dans les ordres. Chez les chartreux, en plus. Excuse du peu !

— Je l'aurais mieux vu chez les clarisses, ne pus-je m'empêcher de plaisanter.

Piero ne daigna pas relever cette vulgarité de bachelier et poursuivit son récit. Devant la menace de le priver de tous ses droits et de tous ses biens, Marco cessa ce qui n'était pour lui qu'un jeu et se déclara prêt à subir son supplice, comme il disait. Mais l'affaire était trop importante pour risquer une nouvelle fantaisie de ce fantasque garçon. Ce fut l'oncle chanoine qui eut l'idée que je me substitue à lui.

Tandis que derrière les rideaux tirés de notre voiture le soleil se couchait sur la Méditerranée, l'oncle Piero m'expliqua les tenants et aboutissants politiques de ce mariage. L'époux de la promise aurait dû être Laurent de Médicis. Mais les circonstances et le jeu des alliances avaient voulu qu'on préférât pour lui une Romaine, une Orsini, au lieu d'une Génoise. Leurs noces étaient prévues à la fin de la période du deuil de Pierre le Goutteux. Afin de se ménager malgré tout les Cattaneo, les Spinola, les Frégoro et surtout le redoutable et capricieux condottiere Jacopo le Libidineux, le Conseil chercha parmi ses membres celui dont un rejeton ferait le gendre idéal. Mon père Nastagio, bizarrement, fut le seul dans cette assemblée de marchands et de financiers à songer aux mines de fer de l'île d'Elbe. Ses deux premiers fils ayant déjà fait de bons mariages, il proposa l'aîné de son frère, Marco.

— Il aurait été plus facile de me choisir. Je vaux bien Marco, protestai-je alors que les portes de Livourne s'ouvraient devant nous.

— Hélas, mon garçon, même en disgrâce, une aussi puissante famille que les Cattaneo n'auraient jamais consenti à donner leur fille à un cadet. Tu voulais faire de la politique, Amerigo ? Eh bien, voilà une bonne manière de commencer.

Après un délicieux souper d'huîtres et de thon braisé à

la sauce de corail, servi au premier étage du comptoir Vespucci à Livourne, le tout arrosé abondamment d'une des meilleures cuvées familiales de chianti, mon oncle m'emmena au bordel. Je jetai ma gourme, sinon par-dessus les moulins, du moins par-dessus les vergues, tandis que la berceuse grinçante des navires à l'ancre accompagnait mes premiers étonnements.

Nous partîmes le lendemain à l'aurore. Nous suivions l'antique via Aurelia. Le ciel était limpide, et de l'autre côté de la mer, très loin, les montagnes corses drapées d'un voile de brume translucide ondulaient languissamment comme pour m'inviter à leur danse. Depuis, chaque fois qu'à la proue de mon navire, apparaît un rivage inconnu, la même douce chaleur imprègne mon corps. C'est leur empreinte que je gardais sur mon ventre et sur mes lèvres, et non celle de la putain qui, la nuit précédente, m'avait déniaisé.

Au milieu de l'après-midi, une troupe d'hommes en armes nous attendait devant la petite forteresse de Cecila. Un cavalier s'avança vers nous, caracolant, tout emplumé et cuirassé. Jacopo d'Appiano, seigneur de Piombino, était le troisième d'une lignée de condottieres sanguinaires, qui avaient cette étrange particularité d'être également notaires. Le même métier que mon père en somme, songeai-je pour me rassurer un peu. Après cette martiale démonstration, et nous avoir menés à l'intérieur du château, en tonitruant de rudes paroles de bienvenue, comme celles avec lesquelles on accueille son ennemi vaincu, Appiano ôta son haubert et nous fit servir une collation au sommet d'une des tours dominant la mer, transformée, pour l'occasion, en terrasse d'un palais toscan. Et là, il redevint notaire, aussi méfiant et âpre au gain, qu'il devait être téméraire et sans pitié au cœur de la bataille.

Ni la jeune fille ni sa mère n'étaient présentes, naturellement. Quant à moi, le tuteur m'examina d'abord de haut en bas, tel un maquignon évaluant la qualité de la bête qu'il désire acquérir. C'est tout juste s'il ne tâta pas ma virilité pour en estimer la vigueur. Mon oncle, mon prétendu père, se mit alors à raconter ma première nuit d'amour au lupanar, comme s'il avait été caché sous le lit. Ses éloges me faisaient rougir, non de vanité, mais de honte. J'avais le sentiment qu'on m'écorchait vif. Et le rire épais du soudard à ce récit odieux accroissait plus encore mon envie de pleurer. Je cachai mon embarras sous un masque de fatuité, qui accroissait plus encore l'hilarité du condottiere. Puis ils m'oublièrent et passèrent aux affaires sérieuses, la dot, les mines de fer... Moi, je regardais la mer.

Le lendemain, après une brève chevauchée, nous escaladâmes le chemin montant à la forteresse de Piombino, perchée sur son piton rocheux. De l'autre côté du détroit, l'île d'Elbe hérissait son dos épineux. Appiano nous expliqua qu'il préférait héberger les exilées dans ce lieu austère plutôt que dans une résidence plus agréable parmi celles qu'il possédait à l'intérieur des terres ; ici au moins elles étaient à l'abri des nouveaux maîtres de Gênes.

Pénétrant dans une sorte de salle des gardes sombre et humide, je rencontrai pour la première fois celle que plus tard on appellera la Sans Pareille. Sur le moment, quand elle apparut, je ne trouvais à Simonetta Cattaneo rien de remarquable. Imbu de mes récents exploits de mâle, je ne vis en elle, bien qu'elle eût près d'un an de plus que moi, qu'une fillette à renvoyer à ses poupées. Les peintres l'ont tant représentée depuis lors, sous les traits d'une déesse ou d'une allégorie, et je fus moi-même à ce point ébloui par l'épanouissement de sa beauté, quelques années plus tard, que ma mémoire a encore bien du mal à dissiper ces images figées de sa splendeur pour me souvenir seulement de la frêle et boudeuse adolescente faisant devant mon oncle et moi une révérence empruntée.

Sa mère, en revanche, née Violante Spinola, possédait tous les appas pouvant tourmenter mes appétits naissants. Cette grosse dame allant, joviale, douce et gourmande, vers son demi-siècle, avait surtout pour moi l'avantage d'être l'exact contraire de ma mère. Quant au père, je ne saurais qu'en dire, sinon que cet homme qui présida un temps aux destinées de Gênes était un petit vieillard ratatiné, de ceux qui se laissent oublier sur la banquette, un soir de bal, et regardent sans la voir la jeunesse danser. Une fois les présentations faites, un valet aux allures de soldat nous mena chacun à nos chambres. La mienne avait tout l'air d'une cellule de moine. Cadet de famille ou pas, j'avais toujours dormi dans des draps de soie bassinés par un valet de chambre juste avant mon coucher. Le maigre matelas sur lequel étaient posées une toile grossière et une couverture de laine écrue me fit espérer que les négociations matrimoniales seraient brèves.

On soupait tôt à Piombino. Je me serais cru à un repas campagnard, dans une des nombreuses fermes que mon père possédait dans l'arrière-pays toscan, où il nous avait parfois emmenés, mes frères aînés et moi, afin d'amadouer ses métayers tout en leur montrant la solidité de sa dynastie. Il n'y avait qu'une dizaine de convives. J'avais été placé à la gauche de ma pseudo-belle-mère ; Simonetta étant assise en face de moi. Je n'eus pas le loisir de briller par mon esprit, comme mon oncle me l'avait suggéré, car les hommes se lancèrent très vite dans une discussion sur les perspectives ouvertes par le mariage de Laurent de Médicis avec Clarice Orsini. L'air de la mer m'avait mis en appétit et, pour tout avouer, je m'empiffrais, sans songer à ma voisine, la noble matrone génoise, qui ne s'intéressait d'ailleurs pas à ma modeste personne et participait avec une grande autorité à ce débat. Malgré mon ventre affamé, j'ouvrais grand mes oreilles. N'avais-je pas, après tout, la politique pour vocation ?

Chez les Vespucci, on ne parlait jamais, aux repas familiaux, des affaires d'État. Il y était surtout question des variations du prix de l'alun, d'une cargaison de laine en provenance de Castille, d'un arrivage de draps des Flandres ou d'Angleterre, du montant des intérêts portant sur la succession d'un Pitti, d'un Neroni ou d'un Acciauloli dont la dépouille était encore chaude... Il s'agissait, pour nos parents, de nous instruire. Certes, parfois, leur conversation s'élevait un peu vers les beautés de l'art. On comparait alors les devis d'une fresque devant orner le vestibule du palais ou la chapelle familiale. Les peintres en concurrence étaient jugés à l'aune de leur notoriété, afin de rehausser notre prestige et de démontrer la solvabilité de notre maison.

La causerie politique de Piombino était tout aussi ennuyeuse, grave et sentencieuse. Elle me surprit pourtant par sa trivialité superficielle. Au lieu de traiter, comme je m'y attendais, de la guerre et de la paix, du destin des nations, des peuples et des princes, mes commensaux ne parlèrent que de rumeurs de coucheries entre tel et telle, de penchants pour la boisson de celui-ci, de sorcellerie chez celle-là, de tares cachées et de maladies mystérieuses pour un autre... Tout cela le plus sérieusement du monde, dans des propos qui auraient inspiré, sous le préau de la faculté, de lourdes plaisanteries et des chansons très lestes. Ils joutaient, faisaient assaut de nouvelles, de confidences, de ragots les plus secrets, les plus scabreux possible, le conditionnel disparaissant peu à peu pour être remplacé par un indicatif de plus en plus péremptoire, impératif.

Au début, ces piquantes histoires me passionnèrent, tant je voyais se rapetisser les grands de ce monde. Je faillis même éclater de rire quand ma voisine raconta comment le pape Paul II s'était déguisé en déesse Aphrodite lors du premier carnaval qu'il avait instauré à Rome. Mais cette surenchère dans l'ordure finissait par devenir fastidieuse et répétitive. J'étais rassasié ; je somnolais.

En face de moi, de l'autre côté de la table, le visage maigre et pâle de Simonetta affichait ostensiblement son mépris pour la conversation de ses parents, de son oncle et de son futur beau-père. J'étais encore très loin d'avoir l'âge où l'on trouve des grâces dans les maladresses et les bouderies des vierges de seize ans. Je cherchais toutefois son regard, mais elle fixait son assiette avec obstination. Depuis le début du souper, elle n'avait rien mangé et tout juste bu un demi-verre d'eau. Pour attirer son attention, je m'agitai sur ma chaise, émis un bâillement assez bruyant, toussotai, mais rien n'y fit. C'était comme si je n'existais pas. Alors, pour me venger de cette indifférence, j'imaginai la triste vie qui attendait mon extravagant cousin Marco et sa morose épouse. Puis, le coude sur la table, je m'endormis.

À la fin de cet interminable repas, après avoir salué mes hôtes, je me hissai vers ma chambre, au deuxième étage de la tour de l'Est, d'où, par l'étroite fenêtre, je ne pouvais même pas voir la mer. Je demandai au vieux valet de pied, qui me suivait depuis mon départ de Florence, de me laisser seul me déshabiller et me coucher. J'étais las de cette comédie ridicule, et je n'avais qu'une envie, rentrer à la maison pour retrouver mes livres de droit, les amis de mon âge, nos longues et doctes discussions sur le sens de la vie et les mystères de la Création. Surtout, j'étais impatient de leur raconter ma nuit avec la putain de Livourne.

J'entendis frapper à ma porte... Oui, je le sais bien, ça se passe toujours ainsi dans les contes à la manière de Boccace. Mais je jure que c'est vrai, on frappa à ma porte. Je m'attendais à voir apparaître mon oncle venu me rapporter ce qui s'était décidé. Ce fut Simonetta. Dans son ample chemise de nuit, elle me parut encore plus frêle, et son visage encore plus pâle, plus maigre, plus ingrat à la lueur de la chandelle qu'elle tenait à la main. Ses cheveux raides tombaient sur sa poitrine.

— Monsieur, me dit-elle de sa voix sèche, marions-nous.

Était-ce le courant d'air froid montant par l'escalier ou mes pieds nus sur la dalle ? Je fus pris de tremblements et bredouillai :

— Nous marier ? Vous déraisonnez, mademoiselle. Nos parents n'ont encore rien décidé...

Elle força le passage sans même m'effleurer, ferma la porte derrière elle, posa sa chandelle sur la table de nuit et s'assit sur l'unique chaise de la pièce, bras croisés sous la minuscule poitrine. Je remarquai alors que ses yeux étaient d'un brun très clair, aux nuances dorées. Elle me dévisageait d'un air dédaigneux. Sous les cernes pathétiques, serpentait et palpitait une veinule bleue. Les lignes ci-dessus sont d'un monsieur d'âge mûr, et le mot « pathétique » n'avait certainement pas effleuré l'esprit du tout jeune homme que j'étais alors. Il est plus difficile de naviguer entre deux âges qu'entre deux mondes. Une fois installée, elle poursuivit de sa voix aigrelette :

— Je ne vous parle pas de noces à l'église, mais... comment dites-vous, vous autres, les garçons, quand un homme et une femme se retrouvent ensemble dans le même lit ?

Je me retins de lâcher une des innombrables obscénités de collégiens pour signifier un acte amoureux, dont nous ne connaissions rien. Afin de cacher mon embarras, ou plutôt ma panique, je tentais de jouer à l'homme d'expérience, sage et pondéré, sermonnant une gamine capricieuse.

— Ma chère Simonetta, savez-vous que vous me demandez de commettre un péché mortel qui nous vaudra à tous deux la damnation éternelle ? Et si quelqu'un vient à nous surprendre...

Elle haussa les épaules et me répondit sur le même ton :

— Mon cher dont j'ignore le prénom...

Elle se tut un instant. Elle sourit et devint belle.

— ... J'ignore votre prénom, mais je sais que vous n'êtes pas la personne avec laquelle on va me marier. Je sais aussi pourquoi c'est vous qui êtes venu, et non le fils du seigneur Piero. Mon père et ma mère m'ont tout dit hier tandis que vous étiez reçu par Jacopo d'Appiano, mon oncle par alliance.

En prononçant ces derniers mots, son sourire disparut.

Elle ne semblait pas porter dans son cœur le notaire condottiere. Elle poursuivit son récit, m'empêchant de l'interrompre d'un geste de la main, une main aux doigts longs et minces. Des seize années de sa courte vie, elle en avait passé dix recluse dans la petite forteresse, avec pour seuls compagnons les enfants de pêcheurs de Piombino, et pour précepteurs ses parents. Le sort de la petite exilée dépendit, durant cette décennie, des luttes intestines et des appétits étrangers, qui secouaient la République de Gênes, jadis appelée la Superbe. Tout visiteur pouvait être un assassin, surtout depuis le jour où le roi de France Louis XI avait offert aux Sforza de Milan la cité natale de Simonetta. Quand elle fut nubile, elle eut un autre danger à affronter : leur hôte, Jacopo d'Appiano. Il avait épousé une tante de Simonetta, riche propriétaire de mines de fer de l'île d'Elbe, mais le notaire en voulait toujours plus, et le condottiere de sinistre réputation posa son regard sur sa nièce. Il n'alla toutefois pas jusqu'à la violenter, comme il l'eût fait au cours d'une de ses campagnes, de n'importe quelle femme, qu'elle fût princesse ou bergère. Son épouse et ses hôtes s'inquiétèrent : une Simonetta déflorée aurait beaucoup perdu de sa valeur marchande. Ils alertèrent Florence, qui était d'un grand poids sur la destinée de sa voisine, la petite seigneurie de Piombino.

Mais, hors les murs, de Paris à Rome et de Milan à Gênes en passant par Florence, les événements se bousculaient. Je n'entrerai pas dans le détail, près de quarante ans ont passé ; les raconter par le menu serait fort compliqué et me demanderait en plus de faire des recherches, ce qui m'ennuie profondément car cela risquerait de gâter mon plaisir d'écrire. Bref, après quelques conspirations, quelques guerres, quelques funérailles de puissants et quelques mariages princiers, le Petit Conseil de Florence présidé par Laurent de Médicis décida de l'union de Simonetta Cattaneo et de Marco Vespucci. Craignant que la rencontre entre deux êtres aussi contrastés que mon cousin et

Jacopo ne tournât au désastre, tant était grande la brutalité du second et l'entêtement du premier à ne pas se marier, les deux partis trouvèrent ce stratagème : me substituer au lunatique Marco. Telle était la version de Simonetta qui valait bien celle de mon oncle, après tout.

Pourquoi Marco et pas moi ? me demandai-je une nouvelle fois, attendri par le récit de la triste enfance de la jeune fille. Je connaissais la réponse, mais elle me semblait aller contre toute justice, contre toute considération humaine, car elle nous réduisait à des marchandises de plus ou moins grand prix et, dans ce lot, je n'avais qu'une valeur temporaire, vite perdue. Cette blessure d'amour-propre accrut plus encore ma révolte. Cependant, elle parlait, monocorde, sèche ; je ne l'écoutais plus. Bien plus tard, elle me dira que, cette nuit-là, elle était terrorisée, non par moi, mais par sa folie d'être venue ainsi dans ma chambre. À ce que lui avait raconté sa mère, pour justifier le stratagème du faux fiancé, son futur mari était un grand mystique, presque un saint, qui avait déjà pris la petite tonsure et fait vœu de chasteté. Elle s'imagina alors que, sitôt les noces célébrées et les intérêts des deux familles satisfaits, son époux irait s'isoler jusqu'à la fin de ses jours dans un ermitage, et qu'elle-même n'aurait d'autre choix que d'entrer au couvent, pour poursuivre, jusqu'à la mort, sa vie de recluse commencée si tôt. Quand, des années plus tard, elle me confiera quelles avaient été ses craintes, nous ririons beaucoup en imaginant le cousin Marco au désert, barbu et crasseux à l'entrée de sa grotte montagneuse, caressant, tel saint Antoine, la croupe de son cochon.

Elle parlait, elle parlait... Et moi, aveugle stupide que j'étais, je me demandais pour quelle raison infâme ses parents l'avaient poussée jusqu'à mon lit. Fallait-il que cette fille fût effrontée pour accepter de perdre ainsi son honneur. Vierge ? Allons donc ! Ça devait faire belle lurette que ce libidineux de notaire, cette brute de condottiere, lui avait fait jouer la bête à deux dos.

— Monsieur, s'il vous plaît...

— Amerigo, appelle-moi Amerigo, ma petite !

— J'ai froid, Amerigo. Pouvez-vous me passer une couverture ?

Je me levai du lit, où je m'étais assis, et lui enveloppai les épaules du rugueux tissu. Je l'enlaçai. Ensuite... Ensuite je n'ai pas envie de raconter ce qui se passa. Non par pudibonderie, mais parce qu'aucun vocabulaire ne peut décrire les gestes et les caresses de deux jeunes animaux qui croient encore jouer, mais ne jouent plus, les émerveillements maladroits de deux enfants, leurs extases, leurs douleurs et leurs peurs.

Le lendemain – l'art du conteur est de savoir manier l'ellipse –, nous quittâmes Piombino dès l'aurore. Simonetta et ses parents s'entassèrent dans la voiture avec mon oncle, leur domesticité suivait le cortège à pied ou juchée sur des carrioles, tandis que je chevauchais en tête avec notre escorte. À l'étape de Livourne, mon oncle m'ordonna de partir en avant-garde et de rejoindre Florence au plus tôt pour annoncer au conseil de famille le succès de l'entreprise.

Je ne revis plus Simonetta que sous son voile blanc, à la cérémonie de mariage qui eut lieu peu de jours après son arrivée, cérémonie aussi discrète qu'un contrat entre armateurs. Mon oncle Piero fut vite nommé magistrat d'une petite cité toscane perdue dans la montagne, où il se rendit sans attendre, accompagné de toute la branche Vespucci dont il était le chef, y compris le nouveau rameau qui venait de s'y greffer. Ce départ avait été prévu avant notre voyage à Piombino. Le conseil avait jugé que cette union ne serait profitable à la République que dans quelques années, et qu'il valait mieux, en attendant, la laisser fructifier en secret. C'est ainsi que Simonetta changea de prison.

Ces années-là furent aussi les plus joyeuses et les plus turbulentes de ma vie. Sitôt Simonetta partie à Scarperia, mon voyage à Piombino ne fut plus pour moi qu'un joli souvenir.

Lors des fréquents séjours de son beau-père et de son époux à Florence, je m'abstenais bien sûr de m'enquérir d'elle. Le plus difficile était de ne pas me vanter de mes exploits amoureux devant mes camarades. J'y cédai pourtant une fois, sans donner de noms, sous l'emprise du vin. Mais les têtes de mes compagnons de taverne étaient elles aussi suffisamment échauffées pour que je crusse, le lendemain, mon indiscrétion oubliée de tous.

Cette aventure, en tout cas, avait dissipé d'un coup mes envies de politique. Je n'avais plus qu'une idée en tête : partir, découvrir le monde et poser le pied sur l'île d'en face, qu'elle se nomme Elbe, Corse, Madère, Antilia ou Fortunée. Voyager, c'est un peu comme les pistaches salées. Sitôt qu'on a croqué la première, on ne peut plus s'arrêter. Quand on est un cadet de bonne famille florentine, ce ne sont pas les occasions qui manquent. Maisons de commerce et de finance de la Seigneurie essaimaient partout, de Chypre et Alexandrie à Londres et Bruges, en passant par Barcelone et Lisbonne.

Le cœur léger, j'abandonnais donc le droit, après une première année aussi studieuse que besogneuse. Ma famille fut très satisfaite de ce que je croyais être ma décision. Un Vespucci, même un cadet, ne va pas user ses fonds de culottes sur les bancs d'une faculté. Il s'agit une fois encore d'une question de négoce : celui qui ne peut offrir des maîtres prestigieux et onéreux à ses enfants révèle aux concurrents et aux clients que ses affaires ne vont pas aussi bien qu'il veut le faire croire.

L'université de Florence n'avait jamais pu se hisser à la réputation de celles de Bologne et de Padoue. Depuis que les Médicis dominaient la cité, ils n'avaient rien fait pour en rehausser le prestige, tant ils craignaient qu'un afflux d'étrangers y provoquât des troubles. Aussi, les classes n'étaient-elles peuplées que de Toscans, eux-mêmes difficiles à contrôler. Les étudiants en médecine, pour la plupart fils d'artisans ou de paysans aisés, étaient les plus prompts à la révolte, à l'émeute, vite indignés de constater que la maladie était autrement plus douce aux riches qu'aux pauvres. La Seigneurie tenait également en haute méfiance les théologiens et la basoche, depuis le temps, les siècles des siècles, que les lois divines et humaines tentaient d'étouffer l'épanouissement du négoce, des belles-lettres et des arts. Laurent le Magnifique, d'ailleurs, ne sera pas long, une fois son pouvoir bien assis, à faire déménager l'université à Pise.

J'abandonnai sans regret la toge noire et le rabat blanc, sans y avoir cousu le moindre poil d'hermine. Je rejoignis la dizaine de garçons de mon âge et de ma condition dont les parents étaient unis par des liens familiaux et financiers. Nous avions pour collège un prieuré hors les murs que le chanoine de la cathédrale, fra Giorgio Antonio Vespucci, avait mis à notre disposition. Mon oncle ecclésiastique venait parfois disserter devant nous de Platon et de quelques autres. Son enseignement était loin d'être à la hauteur de celui que Marsile Ficin dispensait aux enfants Médicis, mais il serait suffisant pour nous permettre plus tard de ne pas passer pour des imbéciles, si les philosophes grecs avaient à intervenir dans la conclusion d'un emprunt sollicité par un grand de ce monde. La partie la plus importante de nos études était destinée à nous faire entrer dans le siècle, malgré l'apparente abstraction des matières que nous étudiions, mathématiques, géométrie, astronomie, physique. Parmi nos maîtres, un parent pauvre des Vespucci, qui deviendra quelques années plus tard l'un des professeurs pisans d'arts libéraux les plus courus d'Italie, tenant la dragée haute à ceux de Bologne et de Padoue la Vénitienne.

Un autre de nos enseignants était encore plus obscur ; on l'appelait Paolo le Physicien, ou le Petit Toscan, Toscanelli, tant il avait les allures d'un vieux paysan de chez nous, tout recroquevillé devant la porte de sa masure. Il avait été naguère l'astronome, le mécanicien et le mathématicien le plus renommé de Florence, mais un jour il avait eu la maladresse d'offrir au roi de Portugal une splendide mappemonde. Or, ce monarque était allié par mariage au duc de Bourgogne, le pire ennemi de Louis XI de France, dont les Médicis étaient les principaux créanciers. Toscanelli venait de fêter ses soixante-dix ans ; son grand âge, mais aussi sa renommée universelle lui épargnèrent une condamnation à mort pour haute trahison. Fra Giorgio Antonio Vespucci prit alors son ancien professeur sous sa protection.

Outre les leçons qu'il nous donnait, le malheureux Toscanelli gagnait sa vie en vendant des horoscopes. Mais, sitôt en chaire, il devenait éblouissant, et même le plus abscons des traités de Regiomontanus devenait limpide par la grâce de son verbe. Du moins selon mon opinion, car mes condisciples, après lui avoir joué mille et un tours pendables, cessèrent d'assister à sa leçon, de sorte que j'eus à ma seule disposition le plus grand cosmographe du temps ; et je puis dire aujourd'hui que ce qu'il m'a appris m'a plus d'une fois sauvé la vie, en mer.

Tout compte fait, les études n'occupaient qu'une infime partie de notre temps et si l'oisiveté était vraiment mère de tous les vices, il n'y aurait pas eu plus vicieux que nous. En ces premières années du gouvernement de Laurent le Magnifique, ce n'étaient que fêtes, tournois, joutes et bals se terminant aux premières lueurs de l'aube. Le troisième Médicis à régner sur la Seigneurie ne regardait pas à la dépense et ses caisses semblaient inépuisables. Ses ennemis s'en scandalisaient. Ces vieilles familles patriciennes remontant, sinon à Énée, du moins à la première croisade, affichaient la vertu et l'austérité qu'ils prétendaient être celles de leurs ancêtres. Ils traitaient le jeune maître de Florence de satrape, de nouveau Caligula, dont les fastes n'auraient eu d'autre but que d'imposer sa tyrannie en gavant la populace de pain et de jeux. On les disait « de la plaine », car ils avaient toujours érigé leurs châteaux dans la vallée de l'Arno, tandis que les humbles aïeux des Médicis, des

Vespucci et des autres, étaient descendus de la montagne. Selon « la Plaine », nous sentions encore la bouse et l'huile d'olive.

À leurs yeux, Laurent commettait un pire crime encore. Il offrait à tous ce qu'ils considéraient comme leur propriété exclusive, dont ils se croyaient les seuls dignes : les beautés de l'art. À l'ombre du grand dôme de la cathédrale, jaillissaient des fontaines, des vases fleuris ornaient les rues, l'intérieur de nouvelles églises aux colonnes de marbre se couvrait de fresques audacieuses, pour ne pas dire hérétiques ou païennes. Florence, avec Ficin et Pic en guise de Socrate et de Platon, Botticelli en Phidias et Laurent en Démosthène, se métamorphosait en une nouvelle Athènes. Il lui manquait seulement sa déesse tutélaire.

Simonetta revint.

Le palais Vespucci, ses dépendances et ses magasins formaient un grand fer à cheval cernant une place ouverte sur le fleuve. Les affaires prospéraient. Entre les ballots de marchandises chargés et déchargés de l'Arno, les véhicules en tout genre arrivés par les terres, la vaste esplanade avait les allures d'une foire ou d'un marché. Ce jour-là, la cohue était encore plus grande que d'habitude. Depuis une semaine, Florence recevait la fille du roi de Naples qui se rendait en Navarre pour y épouser je ne sais quel monarque et resserrer telle ou telle alliance qui allait sans doute se dénouer au bout de quelques années. La Seigneurie ne lésina pas sur les feux d'artifice, les bals et les spectacles, montrant ainsi à la famille de la demoiselle, têtes couronnées d'Anjou, d'Aragon, des Deux-Siciles et de Navarre que la banque Médicis était parfaitement solvable, malgré les misères que commençait à lui faire le nouveau pape Sixte IV. Cette journée de la Saint-Jean promettait d'en être l'apothéose, car c'était surtout la fête de la cité et de sa patronne païenne, la nymphe Chloris, Flore.

Que nous importait à nous autres, belle jeunesse républicaine ! Du vin coulait des fontaines, on jouait de la musique, on dansait à chaque coin de rue, et les filles étaient belles en ce premier jour d'été. Le soleil était à son zénith, quand je sortis, encore un peu chiffonné de la nuit agitée que j'avais passé à boire et à chanter avec mes amis. Il me fallut pourtant me traîner jusqu'à l'endroit où j'avais rendez-vous avec d'autres godelureaux de mon espèce. Toutes ces festivités se dérouleraient devant l'immense façade du palais de la Seigneurie. La foule y convergeait déjà. Assuré d'y avoir ma place sur le banc familial, je me dirigeai dans la direction opposée, non sans ostentation, jouant des coudes et des épaules. Mes amis m'attendaient dans une taverne de l'autre côté du fleuve, à l'enseigne du Petit Tonneau, ce qui nous permettait de ne pas nous mélanger au peuple qui allait se goberger aux frais de Laurent de Médicis.

Autour de la table, mes condisciples avaient déjà largement commencé leurs agapes. Avec eux, comme à l'accoutumée, une poignée de jeunes artistes ou poètes qui, en s'accrochant aux verres et aux assiettes que nous leur remplissions, espéraient bien qu'un jour nos riches parents ou nous-mêmes devenions leurs mécènes. Ils étaient au demeurant de joyeux compagnons, sauf quand ils évoquaient leurs grandioses projets, basilique ou poème épique, déjà en gestation, sinon dans leurs cartons, du moins dans leurs rêves. Je ne peux donner le nom d'aucun d'entre eux, je les ai oubliés ; leur muse a dû en faire de même.

— Amerigo, mon doux cousin ! Le doux Zéphyr !

Je fus surpris de reconnaître dans celui qui m'interpellait ainsi mon cousin Marco, l'époux de Simonetta. Il séjournait fréquemment en ville, seul, et s'occupait, avec paraît-il une certaine compétence, des affaires de son père. Ayant pris, pour ma part une grande distance avec ma famille depuis l'affaire de Piombino, et mis à l'écart par elle puisque je ne lui étais plus, pour le moment, d'une grande utilité, je n'avais pas eu l'occasion de le rencontrer ; en vérité je l'évitais. Et je trouvais très désagréable son intrusion dans mon territoire.

— Comment as-tu su que j'étais ici ? lui demandai-je sèchement, en guise de salut.

— Par Girolamo. Ton frère aîné déteste s'afficher en ma compagnie, qu'il juge compromettante. Je n'apprécie pas non plus la sienne. Quel ennui, cet homme-là ! Il m'a indiqué l'endroit où je trouverais, selon ses termes, « ce bon à rien d'Amerigo et sa bande de jean-foutre ». L'endroit est agréable et tes amis charmants. Mes félicitations, mon doux Zéphyr.

— Pourquoi m'appelles-tu ainsi ? C'est idiot.

— Zéphyr, voyons, l'amant de Flore. Et celui de Hyacinthe, si tu voulais y consentir. À propos, je suis venu en ville avec ma chère épouse... La nôtre, si tu préfères.

D'un geste brusque, je lui demandai de se taire. Une dénonciation était si vite glissée dans « la Bouche de la Vérité », bas-relief représentant Méduse et sculpté dans le porche du palais de justice. On jetait dans sa gueule ouverte les lettres anonymes. Marco se leva en grommelant quelques réflexions peu amènes sur sa maudite famille et partit rejoindre à l'autre bout de la table un jeune poète râpé qui allait certainement l'entreprendre de sa future grande épopée narrant les exploits du fondateur de la ville, le nième fils de Priam, et dont il n'avait pas encore écrit le premier vers.

La conversation de mes amis avait bien plus d'attraits : ils parlaient du tournoi de l'après-midi. Les paris allaient bon train, mais ne portaient pas sur le vainqueur ; ce serait à coup sûr Julien de Médicis, le cadet de Laurent : les joutes florentines ne consistaient pas à faire triompher le plus fort ou le plus valeureux, mais à représenter, comme au théâtre, la grandeur et la beauté de la Seigneurie. Nos enjeux portaient sur la dame à qui il dédierait sa victoire et deviendrait, pour une année, Flore, déesse du printemps, qui avait donné son nom à la cité.

La plupart d'entre nous misèrent sur notre visiteuse, Éléonore d'Aragon. Quelques-uns affirmaient que ce serait une fille Pazzi, afin de tenter d'amadouer l'opposition patricienne. Je penchais de mon côté pour une cousine de mon meilleur ami, Piero Soderini dont la famille venait de se rallier, après bien des complots, aux Médicis. Le poète râpé protestait que nous ne tenions aucun compte des mystères de l'amour et qu'il était de notoriété publique que Julien éprouvait une passion ardente pour la jeune Albiera Degli Albizzi.

— Eh bien moi, je parie sur Simonetta Vespucci. C'est bien la première fois que mon épouse me rapportera quelque gain.

Marco posa deux pièces d'or devant nous. La tablée applaudit à cette belle extravagance ; seul mon rire fut un peu forcé. J'avais beau observer le fin visage souriant de mon cousin, je ne comprenais pas ce qui se cachait derrière ce mélange de légèreté raffinée et d'épaisse vulgarité.

Nous partîmes bras dessus, bras dessous, sur deux rangs, occupant toute la largeur de la rue, puis du pont de la Sainte-Trinité, braillant des chansons à boire, renversant les rares étals encore ouverts. Par bonheur, pour eux ou pour nous, les étudiants de l'université étaient déjà tous massés autour de la place où allaient se dérouler les festivités. Nous avions quant à nous nos bancs assurés sur les gradins. Il était de bon ton d'arriver en retard, en prenant bien soin de bousculer la foule pour y parvenir. Quitte à passer pour un vieillard ronchon, l'honnête mathématicien que je suis pourrait en conclure que la sottise de la jeunesse s'accroît proportionnellement à la fortune de ses parents. Notre bande se dispersa au pied des gradins. Précédé par Marco, je montai l'escalier menant au banc des Vespucci du pas le plus assuré possible, sentant peser sur moi le regard terrible de ma mère.

Je m'assis à côté de mes frères, croisai les jambes, fis mine de chercher quelqu'un dans l'assemblée, soupirai, puis examinai attentivement mes ongles. Il ne fallait surtout pas que l'on crût que je portais une quelconque attention au magnifique décor de la fête. Jamais, à la Saint-Jean, n'avaient été déployées de telles splendeurs. Ce fut ce jour-là que Laurent de Médicis devint le Magnifique. Des orangers et des palmiers apportés à grands frais entouraient la place. Des buissons de fleurs rares faisaient office de lice. Les façades étaient masquées par de longues pièces de soie peintes de fleurs et de feuilles suspendues par des guirlandes d'or. Des encensoirs d'argent diffusaient des parfums de rose et de jasmin.

Au son d'une trompette, toutes les têtes se tournèrent vers l'estrade dressée devant le parvis du palais. Puis l'orchestre, dissimulé derrière un décor également sylvestre et printanier, entonna une musique allègre.

— Au moins, on nous épargne aujourd'hui un morceau de boucherie, chuchota Marco à mon oreille.

Bravant le protocole familial, mon extravagant cousin s'était assis à mes côtés, prenant la place dévolue à mon jeune frère, et non sur le banc du dessous, réservé à la branche cadette. Cela ne me choquait pas, au contraire, car ma mère fulminait en silence de ce manquement qu'elle était la seule à remarquer. En revanche, je trouvais déplacée l'allusion de Marco aux origines du fameux compositeur et nouvel organiste de la cathédrale, Antonio Squarcialupi, que j'admirais, mais qui avait le malheur d'être né fils de boucher. Mon cousin, trop content d'avoir trouvé une oreille complaisante, y poursuivait son monologue chuchoté. Il m'expliqua que le vrai compositeur n'était autre que Laurent, qui avait également mis en scène le ballet et écrit les poèmes déclamés par les chœurs. Marco oubliait son habituelle causticité ; sa voix vibrait d'enthousiasme. Laurent, Laurent, il prononçait ce prénom avec gourmandise, tel un mystique celui de Jésus. Il n'était plus qu'admiration, vénération, idolâtrie. On eût dit un vieux domestique à qui « l'bon maître » avait posé la main sur l'épaule, et qui ressasse à perdre haleine non pas l'honneur qui lui a été fait, mais les mille et une qualités qu'il prête à son seigneur.

Sur la scène, de vraies fleurs et de vrais arbres avaient été plantés. Seuls les fruits étaient faux, puisque d'or et d'argent. Il y en avait partout, accrochés aux branches, ou débordant de cornes d'abondance jonchant le sol. Mon père dit à mes frères aînés, assez fort pour être entendu sur les bancs voisins, que ces dépenses étaient exagérées et que l'on faisait peu de cas de l'argent de la République. D'autres notables se tournèrent vers lui pour l'approuver et nos gradins s'agitèrent un instant, en sourdine.

Soudain, le murmure de mécontentement qui ne courait que sur nos bancs fut étouffé par une sorte de soupir rauque, s'élevant du parterre. Les ballerines venaient d'apparaître sur scène, nues sous leurs voiles translucides. Cette fois, les gradins poussèrent un « Oh ! » scandalisé : ces nymphes portaient le même patronyme que certains d'entre nous, dont ma sœur Agnoletta. Le parterre répliqua par un « chut ! » puissant. Le silence se fit, les flûtes et les lyres purent enfin se faire entendre. Seul mon père manifestait encore sa réprobation, avec toutefois un peu plus de discrétion et de prudence : « C'est tout de même un peu exagéré. » Je ne suis pas d'un naturel pudibond, et je l'étais encore moins à l'époque. Je me sentis pourtant extrêmement gêné, tout autant qu'attiré, à la vue de ces jeunes femmes, nues ou presque, avec lesquelles j'avais, pour la plupart, partagé ma prime enfance.

Ces audacieux costumes, cet audacieux manque de costumes, n'étaient que la seule nouveauté du ballet, qui ne représentait rien d'autre que celui des années précédentes, à quelques nuances près dont se délecteraient les exégètes. En une suite de tableaux, nymphes et muses se disputaient les cœurs de Mars, de Mercure, de Borée et de Zéphyr, jusqu'au moment où Flore intervenait pour rétablir l'harmonie et le renouveau. Tout ce fatras de symboles olympiens revisités par Ovide et Ficin alimenterait, une bonne semaine durant, les conversations florentines, non sur les qualités du spectacle, mais sur ce que serait la politique des Médicis pour l'année à venir.

Alors, Flore apparut...

— Je crois bien que je vais gagner mon pari, me dit Marco.

Je ne compris pas sa remarque. La grande jeune femme qui venait d'entrer en scène était fort belle, du moins d'après ce que je pouvais en juger de ma place. À l'exception de sa tête, elle était entièrement couverte de fleurs, collées au plus près de son corps admirable. Elle avançait ou plutôt elle glissait sur les tréteaux, altière, comme statufiée, peut-être pour éviter que des pétales ne se détachent d'elle. L'esprit caustique de mon cousin Marco déteignait sur le mien. Sa chevelure nattée s'élevait très haut en une sorte de tour de Babel, d'un blond-roux que l'on dit vénitien.

— Ce n'est pas ton épouse, tricheur, répliquai-je, Simonetta est brune.

— Tu connais bien mal les femmes et leurs artifices, me répondit Marco. Les gens de mon espèce en sont bien mieux au fait, car elles peuvent nous dévoiler sans risque tous leurs petits secrets. Cette crinière de lionne, cette pyramide d'or m'a coûté une fortune en safran et en citron. Écoute ma recette : tu en fais une concoction dont tu t'enduis les cheveux tous les jours. Tu t'exposes ensuite au soleil pendant quatre bonnes heures. Finalement, ça t'irait bien. Pour le reste, tu as raison, je suis un tricheur. Cela fait trois semaines que je sais que Simonetta sera cette fois-ci la divinité tutélaire de Florence. Nous nous y préparons depuis de longs mois, à coups de safran, de citron, et d'un incessant défilé de peintres en tout genre devant lesquels elle prenait la pose.

— Mais... Pourquoi ?

— Pour les affaires, pardi ! Ne te fais pas plus naïf que tu n'es. Le couronnement d'une Vespucci est pour la *gens* la meilleure des enseignes. Laurent s'est décidé à la choisir quand je lui ai rappelé que la belle était issue de tout ce qui compte en Ligurie, les Spinola, les Fregoro...

Je ne l'écoutais plus et le laissai gambader de branche en branche sur l'arbre généalogique fort touffu des Cattaneo. Bercé par la musique et le son de sa voix, mais aussi par le vin qui embrumait ma cervelle, je plongeai dans une rêvasseuse torpeur, en contemplant d'un œil de plus en plus vague la Flore pétrifiée. Simonetta... Alors que cette statue radieuse de femme épanouie ne ressemblait en rien à l'adolescente maigre et fébrile qui s'était glissée dans ma couche, tous les détails du voyage à Piombino revinrent avec une précision parfaite dans ma cervelle somnolente. Jusqu'à ce jour, j'en avais chassé le souvenir, même dans mes rêves.

Une bourrade dans les côtes me fit sursauter.

— J'ai gagné mon pari, me dit Marco, et toi, tu as raté tout le tournoi. Je n'ai pas voulu te réveiller pour si peu de chose. Julien a bien sûr gagné et dédié sa victoire à Simonetta. Un très beau couple... Rassure-toi, tu n'as pas ronflé durant ta paisible petite sieste. N'aurais-tu pas des problèmes de digestion ? À ton âge, tu devrais faire attention.

— Et toi, répliquai-je en me levant, tu devrais plutôt faire attention à ta femme qu'à ma santé.

Je quittai les gradins, même si les festivités n'étaient pas encore terminées. Personne, à part mon cousin, ne remarqua mon départ. Tel est le lot des cadets de famille : on les blâme souvent pour leur présence, rarement pour leur absence. J'allai me coucher quelques heures : la nuit la plus courte de l'année serait, pour mes amis et moi, une des plus longues.

Deux jours après la Saint-Jean, je demandai à mon père de me laisser séjourner quelque temps dans le village de ma naissance, pour y assister mon maître Toscanelli dans ses observations astronomiques. Le notaire de la Seigneurie y consentit volontiers car il appréciait qu'au moins un de ses fils s'intéressât aux arts libéraux ; lui-même, ressassait-il, aurait tant aimé consacrer sa vie à étudier Euclide et Ptolémée. Il ajouta en me tendant les clés de la maison que je faisais preuve, en m'absentant, d'une grande délicatesse. Sur le moment, je ne compris pas ce qu'il voulait dire. Mais quand je fus sorti du palais, sur la place, sans y penser, je levai les yeux vers les fenêtres en face qui devaient être celles de ma cousine par alliance. Alors, je me maudis, me traitai de lâche : le soir même, tandis que j'aurais le nez dans les étoiles, Simonetta serait présentée officiellement à la famille Vespucci au grand complet. Ou presque.

Il n'y eut aucun phénomène astral digne d'être mentionné durant les quinze nuits que je passai avec Toscanelli, en haut du donjon de Montefioralle, à l'exception d'une belle pluie d'étoiles filantes. Le prétexte de cette escapade était de m'initier au maniement des instruments de mesure, échelle de Jacob, octant, arbalète et astrolabe. Nos observations commençaient au crépuscule et finissaient à l'aube. Après une matinée de sommeil, je partais, au pas de chasseur, pour de longues randonnées, avec dans ma giberne du pain, du jambon, du fromage et du vin, laissant au vieux cosmographe la tâche fastidieuse de mettre au propre notre travail. J'ai honte aujourd'hui de la façon dont j'ai traité alors cet homme qui m'a appris, par son art, à penser et à vivre avec l'aide de la raison, sans idées préconçues, en ne me fiant qu'à l'expérience et non aux dogmes ou aux écrits des Anciens. Mais je me comportais avec lui comme on m'avait appris à me comporter avec ceux que l'on paie.

Mes jambes de vingt ans parcouraient gaillardement les sentiers escarpés. Pourtant, cette fois-ci, je ne ressentais plus cette volupté animale de n'être qu'un corps en action, qu'une force, qu'une vigueur. Simonetta me hantait. Je ne pensais pas tant à la nymphe du spectacle de l'autre jour, ni à l'ingrate recluse de naguère – cinq ans déjà ! – qu'à celle qui résidait maintenant, si proche de moi, à Florence et que je n'avais fait qu'entrapercevoir sur une scène de théâtre. Que faisait-elle ? Qui voyait-elle ? Pensait-elle à moi ? Avait-elle remarqué mon absence ? Accrochant le regard d'une jeune paysanne qui me croisait en souriant, j'en fus soudain persuadé, et me félicitai de cette habile stratégie : ma fuite avait, à coup sûr, intrigué la belle, avant de l'emplir du désir de me revoir. Et me voilà en train de construire le dialogue de notre rencontre à venir, mes reparties brillantes qui achèveraient de l'étourdir, de la séduire. Je reviendrai dans une semaine, nimbé du mystère de l'absence... Perdu dans ma rêverie, je me tordis le pied dans un nid-de-poule que je n'avais pas vu. Soudain, tout s'assombrit. La furtive chemise de nuit du château de Piombino se couvrit de fleurs et la petite chambre devint une estrade où mes amis, mais aussi Laurent et Julien de Médicis menaient une folle sarabande autour d'une Flore offerte à tous. Les premières morsures de la jalousie sont toujours les plus douloureuses, surtout quand elles se doublent d'une blessure d'amour-propre : j'avais été assez stupide pour partir, pour abandonner la place, alors que tout me disait de rester. Je remontai au village, bien décidé à rentrer sur-le-champ. Sitôt la porte ouverte, je changeai d'idée : rentrer à Florence serait avouer ma défaite. Devant quel ennemi ? Mon père ? Julien ? Simonetta ? J'aurais été incapable de le dire. La semaine qui suivit fut épouvantable tant pour moi que pour mon entourage. Même le doux Toscanelli, durant nos nuits d'observation, grognait contre mes erreurs et mes distractions.

Vint enfin le jour que j'avais fixé pour notre retour. Tandis que, dans la voiture, le vieux cosmographe sommeillait en face de moi, je bouillais d'impatience, mais mon orgueil m'interdisait d'ordonner au cocher de presser les chevaux. Je n'étais plus qu'espérances ; espérances qui devinrent vite des certitudes : une lettre d'elle m'attendait dans ma chambre, une invitation pour une rencontre secrète en tête à tête.

La déception n'en fut que plus amère. Rien. C'était

comme si la nuit de nos amours maladroites n'avait jamais existé pour elle. Que j'aie moi-même fait mine de l'ignorer n'effleura pas un instant ma vanité de jeune coq. Je décidai de la bannir pour toujours de mon esprit. Mais comment l'aurais-je pu ? Depuis quinze jours, la ville ne parlait plus que d'elle, de sa beauté. On l'appelait désormais la Sans Pareille, en français, prétendument la langue de l'amour. Cette trouvaille revenait à un jeune poète encore inconnu, protégé de Ficin, tel Platon de Socrate, et qui semblait promis à une belle carrière, Ange Politien. On racontait aussi que Julien de Médicis était tombé éperdument amoureux d'elle, mais d'un amour éthéré, chaste, car Simonetta, allégorie de Florence, se devait d'être inaccessible.

Selon son habitude, dans l'arrière-salle du Petit Tonneau, Piero Soderini discourait, ou plutôt dissertait, comme s'il passait un concours d'éloquence et de rhétorique. Il s'agissait une nouvelle fois de Simonetta. Je rongeai mon frein, jouant l'indifférent, désinvolte et blasé, faisant mine de ne pas suivre les débats de mes amis. Piero, enflammé par son propre verbe, en vint à proclamer que la nouvelle Flore n'avait jamais été touchée par un homme, et qu'elle était forcément aussi pure qu'à sa naissance. Ces propos ineptes et cuistres me firent perdre mon sang-froid.

— Vierge ? Tu plaisantes, Piero, ne pus-je m'empêcher de m'exclamer.

Soderini me répondit comme à un mauvais élève qui n'a pas compris la leçon du maître.

— Je ne parle pas, mon cher, de la réalité de ta cousine, mais du symbole qu'elle représente depuis son couronnement à la fête de Flore. Elle n'est plus une femme désormais, elle est la Ville, elle est la Seigneurie, sa statue, sa déesse tutélaire, elle est Florence, comme Minerve était Athènes, et la Louve, Rome. Comme elles, elle se doit de n'avoir jamais été prise, de demeurer inexpugnable.

— D'ailleurs, ricana un autre de mes camarades, la belle

l'est peut-être demeurée, avec un époux pareil. J'irais bien vérifier cela sous ses jupons.

Soderini haussa les épaules et poursuivit sa dissertation, à grand renfort de citations de Pindare et d'Ovide, métamorphosant Laurent de Médicis en Apollon, son frère Julien en Mars et Marco en Mercure. Je n'écoutais plus ce pédant salmigondis qu'entrelardaient les plaisanteries obscènes des autres. D'un coup, tout mon injuste ressentiment à l'égard de Simonetta se dissipa. L'amour à vingt ans, quand il reste inassouvi, est aussi changeant et capricieux qu'un ciel de printemps en Toscane. Je pris en pitié cette vie, cette jeunesse tout entière sacrifiée aux appétits de pouvoir et de lucre de quelques-uns. Je la sauverai... Je l'arracherai à ce monde infâme dans lequel j'avais contribué à la jeter. Puis, je m'envolai dans de puériles rêveries d'enlèvements et de chevalier à la blanche monture. On peut en sourire, mais c'est je crois ce jour-là, avec cet amour naissant d'un souvenir lointain et d'une vanité froissée, que je désappris le cynisme de ma caste.

Piero continuait de pérorer, sans se soucier des quolibets de ses commensaux. Il évoquait maintenant la mort brutale d'une des nymphes de la Saint-Jean. Cette jeune fille de seize ans à peine était une amie proche de ma sœur cadette. Si peu protégée du petit vent coulis qui soufflait sur la scène, elle avait pris froid et s'était éteinte, deux ou trois jours après le spectacle, comme un bouton de rose saisi par la gelée. Pour Piero Soderini, c'était un thème inépuisable. Il se lança dans une nouvelle parabole, où Borée, le vent du nord, de Milan donc, avait triomphé de Zéphyr, de Naples. Je me levai, sincèrement indigné et, pris d'une colère incontrôlable, je crachai des mots confus, des phrases sans suite, où il était question de barbarie, de sécheresse du cœur, de victimes innocentes de la tyrannie et de la banque... À la façon dont je sortis de la taverne, mes amis pensèrent que j'étais devenu fou, ou épris en secret de la malheureuse.

Je rentrai chez moi, bien décidé à abandonner cette vie oisive et vaine, pour prendre ma destinée fermement en main. Mon premier acte serait une rencontre avec Simonetta. Je n'avais que la place à traverser pour solliciter un entretien en tête à tête. Je la traversai par trois fois et par trois fois un laquais me refusa sa porte : soit Simonetta était absente, soit elle était indisposée.

La quatrième, ce fut son mari qui me reçut, alors que je n'avais cessé de l'éviter. Marco était en compagnie du jeune poète Politien et du peintre Botticelli. Il me convia, toujours aussi sarcastique, à participer à leur débat. Laurent de Médicis avait passé commande, au nom de la Ville, d'une ode qu'illustrerait une grande fresque, célébrant les dernières fêtes de la cité et, à travers elles, à travers Simonetta, la déesse Florence. Ficin avait rédigé une liste longue et compliquée de symboles mythologiques et philosophiques à faire figurer impérativement dans le tableau.

À l'énoncé de ce cahier des charges, le peintre poussait de gros soupirs exaspérés en bougonnant que ce n'était qu'allégories fumeuses, paraboles d'enfants de chœur, propos d'un tel irrespect pour le Socrate florentin, que j'en aurais éclaté de rire si ma pensée n'avait pas été tout entière envahie par mon amour.

— Et vous, monsieur Amerigo, me lança Botticelli, que dites-vous de toutes ces platonitudes ?

Je répliquai par cette itérative blague de bachelier :

— Moi, vous savez, le seul banquet que je connaisse, c'est celui auquel je suis convié ce midi. Si je ne veux pas être en retard, je dois vous abandonner maintenant, à mon grand regret.

— Bon appétit, bel Alcibiade. Tant que j'y pense, vous qui vous intéressez à la géographie, passez donc à mon atelier, j'ai reçu de Lisbonne quelques dessins d'animaux africains, unicornes, oiseaux coureurs et parleurs. Je n'en ai pas l'usage, mais ça pourrait enluminer quelques-unes de vos cartes.

Je le remerciai et sortis en songeant que faute de banquet platonicien, je venais de m'échapper de la caverne. Je t'en ficherai, moi, des « bel Alcibiade » !

Puisque la porte de Simonetta m'était fermée, j'entrepris de lui écrire. La réponse ne tarda pas, mais elle ne fut point d'elle. Dès le lendemain de mon premier envoi, qui fut également le dernier, je fus convoqué par mon père dans son cabinet des curiosités. Cette longue et haute salle, sous les combles, avait toujours été pour moi un endroit magique. Il était empli d'animaux empaillés, lion à la crinière pelée, gazelle aux yeux de verre effarouchés, loup hérissé montrant ses crocs redoutables en un rictus affreux et mouton à cinq pattes. On y trouvait aussi des plantes séchées dont certaines, disait la légende familiale, auraient été rapportées du Cathay par Marco Polo lui-même, à moins que ce ne fût Niccolo dei Conti, des turbans de soie verte ornés de plumes et de pierres précieuses coiffant des têtes de Maures en bronze, le casque d'Artaxerxès, les jambières de Léonidas, le bâton d'Euclide, une pierre du phare d'Alexandrie, une clepsydre fabriquée par Pythagore, un buste de Marc Aurèle, ou peut-être d'Hadrien, des médailles en or frappées à l'effigie de l'empereur de Tombouctou, de Jules César, de Cyrus le Grand, et autres bizarreries qui me faisaient rester ici des heures entières, quand j'étais petit, avec une peur et une volupté accrues par l'interdiction qui nous était faite de pénétrer dans cette pièce.

Cette fois, je poussai la porte sans plaisir et mes craintes étaient différentes de celles de mon enfance. Giorgio, le chanoine, et Piero, le beau-père de Simonetta, m'attendaient en compagnie de leur frère aîné. Ils étaient tous trois enfoncés nonchalamment dans des fauteuils aux coussins de soie brodés à Constantinople. Je compris immédiatement le motif de ma convocation, quand je vis sur la table basse au plateau d'argent, bien en évidence entre leurs verres et une bouteille de vin Vespucci, la lettre que j'avais envoyée à Simonetta. Elle n'avait rien de compromettant ;

j'y formulai seulement la joie et l'honneur que j'aurais à être reçu par elle, pour m'incliner devant tant de beauté et de grâce, sans aucune allusion à notre rencontre passée. C'était assez joliment bien tourné et mon oncle chanoine, en préambule, m'en fit compliment, tout en se désolant, moqueur, qu'avec un aussi joli brin de plume, j'eusse abandonné l'étude des belles-lettres pour celle des mathématiques. Je m'apprêtai à lui répondre sur le même ton, quand Piero intervint, avec beaucoup moins d'aménité. Il brandit la lettre et me dit sèchement :

— Voilà donc comment tu respectes tes serments, Amerigo. En voulant jouer ainsi au joli cœur, tu fais courir de grands risques à notre maison.

Piero tenait donc le rôle de mon procureur, Giorgio jouant mon avocat, et Nastagio, le juge impartial. Je serais majeur dans dix-huit mois, une éternité, mais que risquais-je à me défendre ? D'être déshérité ? Pour le peu qui me reviendrait, le risque n'était pas très grand. Aussi, je choisis de plaider ma cause en attaquant.

— Pourquoi serais-je le seul en ville à ne pas faire ma cour à la nouvelle reine de Florence ?

Sitôt cette question prononcée, je la trouvai d'une aussi stupide puérilité que celle du gamin pris en faute et protestant : « C'est pas juste ! » Furieux contre moi-même, je poussai plus loin l'insolence.

— J'étais bien jeune quand je vous ai servi de pantin dans votre mascarade de fiançailles. Mais ne comptez pas sur moi pour subir aujourd'hui les conséquences de vos tortueuses combinaisons qui n'ont eu pour piteux résultats que de faire souffrir deux enfants !

Mon indignation n'eut pas l'effet escompté. Les trois frères, ces dignes notables, partirent d'un grand rire. Celui de mon père se termina en une quinte de toux et une larme qu'il essuya, avant de chevroter :

— Amerigo, Amerigo, comme je te plains ! Comme j'aurais volontiers subi, cette nuit-là, ton martyre à ta place !

Ma face soudain cramoisie devait être du plus haut comique, car l'oncle chanoine faillit s'étouffer. Piero, le pince-sans-rire de ce trio de vieux garnements, ne se départit pas de son air sévère, et énonça à ses frères avec un pédantisme comique :

— Je n'eus, ce matin-là qui suivit la nuit de ce martyre, nul besoin de chercher dans Scotus, Zopyre ou Polémon de Laodicée, ni dans quelque autre physiognomoniste des temps anciens pour comprendre à leurs visages bouleversés, quelle tragédie épouvantable avaient souffert – il imita ma voix – ces deux pauvre enfants.

Et de s'esclaffer à nouveau. Puis, tandis que je restais planté devant eux, me demandant où ils voulaient en venir, car rien n'a jamais été gratuit, chez les Vespucci, ils échangèrent leurs souvenirs, souvent communs, de dépucelage et de putains officiantes, ou de bergères plus ou moins forcées, le chanoine n'étant pas en reste de grivoiserie. Peu à peu, leurs propos s'adressèrent à moi, comme si j'étais l'un des leurs, comme si j'étais leur congénère, m'incitant à raconter, moi aussi, quelque aventure amoureuse, pourquoi pas avec Simonetta ? Ils me répugnaient. Leurs dents jaunes et déchaussées, leurs chairs molles, couperosées, leurs cheveux gris et épars... Simonetta et les vieillards. Ils firent semblant de prendre mon dégoût pour de la gêne, de la pudeur, et s'assagirent. Mon père entreprit une dissertation sur le mariage qui se devait d'être une alliance d'intérêts où les sentiments étaient prohibés, laissant entendre à ses frères qu'il avait commis quelques adultères. Il prit comme exemple d'union parfaitement négociée celle de mon frère Girolamo, le second de mes aînés, actuellement diplomate auprès du Saint Empire romain germanique. Les trois frères se mirent alors à débattre du meilleur parti à trouver pour le cadet de la branche aînée du clan, c'est-à-dire l'auteur de ces lignes. Ce n'étaient que fillettes de douze ans, médiocrement dotées. Il me faudrait patienter avant de prendre femme.

Ils continuèrent ainsi à parler de mon avenir, badins et paillards, évoquant mon intérêt pour la cosmographie. Le chanoine suggéra que je peaufinasse mes connaissances en allant à la rencontre des plus fameux astronomes et mathématiciens de ce temps, à Bologne, à Padoue, à Nuremberg, à Paris, à Lisbonne...

— Lisbonne, évidemment, s'exclama mon père. Comment n'y avais-je pas pensé ? Nous n'avons rien là-bas, alors que leurs caravelles portugaises commencent à rapporter gros de leurs navigations africaines : la malaguette, l'ivoire, les esclaves... Je te verrais bien en facteur d'une succursale Vespucci au Portugal, mon fils. Il faudra qu'on en parle, tous les deux.

Ces trois vieux roublards firent tant et si bien que, quand je sortis du cabinet des curiosités, le cœur léger, j'avais tout oublié de mes projets amoureux. Partir, voyager ! Lisbonne ! La mer Ténébreuse s'étendant devant moi jusqu'à l'infini ! Le petit vent qui me poussait à travers les rues de Florence me semblait déjà celui du large et le caniveau, les ornières des grands chemins.

— Holà, monsieur Vespucci ! Amerigo Vespucci !

Je levais la tête. La face carrée de Botticelli apparut à la large fenêtre d'une maison d'un seul étage. Je ne pouvais me dérober et gravis les marches en bois maculées de peinture. Bah, songeai-je, après tout, s'il m'entreprenait d'un peu trop près, je serais de taille à me défendre. Encore que le gaillard paraissait plutôt vigoureux. La vaste pièce était plongée dans une semi-obscurité et éclairée par des bougies qui bavaient le long des barreaux d'un escabeau dressé face à un immense cadre tendu de toile blanche où l'on voyait tracés de souples et légers traits de fusain. Pour le reste, quelques meubles crasseux couverts d'objets hétéroclites, pots ébréchés, fleurs en papier, broche de rôtissoire, et un tonnelet où était écrit en belles gothiques : « maestro ». Seule, une table sur laquelle étaient rangés pinceaux, palettes, couteaux et pigments écrasés au pilon dans de jolis petits pots devait avoir connu un jour l'éponge et le savon.

Botticelli était un homme de courte taille, mais râblé et athlétique. Ce n'était pourtant pas à cause de son aspect physique qu'il avait pris de lui-même ce sobriquet tiré de *botticello,* « petit tonneau ». Un de ses frères en effet était le tenancier de la taverne à cette enseigne, où j'avais mon rond de serviette. Dès que sa réputation commença à grandir, que son talent éclata au grand jour, il s'affubla de ce « Botticelli », pour prévenir toute moquerie des envieux ou de ses riches clients. Il était fils de tanneur, et affichait non sans ostentation ses origines populaires, jouant au rustre maladroit, ignorant des bonnes manières, ce qui lui permettait d'imposer la plupart de ses exigences à ses commanditaires, qu'il finissait par terroriser. Dès les premiers mots de son client, il savait très exactement quel serait le tableau, un peu comme un musicien entendant une rengaine de mendiant à un coin de rue, et qui la recompose déjà en une grand-messe dont la partition s'inscrit note à note dans sa tête.

— Prenez vos aises... Le tabouret. Les chiffons qui sont dessus, vous les mettez par terre. Le dallage ne craint rien. Vous vous imaginiez sans doute quelque chose d'un peu plus huppé pour le nouveau peintre à la mode, n'est-ce pas ? La Seigneurie m'a alloué un très bel atelier, sur la rive droite, mais je ne m'y rends seulement que pour engueuler mes apprentis. Je vous sers une petite râpeuse cuvée Botticelli ? Un alcool de marc, une merveille que mon frère fait venir du Tessin. Les dessins d'animaux africains sont dans le deuxième tiroir de la commode. Je vous les montrerai tout à l'heure. Vous et votre vieux maître, vous allez vous délecter.

Tandis qu'il tirait dans deux tasses d'étain le contenu de son tonneau *maestro,* pour éviter de m'asseoir et de souiller le fond de ma culotte, je me plantai, tentant de garder une contenance, devant un mur. Y était piquée une dizaine de vélins où était ébauché le même visage de femme, de profil ou de face, une femme tantôt profondément mélancolique, tantôt sévère, tantôt souriante, presque offerte.

— Splendide, cette fille, dis-je d'un ton outrageusement viril pour lui montrer que je n'avais pas les mœurs que je lui prêtais. Donnez-moi son adresse, si toutefois vous n'avez pas déjà jeté votre dévolu sur elle !

— On ne reconnaît pas sa cousine ? Je ne pensais pas l'avoir ratée à ce point, la belle Simonetta, la reine des fleurs...

Je m'assis, ou plutôt m'effondrai sur le tabouret, oublieux de la propreté de mes habits et pris machinalement la tasse d'étain qu'il me tendait. Il poursuivit :

— Tu as raison... Je n'y arrive pas. Elle est trop... Tu comprends ? Elle est trop parfaite. Tu comprends ? Pour vraiment la représenter, il faudrait que je lui trouve un défaut. Un défaut, tu comprends ? Son menton... Ça y est, j'ai trouvé... Son menton. Il a quelque chose de masculin. Trop larges, les maxillaires, trop volontaires. Tu as raison. Je vais forcer là-dessus. Ça va l'humaniser, la faire vivre, ce défaut, tu comprends ?

Il se saisit alors d'un fusain et se mit à griffonner sur les vélins : « Comme ça, c'est mieux, tu comprends ? Non ça ne va pas... » Il effaçait son trait du doigt ou de la manche de sa blouse, essuyait une goutte de sueur sur son front maculé de noir, et ses « Tu comprends ? » devenaient quelque chose comme « ranranran, ranranran ? ». Puisqu'il me tutoyait, je n'avais aucune raison de ne pas faire de même.

— Dis-moi, Sandro, en voilà des manières de recevoir les gens. Assieds-toi et trinque ! Je n'aime pas boire seul, tu comprends ?

Il s'enfonça dans un fauteuil à l'agonie, vida sa tasse d'un coup, se releva pour aller la remplir au *botticello*, et penché sur la bonde, il soupira.

— C'est vrai qu'elle est désirable, ta cousine, mon vieux

Rigo. Mais pas touche ! Sinon, les Médicis me feraient sauter les couilles en moins de temps qu'il ne faut pour le dire. Ou, ce qui serait pire, ils me congédieraient et se passeraient de mes pauvres talents. Il y en a tant qui voudraient prendre ma place. Et puis... Qu'est-ce que vous croyez, vous autres, les bourgeois ? Que nous, les artistes, nous passons notre temps à fricoter avec nos modèles ? Il y a le travail d'un côté, et le plaisir de l'autre, ranranran ? Le travail, c'est dans l'atelier, le plaisir, c'est au bordel. Pourtant, quand la Simonetta vient prendre la pose, crois-moi, mon gars, il faut que je m'accroche à mon pinceau... Je ne sais pas comment font mes collègues mais, moi, je ne peux traiter mes modèles que comme une nature morte. Sérénité, ranranran ? Et j'ai la petite Maria, ma femme de chambre, pour assouvir mes instincts animaux. Crois-moi qu'après les séances avec ta cousine, elle en a pour son compte, la gamine.

Visiblement, Botticelli ne m'avait pas attendu pour puiser à la source de son tonnelet. Je n'en étais qu'à ma deuxième tasse et déjà ma cervelle frémissait.

— Tu ne vas donc pas au palais Vespucci pour lui faire prendre la pose ? lui demandai-je, non sans arrière-pensée.

— Même pour tirer le portrait du pape, je ne me déplacerais pas au Saint-Siège. Le modèle, ranranran, c'est un ennemi dont il faut triompher. Quand je viens lui rendre visite, la première fois, il est sur son terrain, armé de pied en cap, ses défenses bien en place. Mais quand il pénètre dans ce lieu qui lui paraît sale, désordonné, étrange, il s'inquiète, il s'affole, son masque tombe et la vérité de son âme se dévoile. Seule Simonetta, même posant nue, garde encore sa cuirasse, son mystère. Mais qui sait ? Derrière ce masque si beau, n'y a-t-il que du vide ?

— Je ne le pense pas, répondis-je un peu trop vivement. Je l'ai connue jadis et...

Cet alcool était décidément plus efficace pour délier les

langues qu'un bourreau de l'Inquisition. Botticelli éclata de rire.

— Je te vois venir, espèce de bouc en rut. Il n'en est pas question. Je ne suis en rien une entremetteuse ni une mère maquerelle. Et je tiens trop à ma peau et à ma clientèle... Mais au fond... Pourquoi pas ? J'ai peut-être un marché à te proposer. Je pourrais consentir à organiser une rencontre, ici même. Mais, en échange, je veux la chapelle Vespucci.

— Impossible ! Le chantier a été donné à l'atelier Ghirlandaio. De toute façon, je n'ai aucune influence...

— Ne dis pas de sottises ! J'ai mes espions... Ton cousin Marco, pour ne pas le nommer. Je lui avais demandé d'intercéder auprès de ton père pour cette chapelle. Il m'a répondu qu'il n'avait aucune influence sur votre tribu en ce domaine, ni en d'autres d'ailleurs. Tandis que toi... Je me trompe, ou est-ce bien grâce à toi que Ghirlandaio est devenu le peintre attitré des Vespucci ? Je ne t'en veux pas, d'ailleurs, je n'étais alors qu'un obscur apprenti de fra Lippi...

Il n'avait pas tort. Après les funérailles de ma grand-mère dans la chapelle familiale, j'avais suggéré que le peintre le plus fameux du moment composât une fresque représentant la famille au-dessus de la crypte où elle était inhumée. Depuis, du moins en l'absence de ma mère, mon père aimait parler avec moi des beaux-arts et des velléités contrariées de sa jeunesse à manier le pinceau et taquiner la muse. De là à prétendre que je pesais d'un poids quelconque dans ses choix artistiques...

— J'aimerais aussi que tu m'arranges une rencontre avec ton père, poursuivit Botticelli. Cet homme-là possède la plus belle tête de noble vieillard, de philosophe antique. Je le verrais bien en Aristote enseignant à Alexandre, ou en Sénèque se donnant la mort...

— Ces scènes-là me semblent peu appropriées pour une église...

— Eh bien, j'en ferai un saint Augustin. Qu'importe la

scène représentée, seule compte sa beauté ! Tu lui ressembles d'ailleurs, mais il te faudra patienter avant que ce pastel se patine, et que ce vélin devienne cuir.

— Je ne suis pas pressé. Soit, je vais voir ce que je peux faire. Je ne te promets rien. Ghirlandaio ne va pas se laisser déposséder ainsi d'un aussi beau contrat.

— Aucun souci de ce côté-là. Il vient de partir pour Rome. Le pape l'a débauché.

— Ah ? Je l'ignorais. Ma tâche en sera facilitée. Mais... Je dois te prévenir que ma chère famille est regardante sur les devis.

— Ne t'occupe pas de ça. Je me débrouille plutôt bien dans ce genre de négociations. C'est dit ! Affaire conclue ! Simonetta vient poser ici tous les mardis matin. À onze heures précises, je nous fais servir une collation. Passe donc à ce moment-là, à l'improviste, comme on vient visiter un vieil ami, pour m'annoncer une bonne nouvelle, par exemple le chantier de la chapelle Vespucci... Je m'occuperai du chaperon.

Il me congédia avec brusquerie, soudain pris de l'irrésistible besoin de retourner à son chevalet. Je revins au palais, avec sous le bras un carton plein de tigres, de girafes, d'unicornes et de sauvages emplumés, dont ni Toscanelli ni moi n'aurions usage : mon vieux maître considérait que ces enjolivures sur une carte ne servaient qu'à masquer l'ignorance de celui qui la dessinait.

Mon père accepta sans hésiter ma proposition de recruter Botticelli pour achever la décoration de la chapelle familiale. Il me chargea même de négocier le devis et me déclara affectueusement, pour conclure, que j'avais trouvé enfin ma place dans la famille. Le mardi suivant, quinze minutes avant onze heures, je surgis dans l'atelier.

— Ça y est, Sandro, la chapelle Vespucci est à toi !

Simonetta se dressait sur une petite estrade, dans une tunique de toile épaisse moulant ses formes tout en les masquant. Elle brandissait une pomme vers le plafond, et ne bougea pas d'un pouce à ma tonitruante irruption. En revanche, Botticelli se précipita vers moi, roulant des yeux, le fusain brandi comme s'il voulait m'en transpercer, en hurlant :

— Je t'avais dit « pas avant onze heures », nom de Dieu, tu me fous en l'air ma journée ! Fiche-moi le camp ! Attends en bas, et fais-toi servir quelque chose à boire. Dehors !

Dans une autre situation, j'aurais lancé mon poing à la face de l'insolent qui aurait osé me traiter de la sorte. Mais devant Simonetta... Je battis en retraite. Au pied de l'escalier, alors que je m'apprêtais à fuir, une très jeune et très jolie fille me tira par la manche et m'entraîna dans une grande pièce du rez-de-chaussée qui servait de cuisine et de chambre pour le maître et la servante. L'endroit était nettement plus propre et plus coquet que l'atelier. Il m'évoquait vaguement la maison de poupée de ma jeune sœur, quand elle était petite. Drôle d'intimité pour cet ours mal léché ! Maria, la servante, tout en me servant une citronnade fraîche mais trop sucrée, tenta d'excuser la grossièreté de son maître et amant. Fort de mes dix ans de moins que lui, de ma prestance physique et de la fortune de mes parents, j'entrepris de la séduire tandis qu'elle préparait la collation. Mes efforts furent vains ; elle resta parfaitement insensible à mon charme, et ce n'était que « maître Sandro » par-ci, « maître Sandro » par-là. Enfin, trois coups retentirent au plafond. Avec une grâce rieuse, Maria me mit un plateau chargé de gâteaux entre les mains, prit celui des rafraîchissements et gravit l'escalier en me demandant de la suivre. Je pénétrai à nouveau dans l'atelier, tel un valet de chambre, rouge de rage et de confusion. À ma vue, Botticelli qui avait retrouvé sa bonne humeur éclata de rire. Simonetta vint vers moi et mon plateau.

— Eh bien, on peut dire que vous êtes un homme qui sait se faire attendre, mon cousin.

La voix était grave, presque monocorde, à peine nuancée

par une légère ironie. J'osai enfin la regarder. L'adolescente de Piombino se fondit en une seule et même personne avec la femme que j'avais devant moi. Je ne saurais la décrire ici. Trop d'autres images d'elle se sont superposées depuis, nymphe, déesse, reine d'Égypte et même Vierge Marie, sous le pinceau de Botticelli et de ses disciples, figure cent fois répétée de la Ville, de la Seigneurie, de Florence. Après la mort du modèle, après la mort de mon aimée, les peintres la nimbèrent d'une infinie mélancolie, de leur propre mélancolie, alors que la Simonetta que j'ai connue, si peu connue, était pleine de fantaisie et de gaieté, du moins quand elle n'était pas obligée de jouer son rôle de statue marmoréenne.

Ce matin-là, dans l'atelier, elle gardait encore ses poses de Diane chasseresse, même en grignotant les gâteaux que je lui avais si obligeamment servis. Sandro nous laissa à peine le temps d'échanger quelques banalités, car il prit la parole et ne la lâcha plus. Tout heureux d'avoir obtenu la chapelle Vespucci, il se lança dans une explication technique embrouillée sur l'enduit dont il couvrirait les murs, bien plus résistant que celui de Ghirlandaio. Devant la dame, naturellement, il oubliait ses postures de rustre et usait d'un langage qu'il voulait châtié, mais où transparaissait de façon évidente le fils de tanneur s'appliquant à tourner des phrases comme celles qu'il croit être du beau monde. Il n'est rien de plus drôle qu'un ours faisant des grâces de biche. À l'une de ses formules un peu plus laborieuse que les autres, je fis le pitre et mimai la stupeur admirative, bouche bée, yeux écarquillés, sourcils levés. Un sourire éclaira la statue.

Ensuite, ce fut comme un long jour et une longue nuit. Notre premier rendez-vous... Non ! Ce serait trop de douleur d'évoquer cette année-là. Le malheur est toujours plus facile à raconter que le bonheur, car on peut en rire, et ainsi le conjurer. Nous nous aimions en secret, et notre passion réciproque n'en était que plus dévorante. Les stratagèmes tortueux que nous élaborions pour nous rencontrer nous enflammaient presque autant que nos caresses. La plume me manque, je n'en dirai pas plus. Écrire « Simonetta », comme on grave des initiales dans le tronc d'un arbre, c'est bien assez.

Le plus étrange fut que personne ne sut rien de cette liaison au sein d'une des familles les plus en vue de Florence, dans cette cité où les amours réelles ou supposées, mais surtout adultérines sont un des principaux sujets de conversation. Je mourais d'envie d'en parler à une oreille complaisante, et c'était une torture de garder le silence, quand mes amis, que j'avais de plus en plus de mal à fréquenter, évoquaient avec des airs entendus la passion sublime et désespérée que lui auraient portée Julien de Médicis, le Politien et... Botticelli. Seul le peintre, qui se doutait de quelque chose, pour avoir fait office d'entremetteur, aurait pu également me servir de confident, mais deux ou trois lourdes allusions de sa part sur sa volonté de ne jamais se mêler des affaires privées de ses clients m'en dissuadèrent.

Cette année-là, Laurent le Magnifique multipliait fêtes, cérémonies, bals, spectacles tout à la gloire de la Seigneurie et des Médicis. Il s'agissait aussi de masquer sous des dépenses somptuaires le mauvais coup que venait de lui faire le pape Sixte IV en privant sa banque des biens du Saint-Siège et en les confiant aux vieux rivaux Pazzi. Dans cette sinistre comédie de l'argent et du pouvoir, mon aimée avait son rôle, qu'elle tenait à la perfection, allégorie de Florence, à la chevelure d'or tel un nouveau Pactole ruisselant en nattes jusqu'à sa poitrine et ses reins, et sur laquelle veillaient un Julien martial et un Laurent apollinien.

Maintenant que j'étais le Vespucci chargé des beaux-arts, je me devais d'être présent à la plupart de ces manifestations. Être le troisième des fils de Nastagio avait cet avantage de me faire passer inaperçu, ou presque. Je ne crois pas que le Magnifique m'ait alors prêté la plus petite attention, sinon pour montrer, en m'appelant par mon prénom, qu'il connaissait tous ses concitoyens. Il me serrait la main affectueusement et me gratifiait d'un « Comment vous portez-vous, Amerigo ? » avant de poser la même question à mon voisin, sans attendre ma réponse. Personne n'était dupe de ce mélange subtil de familiarité et d'indifférence, à l'exception de ses idolâtres qui s'enthousiasmaient ou se désespéraient de la façon dont il prononçait cette question machinale, de l'insistance plus ou moins grande de son regard, de la fermeté ou de la mollesse de sa poignée de main.

Telle était la première préoccupation du cousin Marco quand il s'entretenait avec son épouse. Qu'il se crût en disgrâce ou en faveur, il en tenait Simonetta pour responsable, la critiquant ou la louant selon le cas, pour tel propos qu'elle aurait tenu, ou qu'elle aurait dû tenir... Elle s'exaspérait de ces discours futiles dont il la harcelait au retour de chacune de ces festivités. Il m'arrivait de subir les effets de sa mauvaise humeur. Je me lançais alors dans toutes sortes de pitreries, imitant le parler affecté de son époux, les rondeurs faussement bonhommes de son beau-père, bref, la famille en entier subissait mes modestes talents d'histrion. Le spectacle ne s'achevait que quand je pouvais étouffer son rire sous mes baisers. Soudain, le marbre dont elle devait sans cesse se couvrir s'effritait.

Je n'étais pas jaloux. Comment aurais-je pu l'être d'une ville tout entière ? J'étais inquiet. Malgré ses efforts pour demeurer l'Inaccessible, son bonheur de femme assouvie, épanouie, irradiait. Julien de Médicis supportait de plus en plus mal son rôle d'amoureux sublime, platonicien. Il se faisait de plus en plus pressant pour tenter de lui arracher un rendez-vous, non sur l'Olympe, mais à Cythère. Jamais elle ne lui céderait, car elle savait qu'alors sa vie, notre vie, deviendrait un enfer. Jamais non plus, pensait-elle, il n'oserait la forcer. Laurent avait pour son frère des projets de mariage d'un grand intérêt pour la Seigneurie. La Savoie, le royaume de Naples... Simonetta, qui était autrement plus au fait que moi de ces affaires, croyait savoir que même la fille de Louis XI de France était sur les rangs. Le scandale provoqué par un viol sur une dame aussi en vue qu'une Vespucci aurait eu des conséquences catastrophiques, même un jeune homme aussi brutal et impulsif que Julien le savait.

Elle parvenait à me rassurer plus ou moins sur ce point, mais j'avais d'autres inquiétudes. Les filles de Florence, et non les moindres, étaient toutes envieuses, jusqu'à la haine, de la gloire de mon aimée, cette Génoise, cette étrangère. Je connaissais trop l'histoire de mon pays et la mentalité de mes compatriotes. Pas une, y compris ma propre sœur, n'aurait hésité à user du poison de leur duègne ou du poignard de leur amant pour se débarrasser de leur rivale triomphante. Simonetta ne partageait pas mes craintes ; elle se sentait trop forte, trop aimante, trop vivante, invulnérable, immortelle comme une déesse olympienne.

Ici, je dois arrêter un instant le fil de mon récit. Je ne sais si je parviendrai à achever ces Mémoires, mais il est sûr que le premier à les lire sera mon exécuteur testamentaire. Et tu songeras, mon cher Giovanni, que je fus bien pleutre de ne jamais t'avouer la vérité sur ta naissance. Avant de me condamner au-delà du tombeau, imagine un instant ce que cela aurait changé à notre vie à tous, à la quiétude de notre maison, de notre havre andalou, si je te l'avais dite, cette vérité ? Quelle tempête aurait-elle soulevée, quels dégâts irréparables aurait-elle provoqués ? En me taisant, je nous ai épargné bien des tourments inutiles. Je suis ton père. J'aurais dû le révéler au jeune homme qui vint se réfugier ici, il y a dix ans de cela, fuyant une Italie dépecée, des Vespucci ruinés. J'y sursoyais indéfiniment, trouvant mille et un prétextes pour me taire. Après tout, ma lâcheté nous a permis de tisser des liens d'amitié autrement plus solides que ceux du sang. Et tâche de ne pleurer en moi qu'un vieux compagnon, un vieux maître disparu. Ou ne pleure pas, je t'en dispense. Te voilà donc une nouvelle fois orphelin, Giovanni. Orphelin, à trente ans passés ! Il vaut mieux en sourire.

Ce préambule a l'avantage de m'épargner la corvée de

rédiger un coup de théâtre très attendu, aux dialogues larmoyants qui se voudraient tragiques : « Quoi ? Tu es enceinte ! — Hélas ! — De qui ? — De toi ! — Es-tu sûre ? — S'il plaît à Dieu ! », etc., qui finissent par sombrer, involontairement, dans la farce.

L'hiver de cette année 1473 ne fut clément que pour les artistes, les poètes et les amants. Dans leur atelier ou leur cabinet, les premiers, que nul ne venait visiter pour ne pas affronter les frimas, créèrent des œuvres sublimes qui n'écloraient qu'au printemps, celui de Botticelli. Les seconds, Simonetta et moi, abusions de la bonté de nos nouveaux alliés, le vent, le froid, la neige et la pluie, qui vidaient les rues et les places, fermaient les portes et les volets, tournaient les regards et les ventres vers l'âtre ronflant des cheminées. Florence déserte était à nous, durant le court trajet qui menait du quartier Vespucci à une petite maison nichée sous les remparts, pour laquelle mon père n'avait toujours pas trouvé preneur. En attendant, il la laissait, sur ma demande, au vieux Toscanelli : protéger un fameux mathématicien, astrologue et cartographe n'était pas seulement une affaire de prestige. Il pouvait arriver que son art eût une utilité dans le négoce.

J'ignorais si mon maître s'était aperçu de nos rencontres sous son toit, ou si elles l'indifféraient, ou si encore, par prudence, il préférait ne pas s'en mêler, mais jamais je n'eus à subir de sa part la moindre allusion ; jamais nous ne le rencontrâmes inopportunément dans cet espace pourtant réduit. Peut-être sa gouvernante l'avertissait-elle de notre venue. Je m'étais chargé moi-même d'aller recruter cette paysanne dans mon village natal. Elle nous avait servi de nourrice, à mes frères et à moi, dans notre prime enfance. Avant que je la fisse venir, elle n'avait jamais mis les pieds en ville et n'y connaissait personne d'autre que les commerçants, les jours de marché. Même le plus suspicieux des espions de la Seigneurie n'aurait pas prêté attention à ses commérages, si elle en fit un jour, car sa paisible et bovine sottise était garante de sa discrétion.

Deux ou trois fois par semaine, je quittais la demeure paternelle en début d'après-midi, alors que le reste de la maisonnée plongeait dans les torpeurs digestives de l'hibernation. Personne ne remarquait mon départ, sauf parfois, un vieux valet de chambre me recommandant de ne pas prendre froid. Persuadé qu'il m'espionnait, j'échangeais avec lui quelques profondes pensées sur les saisons qui n'étaient plus ce qu'elles étaient jadis, puis je lançais, comme par mégarde, que si on me cherchait, on me trouverait soit au Petit Tonneau, soit dans un des deux ateliers de Botticelli, et que je serais de retour à la nuit. Mais qui aurait pu me chercher ? En traversant la place, je levais les yeux vers la fenêtre derrière laquelle se tenait Simonetta. Elle patienterait encore une demi-heure avant de sortir à son tour, sans que personne, ni sa duègne ni son époux, ne s'inquiète de son absence. On ne se soucie pas de ce que fait en hiver la déesse des fleurs.

Elle était si vilaine, la Sans Pareille, le visage bouffi par le froid, le bout du nez rougi et la lèvre violette, que jamais nul dieu Mars, vainqueur d'un tournoi, n'aurait songé à incliner sa lance devant elle. Je ne devais rien avoir non plus d'un Apollon antique, grelottant de l'avoir attendue sur le pas de la porte. Mais que nous importait, puisque nous nous pelotonnions l'un contre l'autre, bousculant nos lèvres gelées, froissant en les frottant nos vêtements humides et craquants, puis enfin nos peaux. Ainsi passa l'hiver ; puis le printemps, qui eut pour nous la gentillesse de se faire tardif. Les beaux jours revinrent ; nos rendez-vous cessèrent avec eux.

Aux jeux floraux de la Saint-Jean, Simonetta fut choisie, toujours par Julien, pour être une nouvelle année la Dame de Florence. On n'avait jamais vu cela auparavant. Même Laurent le Magnifique fut mécontent de l'initiative prise par son cadet et le fit savoir. Il lui avait demandé d'élire sa propre épouse, Clarice. Les ennemis des Médicis crurent voir, derrière ce désaccord, une première faille dans cette fratrie qui régnait à présent en maîtresse absolue sur la Toscane, et complotèrent de plus belle. Les Vespucci, de leur côté, auraient préféré ne pas être au centre de ces querelles et de ces jalousies pour retrouver la pénombre qui sied à la prospérité.

Simonetta dut donc reprendre son rôle au milieu de l'hostilité croissante de ses rivales, notamment de la maîtresse en titre de Julien, Fioretta Gorini. Ses moindres faits et gestes, ses très rares propos, pourtant irréprochables, étaient immédiatement répétés partout en ville, sous une forme déformée et malveillante. Elle s'était résignée à ne se déplacer qu'en chaise aux rideaux tirés, pour éviter le regard des passants se retournant sur elle, l'apostrophant parfois, surpris que la déesse allât à pied dans les rues, comme tout un chacun. Julien la faisait suivre partout dans ses déplacements. De ma fenêtre, il m'avait été facile de repérer l'espion nageant dans son sillage, un moine dominicain qui restait des heures immobile en méditation au milieu de la place, et ne s'animait que quand Simonetta sortait en compagnie de Marco pour aller écouter une messe à la cathédrale, ou se rendre à une réception au palais de la Seigneurie. J'eus un instant l'envie de lui faire un mauvais sort, comme quand, naguère, nous allions « astiquer du moine » avec d'autres garnements de mon espèce. C'eût été la meilleure manière d'éveiller les soupçons.

Il nous fallait attendre que l'hiver revienne. Nous nous évitions autant que nous le pouvions, mais nous le pouvions peu. Même le plus obscur des Vespucci, ce que j'étais et ce que je m'appliquais désormais à demeurer, ne pouvait indéfiniment se cacher derrière le décor de cette comédie du pouvoir et de l'argent qui se jouait au grand théâtre de la Seigneurie, alors que mon aimée était en avant-scène. Au milieu de ces beaux messieurs et de ces belles dames parmi lesquels se glissaient quelques ecclésiastiques, nous prenions bien soin de ne pas nous trouver face à face. Mais quand nous étions sûrs que les autres ne pouvaient rien remarquer, nous nous regardions, intensément, tout en continuant à parler ou à faire semblant d'écouter quelqu'un d'autre. Et nous pensions aux mêmes choses. C'était toujours moi qui, le premier, détournais les yeux.

Les fêtes de Florence ne durèrent que dix jours. Laurent avait décidé de les alléger. Les notables étaient partis dans les résidences d'été pour y fuir les grandes chaleurs. Je préférai rester en ville. Au lieu d'errer comme une âme en peine, je voulais me perdre dans le travail le plus abscons possible, les mathématiques. J'avais demandé à Toscanelli de ne plus venir me faire la leçon au palais Vespucci, pourtant vide, non pour épargner ses vieilles jambes, mais pour me rendre chaque jour dans la petite maison sous les remparts, où je pouvais souffrir tout à mon aise de mes tendres souvenirs, de notre séparation, de mon attente.

Une fin d'après-midi du mois de juillet, alors que nous nous échinions, mon maître et moi sur les éphémérides astraux de l'année suivante, la gouvernante, mon ancienne nourrice – admettons qu'elle s'appelât Maria elle aussi –, surgit, affolée, dans le cabinet de travail en criant qu'un grand seigneur demandait à me voir. Au rez-de-chaussée, dans une petite pièce qui faisait office de vestibule à notre chambre désormais close, le cousin Marco m'attendait. J'eus un mouvement de recul.

— Quel charmant petit nid d'amour, me lança-t-il, toujours aussi narquois. Je regrette seulement que vous n'ayez pas accroché mes cornes au mur en guise de trophée de chasse.

D'un geste de la main, il me demanda de me taire et de m'asseoir en face de lui. Puis il poursuivit :

— J'ai quitté ma sinistre campagne pour t'informer de deux nouvelles, une bonne et une mauvaise, comme il se doit. La bonne d'abord : tu vas être père, mon cher Rigo. La mauvaise : mon épouse est enceinte.

La veille, Simonetta n'avait pas trouvé d'autre confident pour lui avouer son état, sa mère séjournant à Gênes. Marco ne savait rien de notre liaison.

— J'ignorais totalement que vous aviez renoué avec vos ébats adolescents. Ce n'est pas étonnant car ce sont toujours les cocus les derniers informés. En revanche, et c'est un vrai miracle, personne à Florence ne soupçonne quoi que ce soit. Entre deux sanglots, elle parvint à me donner le lieu où vous vous rencontriez et le nom des deux seules personnes qui auraient pu être au courant de vos pratiques adultérines : notre ancienne nourrice et un vieux médecin reconverti dans les étoiles. Comme faiseurs d'anges, on ne peut rêver mieux. Elle a refusé ma suggestion. La peur de la damnation éternelle, peut-être... Tout le monde fait ça, pourtant, c'est bien connu. Deux ou trois tours de sorcellerie, des aiguilles, du linge, et hop, l'affaire est conclue. Tu sauras mieux la convaincre que c'est la solution la plus raisonnable.

Il mentait. Simonetta me raconta bien plus tard que, dans l'impossibilité de me prévenir en premier, elle s'était résignée à s'en remettre à Marco. Ils n'avaient jamais vraiment été mari et femme, mais durant leurs années d'exil, des liens de confiance et d'amitié s'étaient tissés entre eux ; mon cousin, quand il le voulait, savait montrer de réelles qualités de gentillesse et de générosité. Quand elle lui révéla son état, il se mit à hurler des mots sans suite et fit même semblant de s'évanouir. Elle le connaissait assez pour savoir qu'il se lasserait vite de cette comédie, si elle n'y prêtait pas attention. Quand il en eut fini, elle lui demanda posément d'accepter l'enfant à venir comme le sien, ce qui lui paraissait la solution la plus simple. Il s'y refusa tout net. Après quatre ans de mariage infécond, affirma-t-il, personne n'y croirait ; la Bouche de la Vérité se remplirait de dénonciations anonymes, les rumeurs iraient en s'amplifiant, Julien de Médicis serait forcément désigné comme le vrai père, et dès lors le pire serait à craindre, non seulement pour l'enfant et la mère, mais encore pour la *gens* Vespucci, et peut-être même pour la Seigneurie tout entière.

Il exagérait outrageusement : il n'avait pas été le dernier à chansonner cocus et bâtards que comptaient à peu près toutes les grandes familles italiennes. Devenir à son tour la risée du beau monde lui était intolérable. Il redoutait aussi, avec plus de raison, la jalousie de Julien, qui pouvait se montrer d'une grande violence. Simonetta et lui devraient quitter Florence, où il avait trouvé sa place et, sinon le bonheur, du moins l'apaisement de ses tourments intimes.

Malgré les supplications de son épouse, il resta inébranlable, aussi buté qu'un gamin capricieux : il ne reconnaîtrait jamais cet enfant comme le sien. Croyant l'effrayer, faute de l'apitoyer, Simonetta menaça de recourir aux talents cachés de mon ancienne nourrice, la gouvernante de Toscanelli. La vieille lui avait déjà proposé, dès les premiers jours de nos rendez-vous secrets, de mettre à son service, « en cas de malheur, des recettes de plantes qui feront passer le petit ». Au moindre soupçon, ce serait pour elle et l'avorteuse la question et l'échafaud. Le scandale rejaillirait sur la maison Vespucci tout entière, qui devrait fermer ses portes. Mais, contre son attente, Marco trouva l'idée excellente, la salua gracieusement et sortit. Bien qu'il détestât la campagne, il partit dans une longue promenade. Au retour, ce velléitaire avait pris sa décision. Jugeant qu'après tout il n'avait pas à payer pour les fautes des autres, il revint en ville me visiter dans la maison de Toscanelli. L'entretien fut bref ; Marco n'avait qu'une hâte, que sa vie reprenne son cours, comme avant. Il suggéra à nouveau le recours à l'avortement, et battit en retraite en riant, faussement effarouché par mon air menaçant.

Pour la première fois de ma vie, j'avais à prendre une décision d'adulte. Au lieu de m'y résoudre, je trouvai un faux-fuyant. L'oncle chanoine était resté en ville pour surveiller les travaux de restauration de la chapelle familiale. Je m'y rendis et, à sa grande surprise, je lui demandai de m'entendre sous le sceau de la confession. Je lui avouai tout, tandis que, perché sur ses échafaudages, Botticelli, tonitruant, engueulait ses apprentis pour un drapé bâclé.

Fra Giorgio Antonio ne fut pas long à trouver ma pénitence et m'ordonna de partir au plus tôt avec Toscanelli en voyage d'étude, à Bologne, à Padoue ou au diable. Il me donnerait toutes les lettres de recommandation possibles et imaginables auprès des recteurs d'université, des banquiers et des évêques, mais que je ne remette pas les pieds à Florence avant qu'il m'en intimât l'ordre. Quand je lui demandai quel serait le sort de Simonetta et de notre enfant, ce fut tout juste s'il ne me chassa pas de la chapelle à coups de pied dans le derrière.

De retour à la maison des remparts, empli de honte, je racontai à Toscanelli, il le fallait bien, la façon dont j'avais usé de lui et de son toit, durant tout cet hiver. Il me répondit, peut-être par amour-propre, qu'il avait vite compris mes manèges amoureux, mais qu'il avait appris, d'expérience, à ne pas se mêler des affaires de plus puissants que lui.

— Me voilà banni, proscrit, mon maître, et je vous entraîne avec moi dans mon exil. Me le pardonnerez-vous un jour ?

Constatant que son élève, ce rejeton de grande famille dont dépendait sa survie, avait désormais perdu toute sa morgue, l'humble vieillard redevint le génial physicien dont les calculs audacieux permirent à Brunelleschi d'ériger la coupole de la cathédrale de Florence, nouvelle merveille du monde.

— En route, mon garçon ! Nous partons pour Rome.

— Rome ? Impossible, mon maître. Il ne fait pas bon y être florentin, par les temps qui courent, surtout pour un Vespucci !

Il balaya mes protestations d'un geste désobligeant.

— Que m'importe à moi vos querelles de barbares incultes ! L'occasion est trop belle. Sa Sainteté a convié Paulus Physicus, le maître mathématicien Paolo Dal Pozzo Toscanelli, à participer aux travaux qui permettront d'élaborer un nouveau calendrier correspondant enfin à la réalité météoritique. J'ai prétexté mon âge et ma mauvaise santé pour me dérober, mais seul le manque d'argent m'interdisait le voyage et le séjour là-bas. Qu'auraient pensé mes pairs et mes disciples devant le loqueteux que je suis devenu ? Comment Johannes Müller aurait-il considéré celui qui, jadis, ici même à Florence, le guida dans la bibliothèque Niccoli dont j'avais la charge, pour lui faire découvrir Alexandrins et Babyloniens, Diophante et Avicenne ?

— Johannes Müller ? Vous voulez dire le fameux Regiomontanus ? C'est dit ! Nous partons à Rome !

La perspective de rencontrer cet esprit universel me fit presque oublier, l'espace d'un instant, Simonetta, notre enfant et mon bannissement.

Le lendemain matin, comme convenu, je retrouvai mon oncle chanoine de l'autre côté de la grille du même confessionnal. L'idée que je puisse me rendre dans la Ville éternelle, alors qu'un conflit menaçait entre les États du pape et la Seigneurie, lui parut d'abord stupidement dangereuse. Il réfléchit quelques instants, tandis que j'entendais Botticelli siffloter sur son échafaudage une très verte chanson de bachelier.

— Parfait, dit enfin mon drôle de confesseur. Sortons de cette boîte ! Il y fait une chaleur à crever.

— Où allons-nous ?

— Tu le sauras quand nous y serons.

Il leva la tête et vociféra à l'encontre du peintre :

— Eh, Sandro ! Vous pourriez changer de rengaine ! Je vous rappelle qu'on n'est pas dans un bordel, ici, nom de Dieu !

Nous nous dirigeâmes en silence vers le presbytère de la cathédrale. Une fois installé dans son cabinet de travail, une des plus belles bibliothèques de Florence, il agita une clochette. Son secrétaire, un franciscain comme lui, apparut, empressé. Quelques ordres précis, en latin, et le moine s'en fut, tandis que mon oncle entreprit d'écrire une lettre. Le secrétaire revint et déposa un dossier sur la table. Le chanoine lui fit signe de sortir.

— Voici vos passeports, à Toscanelli et à toi. Durant tout ton séjour, je te demande de te faire le plus effacé possible, l'assistant discret et studieux de ton maître. Si on t'interroge sur ton patronyme, reste évasif, présente-toi par exemple comme un lointain parent d'une branche obscure ou bâtarde des Vespucci. Ce n'est pas ça qui manque. Je t'ai également rédigé une lettre de recommandation auprès du cardinal Cybo. C'est une canaille, mais il doit tant d'argent à notre banque que jamais il ne nous trahira. Je veux surtout que tu entres en contact avec son secrétaire, fra Antonio, un jeune franciscain de Florence en qui j'ai une totale confiance. Tu lui remettras chaque semaine le courrier qu'il me transmettra. Tu m'y raconteras tout ce que tu as vu, non... pas vu : regardé, observé, tout ce que tu as entendu, et surtout écouté...

— Vous voulez faire de moi un espion !

— Un agent de la Seigneurie. Ne crois pas que je te demande là des entreprises aventureuses et pleines de périls, d'aller voler tel document sous l'oreiller de Sa Sainteté ou d'assassiner un de ses condottieres ! Tu observes, tu écoutes, et tu me rapportes même les choses qui te semblent les plus anodines, je ne sais pas, moi... Par exemple : « Lundi, Monseigneur Putiphar m'a confié sa passion pour les roses trémières et les harengs marinés... » Ou encore : « On dit que le sous-secrétaire adjoint de l'ambassadeur du duché de Gerolstein serait éperdument épris de la grosse Circassienne Nanalili qui pratique le plus vieux métier du monde sous les murs du Colisée... » Tu me rédiges un semainier précis. Mais gare, pas la moindre allusion à tes errements de cœur. Un cœur qui me semble tombé de ton pourpoint à ta braguette.

— Oh ! Mon oncle...

— Je confierai tes lettres aux services appropriés de la Seigneurie, qui y trouveront leur miel pour rédiger à leur tour un rapport qui aidera aux entreprises de Laurent et du Grand Conseil. Vous partirez demain matin. Un dernier conseil... Avec ton joli minois, ne t'approche pas trop de Sa Sainteté Sixte IV. Ou alors, croque de l'ail avant.

— Et Simonetta ?

— Sois tranquille. Je m'occupe de tout. Ne me reste plus que l'aval du conseil de famille. Mais prends garde ! Ne t'avise pas de tenter de revoir ta cousine, ou de lui écrire.

Il se leva et me prit dans ses bras.

— Je serai toujours là pour toi, Amerigo. Disparais, maintenant !

L'année que je passai à Rome ne fut pas des plus réjouissantes. Vêtu de la robe noire de l'assistant docile, je restais dans l'ombre de mon maître, ne me séparant jamais de mon écritoire afin de prendre en notes la teneur de ses échanges avec ses collègues. Chaque samedi soir, je me rendais au palais du cardinal Cybo pour remettre mon rapport, sous forme de semainier, à son secrétaire, tout aussi grisâtre que moi. Il m'avait présenté au prélat. Celui-ci savait que j'étais l'un des rejetons de ses principaux créanciers et fit mine de me porter une grande affection. Il lui arrivait même de me garder à souper pour me raconter avec délectation tous les ragots courant la curie, comme la décision de Sa Sainteté d'« autoriser aux prêtres, durant les jours de grande chaleur, la pratique de la sodomie ».

— Pourquoi seulement les jours de grande chaleur ? s'esclaffait celui qui, un jour, deviendra pape sous le nom d'Innocent VIII. Les jours de grand froid, c'est tout aussi revigorant qu'un feu dans la cheminée.

Très évidemment, Son Éminence me répétait ces fables qui n'en étaient peut-être pas, pour que j'en fasse part à la Seigneurie. Rome était devenue un vaste lupanar et le pape, son proxénète. Sixte IV avait, par exemple, créé un impôt spécial pour les prostituées de la Ville éternelle, impôt presque aussi lourd que celui qu'il faisait peser sur les prêtres en concubinage. On ignore s'il le payait lui-même pour son ménage avec un de ses très jeunes neveux promis à une belle carrière ecclésiastique. Le cardinal Cybo m'affirmait que cette taxe ne concernait pas les gitons, mais seulement les femmes.

— ... Il s'en est tenu à la première concubine. Heureusement pour moi ! Sinon, je serais ruiné, rigolait le prélat, qui ne prenait même pas la peine de cacher ses maîtresses et ses bâtards.

Ah, Savonarole, quel fervent disciple tu aurais trouvé en moi, si nous nous étions rencontrés cette année-là dans la Ville sainte ! Nouvelle Babylone, royaume de l'Antéchrist... Ces mots-là me venaient à l'esprit, longtemps avant que le prédicateur ne les tonne en chaire. J'avais vingt-deux ans ; j'étais d'une pureté de cristal, qui aurait pu me faire sombrer dans un mysticisme fébrile et fanatique. Tel Dante, j'errais dans cet enfer sans même espérer en sortir ma Béatrice, ma Simonetta. La nuit, pour trouver le sommeil, je m'inventais une histoire stupide, où je transperçais Sixte IV d'un couteau, avant de périr dans les flammes, auréolé de la gloire du martyre. La cosmographie me sauva.

Rome était peut-être un bordel, mais un bordel en chantier. Partout, se construisaient des églises, s'ouvraient des avenues, se lançaient des ponts au-dessus du Tibre. Architectes et autres artistes accouraient de toute l'Italie, appâtés par l'or que le pape tirait des indulgences, des prostituées et des prêtres concubinaires pour le déverser sur eux. Un bordel, Rome ? Oui, mais un bordel aux allures d'académie savante. Sixte IV avait convoqué le ban et l'arrière-ban des mathématiciens, physiciens, astrologues, cosmographes et autres philosophes de la nature pour que l'on réforme le calendrier avant que le siècle s'achève. Depuis, le siècle s'est achevé, et rien n'a changé. Un jour, nous fêterons Noël au balcon et Pâques aux tisons ! Le souci de l'Église était, et est toujours, de mettre en accord la liturgie avec le rythme des saisons. Il devient en effet de plus en plus difficile d'imposer le carême à des pauvres gens qui voient dans leurs étables et dans leurs champs la nature renaître sans qu'ils puissent en bénéficier. Aux solstices d'hiver et d'été, des cérémonies païennes que l'on croyait éradiquées depuis, au bas mot, saint Brendan et saint Martin, renaissaient de leurs cendres un peu partout dans la chrétienté, du moins dans ses campagnes reculées. À dire vrai, le savant aréopage réuni par le pape se souciait comme d'une guigne des sabbats du diable auxquels pouvaient se livrer les paysans polonais ou les bergers d'Irlande. Leurs retrouvailles romaines étaient surtout le prétexte à échanger le fruit de leurs travaux et de leurs observations autrement que par lettres, dans des débats et des controverses souvent virulentes, mais où on se frottait la cervelle comme des silex, pour qu'en jaillisse l'étincelle.

Le 6 juillet 1476, comme à chaque début de mois, les réformateurs se réunissaient en séance plénière pour faire état de l'avancée de leurs travaux, en présence de Sa Sainteté, dans une salle jouxtant la bibliothèque admirable constituée par le pape, et qu'il aurait aimé qu'on appelât Sixtine, rêvant également d'un calendrier sixtin supplantant celui de Jules César. Ce jour-là, le petit amphithéâtre était comble car pour la première fois depuis le début, Regiomontanus allait prendre la parole. Jusqu'à présent, sa participation s'était réduite à détruire, en trois phrases et une équation, les hypothèses que ses collègues croyaient irréfutables.

Je lisais et écrivais le latin aussi couramment que ma langue maternelle. En revanche, ne le pratiquant pas dans ma vie quotidienne, je le parlais et l'entendais plutôt mal.

Mes difficultés de compréhension étaient accrues par le grand nombre de néologismes qu'il avait fallu forger pour désigner telle découverte, telle nouvelleté. Quand Regiomontanus, avec son fort accent tudesque, entreprit la lecture de son discours, oubliant mon écritoire, je m'envolais dans des rêveries fumeuses, m'essayant à la physiognomonie sur les visages du pape et des cardinaux présents. Peu à peu, malgré moi, mon attention se fixa sur leurs oreilles tant et si bien que l'assemblée ne fut bientôt plus qu'oreilles, rouges ou jaunes, minuscules ou éléphantesques, écartées ou pendantes, velues ou sales...

— Non ! Même pour faciliter tes calculs, ta proposition est scandaleuse, irrecevable, hérétique, Regiomontanus !

Je sursautai. Un cardinal s'était dressé face à l'orateur pointant vers lui un index menaçant. Ce prélat d'un âge avancé avait pourtant la réputation d'être un brillant érudit ouvert aux idées nouvelles. Tous les regards se tournèrent vers le pape. Un prêtre lui murmurait quelque chose à l'oreille. Après un moment d'hésitation, le pontife se leva et disparut précipitamment derrière un rideau. Alors, dans l'assemblée, ce fut la bousculade. Mon maître me tira par la manche avec une vigueur inattendue pour son grand âge.

— Filons, me cria-t-il. Ne soyons pas les derniers à quitter cet endroit.

Sans rien comprendre, je pris Toscanelli par la main et nous frayai à grands coups d'épaule et de coude un passage vers la sortie, frappant même un peu plus fort que nécessaire quand il s'agissait du flanc d'un ecclésiastique. À près de quatre-vingts ans, mon maître trottinait vaillamment. La peur lui donna des ailes jusqu'à la sortie du palais. Une fois dehors, il se dépluma. Par bonheur, notre auberge était proche du Vatican et une avenue en pente y menait. Je dus presque le porter dans l'escalier, soufflant et toussotant car il se refusa à prendre un peu de repos dans la salle commune déserte, craignant sans doute qu'elle fût peuplée d'espions invisibles. Dans la chambre, je l'allongeai sur le lit, lui fis boire un verre d'eau, attendant qu'il reprît ses esprits avant de m'expliquer ce mouvement de panique qui avait dispersé l'Académie romaine comme une volée de moineaux. Ou de corbeaux. Enfin, il murmura dans un râle :

— Regiomontanus est devenu fou. Nous devons rentrer à Florence au plus vite. Il en va peut-être de notre vie.

Pour expliquer l'énormité du scandale, il me faut ébaucher ici un portrait de celui qui reste aujourd'hui encore le plus grand cosmographe des temps nouveaux. Natif, tout juste quarante ans auparavant, d'une petite cité de Bavière ou de Franconie, Königsberg, la montagne du roi, Regiomontanus en latin, Johannes Müller montra dès l'enfance des facultés prodigieuses à calculer, de tête, les plus difficiles opérations. Il aurait pu devenir un de ces phénomènes que l'on promène de château en palais et qui amuse de ses dons nobles messieurs et belles dames. Par bonheur, l'évêque Nicolas de Cues et le professeur Peurbach prirent le jeune singe savant sous leur protection, d'abord pour qu'il les aide, tel un abaque, dans les plus fastidieux de leurs calculs, puis comme un apprenti, pour fabriquer leurs instruments de mesure. À vingt ans, le jeune homme maîtrisait parfaitement mathématiques, astronomie, physique, mécanique, langues anciennes et orientales. Une décennie après, il était le *mathematicus* le plus célèbre de la Chrétienté, appelé dans toutes les cours d'Europe et même auprès du Saint-Siège pour y déployer ses talents. La traduction qu'il avait faite de l'*Almageste,* à partir du texte en grec de Ptolémée, lui avait valu quelques réprimandes car il l'avait débarrassé des « commentaires » chrétiens dont on l'avait surchargé. On l'admirait, on l'enviait, mais on le détestait. Certains, parmi ses pairs et ses aînés, lui reprochaient d'enseigner des méthodes plus simples de calcul, un peu comme ces médecins accusant de sorcellerie un de leurs confrères refusant de parler latin à ses patients et leur prescrivant du repos plutôt qu'une saignée.

Malgré l'hostilité des vieilles barbes, Regiomontanus, dans ses nombreux ouvrages, faisait redécouvrir les écrits des Anciens, les Alexandrins en particulier, réhabilitait la pratique de l'algèbre, donnant aux arts libéraux la même cure de jouvence que Ficin à la philosophie. Une fois sa renommée bien assise, il décida de passer de la théorie à la pratique. Il entreprit de fabriquer lui-même ses instruments de mesure à Nuremberg, capitale mondiale de la mécanique, non loin de son pays natal. Il y fit bâtir, sur le modèle babylonien, le premier observatoire astronomique d'Europe, souvent imité depuis. Quatre ans durant, il consacra ses nuits à manier l'astrolabe, le cadran et l'octant ; il publiait le fruit de ses recherches dans l'imprimerie qu'il avait fondée et qui n'éditait que des ouvrages d'astronomie et de mathématiques. Plus que sa supériorité, ses collègues, tous au service d'un prince, d'un évêque ou d'un financier, lui enviaient surtout sa totale liberté. On venait de partout lui acheter ses ouvrages et ses instruments de mesure, d'une parfaite précision. Jouissant de la plus totale indépendance, il devint imprudent, tant il était persuadé de son impunité.

Et, pendant que je rêvassais d'oreille de pape en lobe d'archevêque, il exposait une méthode nouvelle permettant d'obtenir les prévisions les plus exactes possible des phénomènes célestes et ainsi d'établir un calendrier et des éphémérides correspondant mieux à la réalité physique. Mais cette méthode, insistait-il avec vigueur, se fondait sur une hypothèse abstraite, une construction arbitraire du cosmos.

« Supposez, dit-il, que ce ne soit pas la Terre qui soit le centre de l'Univers, mais le Soleil, et que la Terre, comme les autres planètes, tourne autour de lui... » À ce moment-là, le cardinal se dressa hors de son siège et l'interrompit. Et moi, j'interrompis mon maître dans sa narration :

— Puisqu'il présentait cette curieuse idée comme une simple méthode de travail, un outil, telle la technique du trompe-l'œil, de la perspective utilisée par les peintres, la réaction de Son Éminence et l'affolement général qui s'ensuivit me semblent au moins exagérés...

Toscanelli se redressa péniblement et s'assit sur le lit en toussotant. Le très vieil homme me dévisagea longtemps en silence. Il murmura enfin :

— Un trompe-l'œil... l'image est astucieuse. Tu es bien jeune, Amerigo, aussi jeune que Regiomontanus quand il me fut présenté. N'en prends pas ombrage mais, malgré toutes tes belles qualités, tu ne souffres aucune comparaison avec ce prodige. Aussi, nous décidâmes, les autres *Acousmatikoï* et moi-même, de lui faire monter l'escalier menant à la Porte...

Au temps de sa jeunesse, à l'université de Bologne, mon maître avait constitué, avec quelques amis une petite confrérie clandestine qu'ils avaient baptisée les « Acousmatikoï », en référence aux Pythagoriciens de la Grèce antique. Même si ses membres se prenaient très au sérieux, cette société secrète parmi tant d'autres n'était à l'origine qu'une plaisanterie d'étudiants. Il s'agissait, lors de leurs réunions aux rituels compliqués et parfois macabres, de remettre en cause l'enseignement officiel qui leur était livré, en inventant les théories mathématiques les plus farfelues. Celle qui avait le don de réjouir encore mon maître, plus d'un demi-siècle après, était celle du triangle ovale inventée par son condisciple Nicolas de Cues. Puis chacun partit vers sa destinée. Les Acousmatikoï restèrent toutefois étroitement unis. Italiens, Allemands, Byzantins réfugiés, évêque ou enseignant, mécanicien, architecte, ils continuaient de se rencontrer à dates régulières au cours de discrètes réunions qui avaient pour prétexte des retrouvailles entre anciens du même collège. Ils voulaient revenir aux sources du savoir, celui des Anciens, en ôtant un à un les palimpsestes que les moines avaient accumulés au fil des siècles obscurs, telles les feuilles de vigne sur les statues grecques. Avant que l'un d'entre eux rende public quoi que ce soit d'un peu nouveau, voire audacieux, il devait le soumettre à ses pairs. À l'imitation des disciples de Pythagore, ils se méfiaient de l'écrit, non par crainte du procès et du bourreau, car ils jouissaient de puissants protecteurs, quand ils ne l'étaient pas eux-mêmes, mais pour éviter que leurs découvertes et leurs idées ne tombent entre les mains de non-initiés, qui pourraient les pervertir. L'invention de Gutenberg et sa rapide diffusion ne changèrent en rien leur manière de faire. Au contraire, ils se replièrent encore plus dans le secret. Ils recrutaient leurs nouveaux membres avec une grande prudence et ceux-ci devaient suivre le tuteur qui leur était désigné durant cinq ans. Apparut Regiomontanus que les premiers initiés vieillissants ne furent pas loin de prendre pour la réincarnation d'Hermès Trismégiste. Le jeune prodige ne fut pas long pour réduire à néant cette société secrète, ouvrant ses persiennes closes, et jetant à la rue son fatras de pyramides, de compas, de soleils triangulaires et autres poussiéreux symboles. Quand il installa à Nuremberg son observatoire céleste et son imprimerie, le temple des Acousmatikoï n'était plus que ruines. Des fondateurs, ne restait que Toscanelli, en disgrâce et vivant d'expédients dans sa ville natale. Leurs successeurs avaient rejoint d'autres cénacles tout aussi ésotériques et hermétiques, emportant avec eux les secrets que Regiomontanus n'avait pas encore révélés. Le cardinal qui l'avait interrompu tout à l'heure était de ceux-là. Regiomontanus avait donc affirmé, mais on ne l'avait pas laissé aller plus avant, que pour avoir des résultats plus précis de la marche du temps et du cosmos, il fallait imaginer un soleil central, tandis que la Terre et les planètes tourneraient autour de lui sur leurs sphères cristallines. Selon mon maître, les Acousmatikoï débattaient depuis longtemps sur cette hypothèse, mais il s'agissait pour eux d'une parabole métaphysique, d'une métaphore, Dieu logeant au centre, dans le Soleil, dispensant la chaleur, la lumière, la vie à tout l'Univers ; boursouflures embrouillées dont la puérilité continue de m'agacer aujourd'hui, moi qui n'ai toujours pas la tête philosophique. Physique ou métaphysique, de toute façon, cette histoire d'une Terre tournant autour du Soleil, et donc tournant sur elle-même pour pouvoir bénéficier successivement sur toute sa surface de la lumière du jour, sentait singulièrement le fagot.

Une fois Toscanelli endormi, je rédigeai ma lettre d'espion à mon oncle, m'étendant plus qu'à l'accoutumée sur les événements du jour, dissertant même sur cette extraordinaire hypothèse de Regiomontanus, qui allait à l'encontre non seulement de ce qu'on enseignait depuis Ptolémée, mais aussi de la raison et de l'observation. Il avait fait très chaud, à Rome, en cette journée de juillet. Je décidai de profiter de la fraîcheur du soir pour aller remettre mon message à fra Antonio, secrétaire du cardinal Cybo, avec deux jours d'avance.

Les sentinelles du palais de Cybo me connaissaient assez pour laisser passer sans encombre le jeune clerc discret que je m'efforçais d'être. Je croisais dans l'escalier un homme habillé des habits noirs du docteur, qui descendait d'un pas pressé.

« Tiens, Regiomontanus, me dis-je. Que peut-il bien faire ici ? »

Dans son cabinet, comme d'habitude, fra Antonio rangea ma lettre sans la lire. J'avais besoin de compagnie. Je l'invitais à souper, même si ça ne m'enchantait guère de m'afficher en compagnie de ce jeune moine blême et boutonneux, avec sa bure crasseuse et ses pieds nus dans les sandales. Entre ses orteils, fleurissaient des pâquerettes noires. Il accepta et me proposa une auberge très proche, car, me dit-il, les rues romaines étaient encore moins sûres que d'habitude, en ce moment. Nous sortîmes de la pièce, bras dessus, bras dessous. En bas de l'escalier dans le vestibule, régnait une agitation inhabituelle : un groupe de gardes et domestiques parlaient fort en faisant de grands gestes. Fra Antonio, troussant sa robe, dévala l'escalier. Ses sandales claquaient sur le marbre. Il se fraya un passage dans l'attroupement. Je le suivis. Le corps de Regiomontanus gisait au milieu d'eux, le pourpoint noir maculé de sang. Je ne pus en voir plus car, aussitôt, le secrétaire ordonna à l'un des gardes de m'escorter sans délai jusqu'à mon auberge.

Je montai à la chambre pour informer mon maître de ce crime, mais celui-ci ne m'en laissa pas le temps, m'affirmant qu'il était trop fatigué. Il me demanda qu'on lui serve à manger dans sa chambre. Je préférai donc me taire, craignant que cette nouvelle ne le tuât à son tour. Deux cosmographes dans la même soirée, c'eût été excessif. Je redescendis dans la salle basse, avec mon écritoire et du papier. Par bonheur, à part quelques buveurs mornes, elle était déserte. Pas un mot ne venait sous ma plume. Tout ce que je réussis à faire, ce fut à m'enivrer jusqu'à m'endormir le front sur la table, dans un sommeil peuplé de planètes, d'étoiles et de soleils sanglants dansant une folle sarabande. Je me réveillai, secoué par une poigne vigoureuse. Il faisait à peine jour.

— Debout, monsieur Vespucci, me dit fra Antonio. Vous rentrez à Florence aujourd'hui. Allez prévenir mestre Toscanelli et demandez qu'on prépare votre bagage. La voiture prêtée par Son Éminence vous attend.

— Que se passe-t-il ? bredouillai-je, la tête comme serrée dans un étau.

— Une pestilence menace Rome. Tout le monde se réfugie à la campagne ou rentre chez soi.

— Mais... Le meurtre de Regiomontanus, hier soir...

— La peste, hélas, monsieur, la peste... le malheureux fut l'un des premiers frappés.

— Vous plaisantez ?

— Dans de telles circonstances, ce serait inconvenant. Hâtez-vous, monsieur Vespucci, hâtez-vous.

Une heure plus tard, nous étions sur la route. J'entrepris

alors de raconter à mon maître les événements de la veille. Il me regarda d'un œil brumeux et me dit :

— Qui est ce malheureux dont vous me parlez ? Et vous-même, jeune homme, qui êtes-vous ?

Mon retour à Florence après un an d'absence fut beaucoup moins agréable que je ne l'avais imaginé. Toute la ville était déjà informée que la peste sévissait à Rome et que le plus grand mathématicien du siècle en était mort. Au bout de quelques semaines, les raisons officielles de ce décès devinrent de moins en moins crédibles, car une pestilence n'emportant qu'une seule victime paraissait plutôt étrange. Et le bruit se propagea que Regiomontanus avait bien été assassiné. Les coupables auraient été les fils d'un de ses confrères défunts dont il avait critiqué une mauvaise traduction de Ptolémée. L'histoire était tout à fait vraisemblable. En effet, quand il était sûr d'avoir raison, et il en était sûr souvent, l'imprimeur de Nuremberg avait la plume virulente, voire offensante et injurieuse. Pour ma part, je reste persuadé que Regiomontanus est mort ce soir-là d'avoir émis son extraordinaire proposition cosmique quelques heures auparavant : la Terre chassée du centre de l'Univers et tournant autour du Soleil. Il semblerait qu'aujourd'hui, si longtemps après, d'autres cosmographes, des mêmes régions septentrionales que lui, se penchent à leur tour sur cette théorie dont, pour tout avouer, je ne sais toujours pas quoi penser, n'y pensant d'ailleurs que rarement. Elle ne m'est en tout cas d'aucune utilité pour calculer longitude et latitude.

Durant mon séjour à Rome, la situation financière des Médicis avait empiré. Privé de l'administration des biens du Saint-Siège au profit de ses ennemis Pazzi, Laurent le Magnifique, qui voyait se détourner de sa banque ses alliés et clients français ou milanais, n'avait d'autre ressource que d'emprunter à ses plus proches alliés, à commencer par les Vespucci, qui se mettaient à renâcler. Pourtant, les frères

Médicis, avec l'arrogance que leur conféraient leur jeunesse et l'immensité de leur pouvoir, persévéraient dans la voie du mécénat et des dépenses somptuaires qu'il induisait, dédaignant de constater que certains des plus grands artistes qu'ils avaient fait éclore, tels Léonard ou Verrocchio, allaient chercher ailleurs des protecteurs qui ne les nourrissaient pas seulement de pensions en retard et de promesses non tenues. De plus, la ville commençait à subir les conséquences de la fermeture de l'université et de son transfert à Pise, par ordre de Laurent, qui voyait dans chaque étudiant un facteur de trouble, et dans chaque professeur une créature du pape. Les meilleurs de ces derniers avaient alors été débauchés par les prestigieuses Bologne et Padoue, où leurs étudiants les avaient suivis. Et l'université toscane, qu'on aurait voulue à l'avant-garde des temps nouveaux, ne diffusa plus qu'un enseignement traditionnel et scolastique que même Cracovie ou Leipzig ne pratiquaient plus. Mathématiciens ou physiciens de quelque valeur avaient fui vers des amphithéâtres plus cléments. Et Toscanelli prostré entre son fauteuil et son lit n'était plus qu'un vieux nourrisson que langeait, lavait et nourrissait sa gouvernante, mon ancienne nourrice.

Dès mon arrivée à Florence, j'installai mon maître dans la petite maison sous les remparts, et partis en quête d'un médecin. Je n'avais pourtant aucune illusion : ce grand esprit s'était définitivement noyé dans les limbes de la sénilité. Puis je me rendis au presbytère de la cathédrale où je savais pouvoir trouver à cette heure l'oncle chanoine. L'accueil de fra Giorgio Antonio fut d'une grande sécheresse. Il me félicita toutefois pour la qualité des rapports hebdomadaires que je lui avais envoyés, mais de la même manière que jadis il donnait une bonne note à nos compositions en vers latins : avec des réserves non dites. J'avais mûri, dans la solitude morose de Rome. Cette condescendance professorale ne m'agaçait plus, mais ne m'amusait pas encore. Comme je m'apprêtais à lui raconter la mort de Regiomontanus, il m'interrompit :

— Fra Antonio t'a précédé à Florence de quelques heures. Il m'a remis ta lettre. Je l'ai lue. Inutile que tu te répètes.

— Diable ! Voilà un moine bien rapide ! Saint François aurait-il mis des ailes à ses sandales ?

Le chanoine qui, naguère, aurait volontiers souri à cette taquinerie sur son ordre monastique haussa les épaules et répondit, catégorique :

— Regiomontanus est mort de la peste. Si on te pose des questions sur le sujet, tu t'en tiens là.

Cette fois, c'en était trop. Que cet homme, que j'aimais et admirais pour sa droiture et sa sapience, transigeât avec la réalité me fut insupportable. Je contins toutefois la colère que je sentais monter en moi. J'avais mûri, comme je l'ai écrit quelques lignes plus haut. Je croisai les bras et le regardai dans les yeux.

— C'est dit, mon oncle. Il est mort de la peste, puisque vous l'affirmez. Votre parole est celle d'Évangile. Ainsi, je suis tout prêt à croire les nouvelles que vous me donnerez maintenant de Simonetta et de mon enfant. Sous réserve que vous me les donniez sous serment. Moi, je n'ai rien juré, et allez savoir ce que je pourrais raconter à mes amis de mon séjour à Rome, lors d'une soirée un peu trop arrosée...

Un instant interloqué, le chanoine émit un sifflement d'ironique admiration.

— Prêter serment... Diable, comme tu y vas ! Je m'apprêtais à t'en informer. Je me dispenserai donc d'enfreindre le troisième commandement en invoquant en vain le nom du Seigneur.

— Vous m'ordonnez, vous, d'enfreindre le neuvième.

— Qui te parle de faux témoignage ? Je te demande seulement de ne pas témoigner du tout. En ce qui concerne ta liaison adultère, que je n'irai pas jusqu'à qualifier d'incestueuse, nous avons évité de peu la catastrophe et tout est rentré dans l'ordre.

À la fin du mois d'août de l'année passée, la fratrie avait décidé d'envoyer Simonetta à Montefioralle, où tous les Vespucci avaient vu le jour. Sa grossesse était encore loin d'être évidente, mais sa beauté rayonnait comme jamais, et Julien de Médicis se faisait de plus en plus pressant, de plus en plus jaloux. Même Marco subissait ses foudres. Pour justifier ce départ, on la dit souffrante de ce fameux mal subtil dont les médecins couvrent tout ce qu'ils ne peuvent diagnostiquer. Comme seul le bon air marin pouvait la guérir, on fit courir le bruit qu'elle résidait à Piombino, la prison de son enfance. Tel un nouveau Lancelot ou Perceval, Julien partit à l'assaut du château de Jacopo d'Appiano, notaire, condottiere et fermier des riches mines de fer de l'île d'Elbe, allié peu sûr qui aurait pu devenir le plus redoutable ennemi de Florence. Laurent lui-même intervint en achetant à prix d'or la bienveillance du seigneur de Piombino. Julien revint à Florence désespéré et furieux d'avoir été berné. Peu après, un soir, le cousin Marco fut enlevé par des inconnus qui le retinrent toute la nuit dans une cave où il fut sérieusement malmené. Il avoua facilement le lieu où se cachait son épouse, ainsi que son état, sans toutefois donner le nom du géniteur. Il fut retrouvé quelques heures plus tard, dans la rue, à moitié mort.

Dès l'aurore, Julien chevauchait au grand galop vers Montefioralle. Il surgit tel un dément dans la petite maison familiale. Simonetta crut sa dernière heure venue. Elle ne laissa rien paraître de sa peur et, prenant son allure de statue antique, lui déclara froidement que s'il voulait la violenter, qu'il le fasse sans brutalité pour épargner son enfant à naître. Vaincu, Julien s'effondra à terre en sanglotant. Elle remonta dans sa chambre le laissant prostré sur le dallage de l'entrée. Il se rendit compte du ridicule de sa situation et repartit, piteux, vers Florence. Nul n'apprit jamais, même pas son frère aîné, sa lamentable expédition. Durant les quelques mois qui suivirent, Julien se fit le plus discret possible, n'apparaissant même pas au Conseil. À la fin décembre, Simonetta mit au monde un garçon qu'on baptisa Giovanni. Par un de ces tours de passe-passe dont les Vespucci avaient le secret, il fut enregistré par son grand-oncle chanoine comme le fils de mon frère Antonio dont l'union était restée stérile. Bien des années plus tard, les affaires familiales étant au plus mal, je le fis venir à Séville. Il devint mon pupille et sera probablement le premier lecteur du présent ouvrage, ouvrage déjà posthume. Excuse ma lâcheté, Giovanni, mon fils. C'est peut-être du jour de ta naissance, que date le début de la chute de la maison Vespucci. Mais n'y vois pas bien sûr un rapport de cause à effet. Ton père officiel, Antonio, t'emmena en Flandres pour y diriger un quelconque comptoir de draps ou d'autre chose. Tu en sais plus que moi sur le sujet.

Marco, de son côté, craignant un nouveau coup de folie de Julien, laissa son épouse à Montefioralle et choisit de s'installer à l'île d'Elbe pour s'y occuper des mines de fer qu'il avait reçues en dot. Pauvre Marco, si raffiné, si délicat, qui aurait tant aimé être peintre ou musicien, comme il dut souffrir, isolé sur ce rocher, avant de disparaître d'un accès de bile noire, de *melancholia*, comme le décrétèrent les médecins complaisants, pour cacher qu'il attenta à ses jours en se jetant du haut d'une falaise. Il est, dit-on, des merles qui se tuent, au crépuscule, désespérés de ne pouvoir imiter le chant du rossignol.

Durant mon séjour romain, les choses avaient changé chez les Vespucci. Mon frère aîné Girolamo dirigeait les affaires de la branche aînée, pantin manipulé par notre redoutable mère. Mon père, quand il ne prenait pas la pose du noble vieillard antique devant le chevalet de Botticelli, préférait désormais la tranquillité de sa bibliothèque où il se consacrait à une traduction, « révolutionnaire » selon lui, des poèmes érotiques et satiriques d'Hipponax d'Éphèse, traduction qu'il n'acheva jamais et dont l'ébauche fut détruite par sa femme après la mort de son époux. Les buses se font charognardes quand il leur faut protéger leur petit préféré. La ruche Vespucci devenait une volière.

Pour ma part, tout à mon impatience de roucouler devant ma colombe, je fus très vite fixé sur mon sort, le jour même de mon retour, par le chanoine, après qu'il m'eut donné ces nouvelles de Simonetta. Laurent de Médicis, depuis la mort d'un de ses oncles aussi fortuné que lui, exerçait son tutorat sur ses cousins orphelins. Les actes de la succession avaient été rédigés par le premier notaire de la République, Nastagio Vespucci, mon père, pour le plus grand avantage du maître de Florence. Les deux garçons étaient encore mineurs. Leur éducation avait été confiée aux meilleurs maîtres qui fussent en matière d'humanités, Ficin et le Politien. En revanche, ce qui aurait pu leur servir plus tard à mener leurs affaires de la meilleure manière, à commencer par l'enseignement des mathématiques, avait été singulièrement négligé. Ce n'était pourtant pas les bons professeurs qui manquaient, de Padoue à Bologne, et qui auraient volontiers profité de la générosité du Magnifique.

— Je lui suggérai, me dit fra Giorgio, de confier ses pupilles à un jeune Florentin, très doué, disciple de Toscanelli, et d'une famille honorable. L'idée lui a paru excellente.

— C'est absurde ! m'exclamai-je. Je n'ai pas le moindre diplôme me permettant d'enseigner. De plus, un Vespucci ne peut s'abaisser à entrer dans la domesticité d'un Médicis. Je serais la risée de toute la ville.

— Considères-tu Ficin comme le valet du Magnifique ? Il n'est pas de plus belle mission que l'enseignement. De plus, la situation financière de notre maison... Ton père a été d'une grande légèreté en nous liant pieds et poings aux Médicis, qui eux-mêmes sont au bord du gouffre. Laurent pourrait être tenté de capter l'héritage de ses neveux. Or, les Vespucci y ont de gros intérêts. Si tu t'y prends habilement, en suivant mes conseils, de précepteur de ces deux garçons, tu pourrais vite devenir leur intendant.

— Vous voulez rire, mon oncle ! Je ne connais rien au négoce, à la banque, à la monnaie. Quand j'ai trois florins en poche, j'en dépense quatre !

— Tu apprendras vite. C'est d'une facilité enfantine. Surtout avec l'argent des autres. De toute façon, tu n'as pas le choix. Laurent ne jure que par toi depuis que Botticelli lui a fait ton éloge. À l'en croire, tu serais le nouveau Ptolémée ou le nouvel Euclide. À propos de cet ivrogne, il n'a pas arrêté de me demander la date de ton retour de Rome. Il s'est mis en tête de faire de toi l'un des principaux modèles d'une vaste fresque, où Simonetta, elle aussi, aurait la part belle...

Je ne pus m'empêcher de sourire. Ah, le brave petit tonneau ! Nos retrouvailles promettaient d'être grandioses. Mais l'heure n'était plus aux fêtes. Les financiers serraient leur bourse. Dans leurs ateliers, peintres et sculpteurs se morfondaient, faute de commandes. Botticelli me reçut sans aucune effusion, comme si je l'avais quitté la veille. L'an passé, il avait beaucoup dépensé pour agrandir son atelier mais, depuis, il avait dû renvoyer la moitié de ses apprentis. Il avait menacé Laurent d'aller chercher ailleurs, à Venise ou en France, des clients plus généreux si celui-ci ne lui payait pas ses considérables arriérés. Le Magnifique n'en tint pas compte : il le connaissait trop bien pour savoir que le fils du tanneur du quartier Santo Spirito ne quitterait jamais sa terre natale, même pour un empire. Où étaient passées ses colères tonitruantes suivies de grands éclats de rire ? Je reconnaissais à peine mon ami dans cet artisan geignard se plaignant de la rudesse des temps. Je ne reconnaissais pas Florence non plus, après un an d'absence, tant elle semblait triste, elle aussi. Quand sa ville souffrait, Botticelli souffrait avec elle.

Je lui demandai des nouvelles de Simonetta. Il fallut lui

arracher les mots de la bouche. Il m'avoua que, depuis son accouchement et son veuvage, elle venait très rarement en ville et restait la plupart du temps à Montefioralle, redoutant un nouveau coup de folie de Julien. Botticelli lui-même avait eu à craindre pour sa vie, tant la jalousie de l'énergumène s'était étendue à tous ceux qui avaient osé porter un jour un regard sur l'objet de sa passion inassouvie.

Assuré d'une modeste pension par l'oncle chanoine, je m'installai dans la petite maison sous les remparts. Je n'étais plus le bienvenu au palais Vespucci. L'avais-je été un jour ? J'obtins une audience auprès de Laurent, pour la semaine suivante, et je partis pour Montefioralle, dans la ferme intention de demander sa main à Simonetta. Son deuil prendrait fin dans dix-huit mois ; plus rien alors ne s'opposerait à notre union. Elle était veuve ; sa dot faisait désormais partie du patrimoine des Vespucci, sa famille génoise s'en désintéressait et, pour la mienne, elle n'était plus qu'un poids mort. Quant à Julien, je me sentais tout à fait de taille à l'affronter, si le Conseil et son frère n'arrivaient pas à le convaincre qu'un conflit entre les Médicis et les Vespucci pourrait avoir les pires conséquences pour la Seigneurie tout entière.

Je pénétrai donc le cœur plein de vaillance dans la maison où je vis le jour. Une femme de chambre m'accueillit en m'annonçant que sa maîtresse était souffrante et reposait dans sa chambre. Elle alla la prévenir de ma venue. J'attendis donc comme un invité, dans une petite pièce servant de réception au rez-de-chaussée. Quand elle entra, dans sa robe de deuil, je sursautai de surprise. Elle le perçut, en sourit. Elle était redevenue châtain, ayant abandonné sa couleur blond-roux – « citron, safran et soleil », aurait siffloté mon pauvre merle Marco –, que toutes les jeunes femmes de Florence avaient adoptée depuis sa première apparition trois ans auparavant. Son visage, sans fard, très pâle, s'était creusé et retrouvait quelque chose de la toute jeune prisonnière du château de Piombino, jusqu'à ses cernes bleutés qui agrandissaient encore ses yeux.

Je me levai et avançai d'un pas vers elle, puis je me figeai. Dans l'embrasure de la porte, se tenait Fioretta Gorini, la maîtresse de Julien. Simonetta me tendit sa main. Je me penchai et la touchai de mes lèvres. En me redressant, je m'aperçus que j'avais eu le même geste machinal qu'avec n'importe quelle dame.

— Je suis très honorée de votre visite, mon cousin.

Il n'y avait aucun trouble apparent non plus dans la banalité avec laquelle elle me saluait. Je veillais à ce que, dans ma réponse, il en fût de même. Je la dispensai de faire les présentations entre Fioretta et moi, qui avions le même âge et qui nous connaissions depuis la prime enfance. Les parents Gorini avaient véritablement jeté leur fille dans le lit de Julien, avec l'accord de Laurent, qui espérait contenir ainsi les brutaux élans de son frère cadet, en attendant de trouver un parti plus intéressant et plus prestigieux pour la maison Médicis. J'étais pour le moins surpris de la présence en ces lieux de celle que l'on disait la rivale la plus farouche de mon aimée, ainsi que des démonstrations d'amitié que se faisaient les deux jeunes femmes.

Tandis que je leur racontais quelques anecdotes plaisantes et inoffensives de mon séjour à Rome, je les observais. Fioretta imitait en tout la Simonetta de naguère, par sa coiffure, ses vêtements, ses gestes et jusque dans l'intonation de sa voix. Je trouvais ces efforts aussi vains que dérisoires. Dans le roman de chevalerie que j'aurais écrit, Simonetta eût été la reine malheureuse et cloîtrée ; Fioretta, sa fourbe suivante. Je n'étais pas, il est vrai, un modèle d'impartialité.

Une fois achevé le pensum du récit de mon séjour romain, agrémenté de potins légers destinés à faire sourire ou scandaliser mes auditrices, je m'enquis de la santé de ma cousine en m'appliquant à ne pas paraître trop inquiet, alors que la pâleur, les yeux battus et la fatigue de cette jeune femme naguère si pleine de vigueur et de gaieté me bouleversaient. Fioretta répondit pour elle par je ne sais quelle banalité sur les lunaisons féminines. Comme je lui faisais remarquer, sèchement, que ce n'était pas à elle que je posais cette question, « la suivante » prétendit qu'entre elle et Simonetta l'amitié était devenue telle qu'elles n'avaient plus aucun secret l'une pour l'autre. Simonetta approuva avec un sourire que je trouvai détestable. Le sang me monta au front. Aucun secret... Fioretta poursuivit son monologue, en échangeant de petits rires complices avec celle qu'elle appelait maintenant sa sœur, et ses allusions à nos amours hivernales devenaient de plus en plus claires. Impossible de savoir jusqu'où était allée Simonetta dans ses confidences, car dans les rares moments où je parvenais à croiser son regard, son visage amaigri demeurait illisible, masqué par sa tendresse indulgente.

Le souper fut nettement plus agréable. Subir les assauts des deux femmes les plus belles et les plus charmantes de toute la Toscane, donc de la Chrétienté et au-delà, n'est pas la pire chose qui me soit advenue. Et quand je répondis de façon un peu trop appuyée à une coquetterie de Fioretta, le pied de Simonetta, sous la table, vint se poser sur le mien, me signifiant ainsi que j'étais sa propriété. Alors, comme si elle avait remarqué cette caresse, Fioretta se leva, annonça qu'elle allait se coucher et que nous avions certainement beaucoup de choses à nous dire. Sitôt qu'elle eut fermé la porte derrière elle, Simonetta poussa un soupir de soulagement et prit un air excédé. De son index sur les lèvres, elle me demanda de me taire. Les pas de Fioretta suivis de ceux de la femme de chambre résonnèrent un moment au plafond. Cependant, j'avais enlacé mon aimée et nous échangeâmes un long baiser. La servante redescendit, demanda si nous avions encore besoin d'elle, puis partit dormir à son tour. Alors Simonetta me raconta tout ce qui s'était passé depuis qu'elle était tombée enceinte, et que j'ai à mon tour narré ci-dessus. Se croyant perdue entre la violence de Julien et la jalousie de sa maîtresse, elle parvint à faire de cette dernière, sinon une amie, au moins une confidente. Pour la rassurer, elle lui avoua notre liaison mais lui tut quel en fut le fruit. Elle pensait à ce propos que sa santé défaillante était due à cet enfant qu'on lui avait enlevé.

— Maintenant que tu es de retour, me dit-elle, je me sens déjà beaucoup mieux.

Puis elle prit les devants, et ce fut elle qui évoqua la perspective d'un mariage, usant des mêmes arguments que j'avais remâchés tout au long du chemin. Le temps jouait pour nous. Nous avions un an pour convaincre le clan Vespucci que c'était la meilleure solution à tous ces embarras. Durant tout ce temps, Julien s'assagirait ou trouverait d'autres victimes à ses fureurs amoureuses. Nous partîmes vers notre lit. Quand j'y pense aujourd'hui, ce fut la seule nuit que je passai avec elle, le seul matin où je m'éveillai à ses côtés.

Elle décida de revenir à Florence, bien décidée à évoquer notre projet devant ses beaux-parents. Craignant que mon impétuosité me fasse commettre quelque maladresse, elle m'interdit d'entreprendre quoi que ce soit avant qu'elle m'en donne l'ordre. J'en fus vexé et nous nous quittâmes un peu fâchés. Je devais partir en avance, afin qu'on ne nous voie pas rentrer ensemble.

Le lundi suivant, je me rendis à l'audience que m'avait accordée Laurent de Médicis. L'entretien ne dura que quelques minutes. Il ne s'agissait après tout pour le maître de la Toscane que de faire connaissance avec celui qui serait le précepteur de ses pupilles, dans des matières qu'il maîtrisait mal et qui ne l'avaient jamais intéressé. Cet homme d'une trentaine d'années, au visage anguleux et aux traits irréguliers, ne possédait rien de cette majesté, de cette grâce et de cette beauté que l'on prête dans les livres aux princes qui président aux destinées humaines. Mais il lui suffit pourtant de deux ou trois phrases banales prononcées sur un ton familier et chaleureux, d'une attention soutenue agrémentée d'un bon sourire à ma réponse, puis enfin d'une main posée sur mon épaule – il était de plus petite taille que moi – en me raccompagnant jusqu'à la porte, pour que je me sente prêt à le servir corps et âme. J'ai rencontré depuis nombre de grands de ce monde, et j'ai toujours ressenti la même impression, certes de plus en plus fugace et de moins en moins naïve, d'avoir été subjugué, conquis, possédé. Mais je n'ai jamais su si c'était l'homme ou la fonction qui m'avait ainsi envoûté. Ou si mon caractère était particulièrement faible et influençable. Après chacune de ces rencontres, il me fallait faire appel à toute ma lucidité, à toute mon expérience, c'est-à-dire à mes déconvenues et mes désillusions passées, pour descendre ces personnages de leur piédestal et les remettre à ma hauteur, à hauteur d'homme.

Mes élèves étaient loin de partager mon admiration. Quand je me présentai devant ces deux orphelins de treize et neuf ans, je me fis l'effet d'être un loup ayant débusqué des lapins. Lorenzo et Jean étaient recroquevillés sur eux-mêmes, paralysés par la peur. Nul besoin de réfléchir longtemps pour comprendre que ce n'était pas le jeune homme avenant que j'étais alors qui les terrorisait ainsi, mais l'employé de leurs cousins et tuteurs. Julien surtout les tyrannisait, leur faisant subir mille et une vexations. Lors de la première leçon, je tentais de les apprivoiser en leur proposant comme des jeux les exercices arithmétiques que j'avais préparés. J'aurais pu devenir un passable enseignant si le destin n'en avait pas décidé autrement. Au bout d'une semaine de cours quotidiens, j'étais parvenu à les amadouer. Ils m'attendaient impatiemment et suivaient ma leçon avec enthousiasme.

Ce samedi-là, je rentrai chez moi en songeant déjà que, lundi prochain, j'apporterais au palais Médicis quelques cartes du ciel et une sphère armillaire pour faire passer mes jeunes disciples de l'abstraction des chiffres à la réalité du cosmos. Un message de mon oncle Piero, le beau-père de Simonetta, m'y attendait : sa bru était au plus mal et me réclamait. J'arrivai hors d'haleine au palais Vespucci. Le vestibule et l'escalier menant aux chambres étaient encombrés d'une foule compassée. Devant la chambre de Simonetta, deux médecins interdisaient le passage. À l'intérieur, fra Giorgio Antonio Vespucci donnait les derniers sacrements.

— Tu l'as tuée, Amerigo ! Si tu n'étais pas venu à Montefioralle, si tu ne l'avais pas ramenée en ville, elle serait encore vivante !

Les yeux exorbités, la face défigurée et rouge, Fioretta Gorini me désignait du doigt, tel un inquisiteur le pire des criminels. Des gens l'entraînèrent dans une chambre voisine, tandis qu'elle continuait à crier :

— Amerigo, assassin, Amerigo, assassin !

Ils me regardaient tous. Mes jambes se mirent à trembler, je me mordis les lèvres jusqu'au sang pour ne pas m'effondrer sur le sol. La porte de la chambre de Simonetta s'ouvrit. Le chanoine en sortit. C'était fini. Un long défilé silencieux y pénétra à son tour. Je me retrouvai seul au milieu du couloir, pétrifié. Je refusai d'aller m'incliner sur sa dépouille. Je rentrai chez moi. Jusque très tard dans la nuit, je relus et annotai l'*Épitomé à l'Almageste* de Regiomontanus.

Je ne me rendis pas non plus à ses funérailles. Elles furent grandioses. Laurent de Médicis fit son éloge funèbre, Politien, un poème, et Botticelli, une fresque. On ne remarqua pas mon absence, ni celle de mes deux élèves à qui je donnais la leçon durant les cérémonies.

Les accusations hystériques de Fioretta n'avaient pas atteint leur but : je ne me sentais en rien coupable de la mort de Simonetta. Au contraire, la nuit que nous avions passée ensemble l'avait rétablie de cette langueur dont elle m'avait dit connaître l'origine. Elle n'avait jamais été de complexion chétive et maladive. Sa maternité, m'avait-elle affirmé, l'avait rendue plus vigoureuse encore. Elle estimait que l'état de faiblesse qu'elle ressentait depuis quelque temps lui venait de l'âme et non du corps. La mort brutale de Marco, son mari et seul ami, cet enfant qu'on lui avait arraché, mon absence aussi, et cette lourde ambiance de petits complots et de grandes jalousies dans laquelle elle se débattait, dans laquelle elle luttait, avaient fini par l'éroder du réveil au coucher d'une lassitude brumeuse, indolore, et le moindre effort provoquait en elle un nauséeux dégoût. Nos retrouvailles lui avaient redonné un peu d'allant, mais sitôt en ville, cette étrange langueur l'avait reprise et l'avait tuée. Elle mourut dans son sommeil, trop lasse pour se réveiller, avaient dit les médecins qui avaient diagnostiqué une fois encore « le mal subtil ». L'opinion publique n'y crut pas un seul instant, tant l'idée de la mort d'un être jeune, beau et riche lui est intolérable. Il faut dire qu'en ce temps-là, le poison était monnaie courante, à Florence. Je partageais cette opinion. J'acquis tout de suite la certitude que Simonetta avait été assassinée, et j'étais sûr de connaître la coupable, Fioretta. Je le suis bien moins aujourd'hui : j'ai vu depuis tant de morts. Plus j'approche de ma fin, moins celle des autres me révolte. Le chagrin n'est pas moindre mais, désormais, il se résigne.

Je décidai de la venger. Pour punir Fioretta et avec elle Julien, je me refusai toutefois à passer dans l'autre camp, celui des comploteurs, des Pazzi et des autres vieilles familles de la Plaine. Que serais-je devenu, parmi ces puissants, sinon un simple pion, un petit espion, un sicaire peut-être. Il me fallait agir seul, avec mes faibles armes, celles d'un cadet, celles d'un parent pauvre.

Avec la disparition de Simonetta, j'avais repris mon obscure place au sein des Vespucci, à la grande satisfaction de tous. La transparence ou la grisaille de mon statut me permit d'agir comme bon me semblait. Et nul ne remarquait ma présence quand j'allais fureter dans les archives de l'étude notariale, en quête de tout ce qui concernait la succession de mes deux élèves, les cadets Médicis. Durant deux ans, outre les matières pour lesquelles j'avais été mis à leur service, je leur enseignais comment récupérer l'héritage de leur père dans lequel Laurent et surtout Julien avaient largement puisé. Je trouvais mon plan merveilleusement biscornu : je commencerais par subjuguer ces deux adolescents, en faire mes créatures, mes pantins puis, quand le moment serait venu, je les entraînerais dans un procès retentissant contre leurs tuteurs. Dans notre république de finances fondée sur la confiance, du moins entre ses citoyens manieurs d'argent, les détournements commis par Laurent et Julien ne seraient pas pardonnés. « Mes » deux Médicis prendraient la place de ceux que je considérais comme les responsables de la mort de mon aimée. Et je m'imaginais déjà, après cette révolution, en inquisiteur accablant Fioretta de preuves arrachées sous la torture et qui jetteraient l'empoisonneuse dans les flammes. Chose curieuse, dans cette fable qui se construisait dans mon imagination, et où ma haine tenait la plume, je ne me voyais jamais gravir les marches vers le pouvoir, mais seulement Fioretta escaladant celles de son bûcher, tandis que Julien s'enlisait sur les chemins de son exil.

Avec l'obstination d'un dément, je me consacrais exclusivement à la réalisation de ce projet imbécile, me découvrant des trésors de perversion et de manipulation. Mes deux élèves s'étaient pris pour moi d'une admiration aussi haute que la rancune qu'ils vouaient à présent à leurs tuteurs. Je passais le reste de mon temps à la taverne du Petit Tonneau, ou dans le bordel voisin, que mes amis avaient tous désertés pour mener désormais leur vie d'hommes. D'aucuns pourraient dire que, durant ces deux années-là, je sombrai dans la débauche. Mais cette débauche était tellement morne et sans plaisir, qu'elle avait toutes les allures d'une pénitence, d'une mortification.

Seul Botticelli me tenait parfois compagnie. Puis le

peintre finit par prendre ses distances, prétextant, ce qui n'était pas faux, un travail considérable. Il était surtout las de mes manières et de mes propos de conspirateur revenant sans cesse sur les causes de la mort de Simonetta. Lui-même, à l'exception de quelques portraits de commande, reproduisait le visage de la disparue dans toutes ses fresques mythologiques ou religieuses. Pour ne pas la voir, je ne me rendis plus dans ses ateliers. Mais les œuvres de mon ami se trouvaient accrochées un peu partout dans les palais Médicis et Vespucci ; en passant devant elles, je baissais la tête et détournais mon regard. Quant au petit buste en plâtre peint que Las Casas manquera de briser bien des années plus tard, il resta moins d'une semaine à mon chevet. Je finis par l'enfouir au fond d'une malle que je gardais toujours prête au départ.

Vint ce fameux jour de Pâques 1478. Je ne le raconterai pas ici, car je n'en fus pas témoin. D'ailleurs, de nombreux chroniqueurs l'ont relaté avec bien plus de talent que je ne saurais le faire. Mais il se peut que cet événement, qui parut considérable et lourd de conséquences à ses contemporains, soit inconnu à mon lecteur qui aura vécu depuis de tels bouleversements dans l'histoire des hommes que les quelques lignes ci-dessous résumant les faits lui sembleront bien dérisoires.

En évoquant la rivalité des Médicis et des Pazzi, je ne peux m'empêcher de la comparer aux guerres que se livrent les tribus des îles du Nouveau Monde. Quand je demandais à leur chef ou à leur sorcier quels en étaient les motifs, leur réponse était si évasive et compliquée, des légendes d'ancêtres singes bataillant contre des ancêtres requins, que j'en concluais, peut-être à la légère, qu'ils avaient oublié pourquoi ils s'égorgeaient ainsi. En guise de requin, les Pazzi se flattaient d'avoir un aïeul qui aurait été le premier à pénétrer dans Jérusalem prise aux infidèles ; le singe des Médicis n'étant qu'un médecin du siècle précédent. Bref, on retrouvait la vieille histoire de la Rome antique, patriciens contre plébéiens. Cette querelle s'envenimait de la concurrence financière. Ici s'arrête ma comparaison, car je n'ai jamais pu observer chez les Indiens – oserai-je : chez les Américains ? – ce type de *casus belli.* Ils sont trop sauvages pour cela et pas assez barbares.

En ce mois d'avril, les Pazzi jugèrent que leurs ennemis Médicis étaient suffisamment affaiblis pour passer à l'action, avec la bénédiction, sinon la complicité du pape. Et le dimanche de Pâques, au cours de la messe, dans la cathédrale, leurs tueurs se ruèrent sur Laurent et Julien. Ce dernier s'effondra, transpercé de coups de poignard ; son aîné, blessé, parvint à s'enfuir avec l'aide de son épée et du poète Politien, en se réfugiant derrière les lourdes portes de bronze de la sacristie. Cependant, dans les rues, une centaine de conspirateurs tentèrent de soulever le peuple aux cris de : « À bas la tyrannie, vive la liberté ! » Dans le palais de la Seigneurie, l'archevêque de Pise, le plus parfait des imbéciles, s'imaginait déjà en prince de Toscane. Mais les Pazzi, dans leur suffisance aristocratique, n'avaient pu imaginer qu'à choisir entre les Médicis et eux, les Florentins préféraient, et de loin, leurs généreux et roturiers adversaires. Cette conjuration se solda par un échec lamentable et signa la fin des Pazzi. Les principaux membres de la « tribu » furent exécutés, ainsi que leurs complices, dont l'archevêque de Pise, pendu dans ses beaux habits sacerdotaux aux fenêtres du palais. Le pape excommunia les Médicis, et donc Florence ; il s'allia avec le royaume de Naples pour se lancer dans une guerre qui ne donna aucun résultat, sinon de nouveaux morts et de nouveaux blessés. La Seigneurie fut sauvée, et le pouvoir de Laurent le Magnifique consolidé.

Nous célébrions Pâques dans la chapelle familiale, quand la nouvelle du meurtre de Julien nous parvint. Tous ceux en âge de porter les armes, chez les Vespucci, se précipitèrent vers la cathédrale. Je les suivis sans hésitation. J'étais même en tête de notre escouade, épée à la main. Quand j'appris les circonstances de la mort de Julien, je partageai l'indignation de mes compatriotes. Une indignation amplifiée plus encore quand on sut que Fioretta attendait un enfant de lui.

Pourtant, malgré mon ardeur non feinte, je faillis, moi aussi, monter sur l'échafaud. L'aîné de mes élèves, Lorenzo, qui n'avait pas encore quinze ans, mais un caractère déjà bien trempé, estima, dès le lendemain de ces événements, alors que l'étude notariale de mon père n'avait pas encore ouvert la succession de Julien, que le moment était parfait pour faire valoir ses propres droits à son tuteur survivant. J'avais été trop bon professeur, et Lorenzo, qui ne m'avait pas demandé mon avis, ne se fit pas faute, pour étayer ses arguments devant le magnifique, de s'appuyer sur mon autorité : « Maître Amerigo nous a dit que... maître Amerigo nous a montré que... »

Avant que la fureur de Laurent ne s'abatte sur moi, je galopais dans la nuit à la poursuite de mon oncle Giorgio, parti la veille avec la délégation d'ambassadeurs auprès du roi Louis XI de France. C'est ainsi que commença mon obscure carrière de diplomate.

J'avais en ce temps-là les préjugés de ma race et de ma caste contre les Français. Nous autres, Florentins, nous nous considérions comme le plus raffiné, le plus civilisé des peuples italiens, c'est-à-dire du monde. Notre langue, celle de Dante, proclamions-nous, composait un ensemble parfaitement harmonieux de musique, de poésie et de rhétorique, auprès duquel le vénitien n'était qu'un patois de pêcheurs puant la vase et le poisson, et le romanesco des bredouillements de curé de campagne. Quant au napolitain, il nous semblait aussi méprisable que grossier, mélange épais de barbaresque et de castillan. Nous couvions le toscan comme le plus précieux de nos trésors, qui nous permettait tout à la fois de nous targuer d'être les détenteurs du génie de Cicéron, et les seuls à pouvoir forger des vocables adaptés à toutes les novelletés que ce siècle étrange nous offre chaque jour. J'en donne ici la preuve, en toute mauvaise foi : le Nouveau Monde ne porte-t-il pas le nom d'America ? Mais trêve de plaisanteries, plaisanteries raffinées et civilisées, puisque venant sous la plume d'un Florentin, je dois me livrer à une confession qui me coûte : malgré toute ma bonne volonté et ma fierté d'appartenir à la patrie de Dante, je ne suis jamais parvenu à achever la lecture de *La Divine Comédie.*

Ce sentiment de supériorité sur nos voisins latins s'accroissait dans des proportions énormes quand il s'agissait pour nos préjugés de franchir les Alpes ou de traverser la Méditerranée. Provençaux, Angevins, Aquitains, Aragonais ou Castillans étaient pour nous presque synonymes de Wisigoths, de Francs ou de Vandales, barbares mal dégrossis que nous n'avions aucun mal à berner dans les arts subtils de la diplomatie et du négoce. Nous n'étions pas loin de penser qu'au-delà du Rhône, de la Loire, du Rhin ou de la Manche, nous n'avions affaire qu'à des bêtes brutes à qui nous apportions les merveilles de l'architecture, de l'art, de la poésie et de la philosophie comme on jette des perles aux cochons. J'exagère peut-être un peu en écrivant que j'étais dans cet état d'esprit-là quand je rejoignis mon oncle, après une chevauchée éperdue.

Ce que j'exagérais surtout, à l'époque, c'était le péril que me faisait courir la vindicte de Laurent à mon égard. Le Magnifique, en effet, avait d'autres soucis en tête que de punir le précepteur qui avait incité ses pupilles à la contestation. Pour calmer les légitimes revendications de l'aîné de ses cousins, il lui avait rétrocédé en gage de bonne volonté une des succursales à l'étranger de la maison de commerce et de finances que le garçon tenait de feu son père : celle de Séville. Le jeune Lorenzo ne sut qu'en faire et se satisfit d'avoir fait plier son tuteur. Au fond, mon élève avait bien choisi son moment : jamais la République n'avait couru un tel danger qu'après l'échec de la conspiration des Pazzi. Avant d'être pendus ou jetés en prison, les lamentables conjurés ne firent aucune difficulté à donner le nom de leur commanditaire : Sa Sainteté Sixte IV. Celui-ci, furieux et humilié, et malgré les protestations indignées des rois de France, d'Angleterre et de Hongrie, ainsi que de l'empereur allemand Frédéric de Habsbourg, leva une armée, comme n'importe quel minable condottiere, s'allia avec le royaume de Naples et notre voisine, Sienne, qui n'aurait pu rêver d'une telle aubaine.

Je rejoignis à Modène la délégation florentine menée par Francesco Gaddi. Assurée du soutien du grand-duc gouvernant cette cité, Hercule d'Este, la délégation partirait ensuite pour Milan. Là, en compagnie des ambassadeurs de Sforza, rejoints par ceux de la Vénétie, elle se rendrait en France y convaincre Louis XI d'apporter son soutien à cette nouvelle Triple Alliance contre le pape.

Le beau-père de Simonetta eut du mal à cacher sa surprise en me voyant apparaître, fourbu et couvert de poussière dans la salle des gardes du château, où les membres de la délégation s'étaient réunis autour d'une grande table :

— Amerigo, c'est le Ciel qui t'envoie, s'exclama-t-il. Nous avons besoin d'un bon cavalier, jeune, vigoureux et de toute confiance pour reprendre la route immédiatement.

Parti de Florence la veille en fin de matinée, j'avais passé la nuit en selle, ne m'arrêtant que pour faire reposer ma monture. Je n'avais pas dormi et j'avais le ventre vide. L'oncle Piero ne me laissa pas le temps de protester et m'expliqua la terrible situation dans laquelle ils se trouvaient. Sitôt déjouée la conspiration des Pazzi, Laurent, du lit où il soignait ses blessures, avait rédigé à l'adresse de son « bon père, ami et fidèle allié » Louis XI de France, un bouleversant appel au secours. Il avait confié le message au plus sûr de ses agents qui était parti aussitôt. Mais, en grimpant le col du Petit-Saint-Bernard, le messager chuta et se brisa la jambe. Il fut recueilli par les moines de l'hospice gardant le passage ; un novice fut envoyé alerter la délégation qui suivait loin derrière. Il était arrivé une heure à peine avant moi.

— Vous êtes notre providence, monsieur Amerigo, me dit alors l'ambassadeur plénipotentiaire de la République de Florence, Francesco Gaddi. Aucun d'entre nous, hélas, n'a plus l'âge ni la santé pour parcourir autant de route et tenter de rattraper le temps perdu. Nous ne savions qui choisir pour prendre la suite de notre émissaire. Notre méfiance est peut-être exagérée, mais pas un homme de notre escorte ne nous semble à l'abri des petites tentations qui font les grandes trahisons. Or, vous, monsieur, vous êtes un Vespucci. Votre cœur, votre âme et votre corps, comme ceux de vos pères, sont tout entiers dévoués au salut de la République.

Cet homme, osseux et verdâtre, d'une cinquantaine d'années, avait été formé à la diplomatie depuis sa lointaine enfance. En prononçant ces mots d'une voix unie, les bras croisés sur son bel habit de soie verte et de velours écarlate, pas un muscle de son visage, ni un sourcil n'avait bougé afin que nul ne puisse donner un sens caché à ses propos. D'un coup de menton, il m'invita à m'asseoir dans un fauteuil vacant. Je refusai. Je savais que si j'acceptais son offre, je m'effondrerais, en proie aux pires des courbatures. Constatant mon état d'épuisement, mon oncle intervint :

— Fais-toi servir quelque chose en cuisine et accorde-toi un peu de repos. Tu repartiras à la fraîche. Après tout, un retard de quelques heures en plus, au point où nous en sommes...

Dans mon crâne résonnait un martèlement de sabots, mes fesses me brûlaient, et mes mollets me tiraillaient. Depuis la prime enfance, j'avais été exercé à la marche, à la chasse, à l'équitation et autres jeux demandant des efforts physiques importants, comme l'épée, la lutte ou la paume. Je n'y avais jamais pris de plaisir excessif, n'ayant pas de goût pour la victoire, pour la domination de l'autre, et donc pour son humiliation. Mais, à vingt-quatre ans tout juste – j'avais fêté mon anniversaire quelques semaines auparavant, en la seule compagnie d'un cruchon de vin et d'une putain –, je connaissais parfaitement mon corps et les efforts que je pouvais réclamer de lui. Je savais que si je prenais le repos que me proposait Piero, je m'en relèverais dans un état pitoyable qui me ferait traîner le long des chemins comme un pèlerin ou un pénitent allant à Compostelle. En revanche, en repartant, le ventre plein, avec trois chevaux frais, dans une petite heure, je ne sentirais plus mes douleurs. La route était plane jusque dans le Turinois ; je pourrais y relâcher ma vigilance, et si je m'endormais en selle, les chevaux de la Seigneurie trouveraient seuls les relais installés le long de mon chemin. Ensuite, quand viendrait la montée des Alpes, j'aviserais. J'avais tant dessiné de cartes de l'Italie en compagnie de Toscanelli, avec leurs courbes de niveau, que mon itinéraire se déployait parfaitement dans ma tête. Je calculai même le rapport entre la vitesse de mes montures et la distance à parcourir. J'irais jusqu'au bout de mes forces pour en connaître les limites. Je deviendrais pour Florence ce que le soldat anonyme de Marathon avait été pour Athènes.

Durant ma méditation, les diplomates m'observaient avec attention, sans toutefois laisser percer la moindre inquiétude. Enfin, non sans une certaine ostentation, j'ouvris les yeux, croisai les bras, comme Gaddi tout à l'heure et dis d'une voix mâle, mais sur le même ton neutre et compassé que le diplomate :

— Si vous le permettez, Votre Excellence, j'aimerais qu'on me servît un repas point trop copieux et qu'on me remplisse un baquet d'eau tiède et savonneuse. Une fois accomplies mes ablutions, je repartirai. Cependant, j'aimerais que vous me fassiez rédiger ma feuille de route, ainsi que quelques précieux conseils pour savoir comment me comporter devant Sa Majesté le roi de France et sa cour, car je n'ai aucune expérience en cette matière.

La lueur d'étonnement et peut-être d'admiration, que je pus lire sur le visage de l'ambassadeur plénipotentiaire, ne fut pas le plus mince exploit de mon épopée.

— Voilà bien un Vespucci, se contenta-t-il de proférer d'une manière qui n'était pas aussi neutre qu'il l'aurait voulu.

L'oncle Piero me prit par les épaules et m'entraîna aux cuisines en murmurant :

— J'aurais aimé avoir un fils tel que toi, Amerigo.

Je ne répondis pas. Je songeais à Marco, mon pauvre et cher merle mort.

Quelle galopade, mes amis ! J'étais cheval, j'étais oiseau, j'étais nuage, j'étais vent, enivré de vitesse ; les arbres au bord du chemin couraient vers moi aussi vite que je courais vers eux ; le blé, le seigle et les herbes folles s'inclinaient à mon passage ; les vaches me regardaient, éberluées, et les moutons s'enfuyaient à mon approche. Les paysans encourageaient ma course d'un poing dressé et de quolibets paillards ; les paysannes étincelaient de rire et de désir à me voir chevaucher, fumant, puant la crasse, l'urine et le crottin, laissant derrière moi un sillage mêlé de sueur et de poussière. Il y en eut même une, du côté d'Ivrea, au pied des Alpes, qui troussa son cotillon, m'exhibant ainsi sans vergogne son beau triangle de prairie noire et touffue couvrant sa grotte rose. Elle s'exclama, hilare : « Arrête-toi, joli voyageur, et viens te désaltérer à ma source. » Mais rien ne m'arrêtait, moi, le cheval, l'oiseau, le nuage, le vent. Parfois, une heure ou deux, pour laisser reposer les bêtes, je m'allongeais dans un fossé, la face tournée vers le ciel et sommeillais un peu, les yeux ouverts ; ou je m'asseyais à la table d'un relais de poste, un plateau rond de chêne mal équarri dressé au bord du chemin et cloué sur une souche d'olivier mort de vieillesse millénaire, en m'empiffrant du pain, du jambon, du fromage suant et du vin râpeux servis par un aubergiste ravi de mon appétit. D'autres fois, quand la fatigue, voluptueuse, mais entrelardée de petites souffrances, me piquait les yeux de larmes, tout en cheminant, je posais le front sur l'encolure de ma monture aux odeurs puissantes pour m'y endormir quelques instants furtifs, bercé par son dodelinement, plein du sentiment que mon cheval, mon ami, s'émouvait de cette marque de confiance, de fraternité, que je lui témoignais ainsi, et s'appliquait, même quand un taon le harcelait, à ne commettre aucun mouvement brusque de sa crinière, de son cou ou de sa tête, qui aurait brisé entre lui et moi ce moment d'abandon.

En revanche, la montée vers le col du Petit-Saint-Bernard fut loin d'être une promenade de santé. J'en fis presque les trois quarts à pied, tirant par la bride mes trois montures haletantes et exténuées. J'en avais déjà changé six fois depuis Modène ; dès lors, l'amitié, la confiance et la tendresse supposées entre nous s'étaient quelque peu émoussées, et je ne savais plus leur nom. Je m'appliquais surtout à mettre bien à plat ma semelle épaisse entre deux cailloux, deux ornières, deux ravines, pour ne pas me tordre la cheville ; et les bêtes, derrière, posaient soigneusement leurs sabots dans mes traces. L'œil planté vers le sol, attentif aux obstacles et aux pièges que tendait à mes pieds ce sinueux sentier de montagne, je n'eus guère le loisir de me perdre dans la contemplation frémissante et vertigineuse de ce hérissement de « monts affreux et sublimes », comme l'écrivait un de mes compagnons des tavernes florentines, qui se voulait grand poète, mais ne fut jamais qu'un passable buveur. Méthodique, j'avais décidé de ne jamais regarder vers le haut, vers l'objectif à atteindre, vers l'ermitage. Cet aboutissement à mon calvaire semblait ne jamais se rapprocher. Je comptais machinalement mes pas : cent trente-trois, cent trente-quatre, cent trente-cinq... « Je ne lèverai la tête qu'au bout du deux-centième pas. » Au cent quarante-septième, je ne pus résister mais mon regard buta sur un rocher faisant coude au bout du chemin. Je repris mon décompte au début. Après un autre lacet, je m'arrêtai, me redressai pour voir, tout là-haut, tout au loin, l'ermitage, qui n'avait pas grossi d'un pouce.

Enfin, tête vide et jambes lourdes, je me retrouvai sans trop savoir comment devant le portail grossier de l'hospice. Je tirai éperdument le cordon de la cloche en ronchonnant : « Qu'est-ce qu'ils fabriquent à la fin, ces feignasses de moines ? » Ils m'avaient pourtant certainement vu venir depuis longtemps. L'huissier qui m'ouvrit avait, sous son épaisse barbe en broussaille, plutôt l'allure d'un berger ou d'un bandit de grand chemin que d'un doux ermite. Il était encadré par deux chiens aussi énormes que des lions. J'eus un mouvement de recul. Par bonheur, j'avais laissé mes bêtes se désaltérer et brouter au bord d'un petit lac qui bordait l'hospice. Le moine, sans un mot, me fit signe de le suivre, à croire qu'il savait qui j'étais et qui je venais visiter. Nous traversâmes une courette et, toujours en silence, il me désigna l'entrée d'une des dix cellules du rez-de-chaussée. Puis il me tourna le dos et s'en fut, suivi par ses deux fauves, comme si je n'avais jamais existé. Au premier coup que je frappai, la petite porte s'ouvrit d'elle-même ; elle n'avait ni clenche ni serrure.

Le messager de Laurent le Magnifique était assis sur son grabat, adossé à la cloison chaulée et ornée seulement d'une petite croix de bois. Sa jambe droite était enserrée dans une attelle. Il leva la tête de son livre. Je ne pus dissimuler ma surprise : Alberto Cantino était presque un enfant. Lui-même parut étonné par mon apparition. Il s'exclama, plein de respect dans la voix :

— Mestre Amerigo ! La situation de la Seigneurie est-elle si grave qu'elle dépêche ainsi pour me remplacer, sur les grands chemins, un aussi éminent et savant docteur que vous ?

Ce compliment, malgré ses accents de sincérité, me fut très désagréable. Avais-je donc l'air déjà d'un vieux prof égrotant, le nez plongé dans des grimoires poussiéreux ? Certes, mon visage crasseux et barbu ne devait pas lui paraître celui d'un sémillant jouvenceau, mais tout de même... Je sortis de la doublure de mon manteau la lettre cachetée rédigée à la hâte par l'ambassadeur plénipotentiaire, à Modène, peu de jours auparavant.

— Oh, mestre Amerigo, protesta Cantino, ce serait vous

faire injure que de ne pas faire confiance à un philosophe de votre sapience !

Il m'agaçait, à la fin, ce petit puceau-là, avec sa déférence.

— Il ne s'agit pas de confiance ou de défiance, mon garçon. Il s'agit de respecter les formes. Les formes, vois-tu, surtout dans les dramatiques circonstances que nous vivons, sont essentielles à la bonne marche de toute entreprise.

Voilà que je me comportais maintenant comme un pion de collège, maniaque et sentencieux ! Il prit la lettre, la décacheta et fit mine de ne pas la lire, mais je suis sûr qu'il vérifia son authenticité, avant de sortir de dessous sa paillasse le message adressé par Laurent le Magnifique à Louis XI et de me le tendre, avec solennité. Après avoir enfoui l'enveloppe dans ma doublure, je sortis de ma besace ma gourde emplie de vin et un gros saucisson. Son joli minois s'illumina.

— Foutre Dieu, mestre Amerigo ! Votre savoir est-il donc universel ? Dans quel livre avez-vous appris qu'à l'hospice du Petit-Saint-Bernard, c'est carême de janvier à décembre ? Au menu, potage aux herbes, plat de lentilles sans un lardon et eau fraîche.

Mon saucisson ne fut bientôt qu'un souvenir. Tandis qu'il vidait ma gourde à grandes lampées, je le questionnais sur son voyage et son accident. Il fut intarissable. À dix-sept ans à peine, Alberto Cantino était page de Julien quand celui-ci fut assassiné, un peu plus d'une semaine auparavant. Ce garçon déluré vouait à son maître une dévotion sans borne. J'eus la surprise d'apprendre de sa bouche qu'il avait servi d'intermédiaire auprès de Simonetta pour tenter en vain de l'attirer dans le lit du cadet des Médicis. Laurent estima qu'Alberto, éperdu de chagrin et de soif de vengeance par la mort de son maître, serait, malgré son jeune âge, le plus sûr des courriers auprès de Louis XI. Mais on peut être le plus dévoué et le plus débrouillard des pages sans se montrer pour autant un bon cavalier, un voyageur sachant ménager sa monture. Alberto en tua quatre sous lui, confondant vitesse et précipitation. Et c'est en selle qu'il escalada les Alpes pennines, pour achever la cinquième et se briser la jambe dans sa chute.

Recru de fatigue, la cervelle étourdie plus encore par la volubilité de Cantino, je me levai péniblement du tabouret que j'avais tiré à son chevet. Je le rassurai en lui affirmant que la délégation florentine passerait bientôt le délivrer de cette retraite involontaire. Je lui fis mes adieux, me rendis au bord du lac pour chercher mon équipage que je confiais au soin du frère chargé des écuries. Puis je me rendis auprès du cellérier, lui remis une bourse bien ronde qui dédommagerait largement l'hospice du soin de leur hôte blessé et de ma nuitée. Je refusai son invitation à souper au réfectoire, et le lit d'une de leurs cellules, retournai à l'écurie, sortis de mes fontes un jambon acheté à Aoste, une bouteille de vin blanc de Parme. Le ventre plein, je m'effondrai dans une profonde et odorante litière de paille où je sombrai dans le plus doux des sommeils, car sans rêves. Deux jours plus tard, j'étais en France.

J'appris du facteur de la banque Médicis de Lyon que Louis XI n'était pas dans une de ses résidences du bord de Loire, mais bien plus au nord, en Artois ou en Flandres, où il guerroyait pour récupérer l'héritage de son cousin Charles de Bourgogne, dit le Téméraire, son ennemi le plus farouche, mort quelques mois auparavant et dévoré par les loups en faisant le siège de Nancy. Le roi de France disputait maintenant ces vastes territoires tombés en quenouille à un autre de ses « chers cousins », Maximilien de Habsbourg, fils de l'empereur romain germanique.

J'avais donc plusieurs centaines de lieues supplémentaires à parcourir, dans des terres étrangères que j'imaginais ravagées par la soldatesque, dont je n'avais jamais étudié les coutumes ni la géographie, aux mille et un patois. Le peu de connaissances livresques que je possédais de la langue de cour, dite langue d'oïl, ne me serait d'aucune utilité. Le commis de l'agence lyonnaise, à qui je confiais mes inquiétudes, y semblait parfaitement indifférent. Je connaissais assez ce genre d'homme de finance : ses affaires prospéraient, la maison mère, à Florence, n'avait pas à se plaindre de trop criants détournements, aussi se souciait-il comme d'une guigne de ce qui pouvait advenir de la Seigneurie, tant que cela ne nuisait pas à ses petits profits. Peut-être espérait-il que la chute de ses patrons Médicis lui permettrait de s'accaparer de leur principale succursale française. Je me fis menaçant, lui rappelant que j'étais non seulement le messager de ses patrons, mais aussi, qu'en rejeton de la puissante famille Vespucci, je me faisais fort de le faire jeter bien vite au ruisseau. Sans être effrayé pour autant, il sonna son valet et lui demanda quelque chose en français que je ne compris pas, tant j'étais irrité et épuisé. Pour passer le temps, il me demanda dans quelle auberge j'étais logé. Je lui répondis abruptement que je pouvais réquisitionner sa demeure si je le désirais. Il n'insista pas et nous patientâmes en silence. Au bout d'une petite demi-heure, un certain capitaine Gil de La Perrinette se fit annoncer. Cet officier entra dans le cabinet du banquier avec un bruit de bottes et de rubans froissés. Il omit ostensiblement de saluer mon hôte, mais s'inclina devant moi comme si j'étais un grand de ce monde, clamant l'immense honneur qui lui était fait d'accueillir l'ambassadeur extraordinaire du grand Seigneur de Florence et autres lieux, le tout dans un toscan acceptable. J'eus garde de le démentir et, imitant le visage de marbre de Son Excellence Francesco Gaddi, je m'inclinai légèrement et lui débitai un laconique compliment en latin, cette langue qui, par le tutoiement, sait raboter les différences que le sang et les préjugés ont mises entre les hommes.

— Partons ! dit La Perrinette avec brusquerie. Il n'y a plus un instant à perdre. Sa Majesté, malgré les graves affaires qui la préoccupent actuellement, s'inquiète follement pour la santé et le gouvernement de celui qu'il appelle son fils Laurent.

— Quoi, m'exclamai-je, on sait déjà, en France...

— Nous n'avons peut-être pas, chez nous, vos architectes et vos artistes, mais nos espions et notre poste, comme vous allez le constater, sont inégalables, répliqua le capitaine dont le toscan s'améliorait au fil des mots. Et nos femmes ne sont pas mal non plus. Hâtez-vous, je vous prie ! Laissons cette grosse poule de Cantino couver ses jaunets.

Je me retournai vers le facteur de la succursale Médicis à Lyon.

— Cantino ? Seriez-vous de la famille d'un jeune page de feu Julien ?

— Alberto ? Je suis son père, oui, répondit le banquier en blêmissant. Aurait-il, dans la cathédrale...

— Rassurez-vous, monsieur, à part une jambe cassée que des moines soignent dans un hospice alpin, votre fils se porte à merveille. Quand il viendra vous embrasser, dites-lui bien de ma part que...

— Il faut partir, maintenant, intervint La Perrinette en me saisissant le bras.

Le capitaine m'entraîna hors du cabinet de travail du banquier. Dans l'escalier, je le suppliai de me laisser prendre un peu de repos.

— Ne vous inquiétez pas pour cela, mon ami. Vous pourrez dormir tout votre soûl, pendant que nous cheminerons.

Au-dehors, sur le quai de la Saône, une dizaine de cavaliers en armes, au pied de leurs très grandes et très puissantes montures, encadraient une grosse et lourde voiture attelée à quatre autres bêtes du même aspect, et qui me parurent plus aptes au labour qu'à la course.

— Veuillez me suivre et prendre possession de vos appartements, me lança le capitaine, en jouant comiquement au valet de chambre.

Tandis qu'il envoyait un de ses hommes chercher mon bagage, je montai dans le véhicule. Un matelas était posé sur une planche suspendue à des sangles accrochées au plafond. Je découvris par la suite que cet ingénieux système atténuait considérablement les mouvements de la voiture et ses cahots, en berçant le dormeur. Je retrouverai cette invention bien des années plus tard, dans le Nouveau Monde, avec les fameux hamacs des sauvages, et que je ferai adapter aux vaisseaux castillans.

— Vous avez de quoi vous restaurer dans le coffre au-dessous de votre lit, me dit encore le jovial La Perrinette. Si vous avez besoin de quelque chose, je laisse un homme à votre disposition auprès de la portière. La route sera longue, et nous aurons tout le loisir de faire plus ample connaissance.

Notre cortège s'ébranla alors que le soleil couchant rosissait les volutes de brouillard dansant sur le fleuve. Je n'avais passé que deux heures à Lyon et, tout en dévorant un pâté de sanglier en croûte arrosé d'un petit vin des coteaux du Rhône, trop léger à mon goût, je me demandais si j'avais bien fait d'accepter l'invitation du capitaine. Après une bonne nuit à Lyon, j'aurais pu prendre deux coursiers rapides, qui m'auraient fait galoper plus vite que le vent. Le lourd équipage qui me traînait allait à une lenteur désespérante. Grave erreur de voyageur néophyte ! Il vaut mieux parcourir les grands chemins à la façon dont on navigue en haute mer : lentement, peut-être, mais tout le temps.

La résistance de ces lourds et hauts chevaux français était étonnante. En plus, les relais étaient parfaitement bien organisés. En une heure, les bêtes étaient changées, les hommes restaurés, de jour comme de nuit, sans que je puisse relever le moindre retard, le moindre incident. Les soldats, par groupe de six, prenaient quelques heures de repos dans une carriole bâchée qui suivait ma voiture.

Après m'être prélassé une bonne dizaine d'heures dans mon drôle de berceau, mes courbatures et ma fatigue avaient disparu. Je demandai au cavalier qui flanquait ma portière s'il pouvait m'amener un cheval. Le soldat obtempéra, je sautai en selle, sans que le cortège arrêtât le petit trot qu'il menait. Une très légère pression du genou et cette bête géante, massive, sur laquelle j'étais assis comme dans un fauteuil, obéit. Dans vingt ans, ces animaux extraordinaires, terrorisant les populations et les armées adverses autant que les éléphants d'Hannibal, seront les principaux vainqueurs de la fulgurante invasion des troupes françaises en Italie.

Persuadé que Gil de La Perrinette n'était qu'un fruste barbare tout juste bon à faire la guerre, à violer les bergères et à piller les bourgeois, mais qui en avait aussi la naïveté enfantine, je me promis de m'amuser un peu aux dépens de ce balourd. Je me trompais. Sous ses allures de brave soldat un peu simplet, le capitaine cachait, non sans malignité, une grande finesse, une grande subtilité, que n'aurait pas reniée le plus roublard des banquiers florentins. Fils de toute petite noblesse vosgienne – je me demande aujourd'hui s'il n'était pas de Saint-Dié, lui aussi –, il avait été destiné dès l'enfance à entrer dans les ordres, d'où sa maîtrise du latin et de l'italien, appris au séminaire. Mais l'appel de l'aventure fut plus fort qu'une vocation qu'il n'avait jamais eue. Il se fit mercenaire et participa à la victoire que les Suisses remportèrent sur Charles de Bourgogne, le Téméraire. Puis il rallia la cause de Louis XI de France, celui-ci se trouvant alors en grand danger de perdre et son trône et sa vie. Le capitaine évoquait d'ailleurs le monarque avec les mêmes inflexions idolâtres que prenait jadis mon cousin Marco pour louer Laurent le Magnifique. Ici s'arrête la comparaison, car pour le reste les deux hommes étaient aussi opposés que l'eau et le feu.

Nous avions à peu près le même âge, mais la vie aventureuse qui avait été la sienne lui donnait un air de grande maturité que, malgré mes vingt-quatre ans, je n'arrivais toujours pas à acquérir. Manque de patine, aurait dit Botticelli.

Lieue après lieue, nous nous apprivoisâmes, constatant avec plaisir que les opinions que nous avions sur nos nations respectives n'étaient que préjugés stupides, du moins en ce qui nous concernait l'un et l'autre. Il était quant à lui convaincu que comme tout Lombard – ainsi nommait-il les Italiens – je me devais d'être hypocrite, sournois, âpre au gain, et autres qualités que, pour mon malheur, je ne posséderais jamais. Durant tout mon séjour en France, Gil et moi serions les amis les plus sincères. Il l'est resté dans mon cœur, même si, après mon retour et d'autres exils, je n'eus plus aucune nouvelle de lui. Une seule chose nous séparait : je n'ai jamais compris la drôlerie de ses plaisanteries, et les miennes tombaient toujours à plat. Il n'existe peut-être qu'une seule différence notable et rédhibitoire entre les peuples : ils ne rient pas des mêmes choses. Pas toujours.

Progressant jour et nuit, nous reliâmes Cambrai le 11 mai 1478. J'avais quitté Florence deux semaines auparavant. Les contrées traversées m'avaient paru bien monotones. J'avais surtout été frappé par le contraste entre la fécondité des terres et la misère de ceux qui la cultivaient. Mais peut-être la France était-elle trop grande pour moi, citadin toscan habitué à des paysages domestiqués, réglés à la juste mesure du pas de l'homme et à la portée de son regard.

Louis XI occupait donc cette importante place flamande, qui appartenait au Saint Empire, non pour se l'approprier, mais pour forcer le futur empereur Maximilien à négocier et à lui céder ce qu'il considérait comme son dû dans l'héritage de Charles le Téméraire : Bourgogne, Artois et Franche-Comté. Cette étrange manière de faire la guerre embrouillait la cervelle de ses adversaires, les obligeant soit à agir en dépit du bon sens, soit à s'incliner. Gil s'enthousiasmait du génie politique de son seigneur, à quoi je lui répondis en plaisantant que les cités italiennes pratiquaient cela depuis fort longtemps, ce qui ne le fit pas rire, et même, je crois, le vexa un peu.

Les hauts remparts de Cambrai étaient cernés par une

armée formidable dont les campements, hérissés par places de machines de guerre, s'étendaient à l'infini dans la plaine, jusqu'à l'orée de la forêt. Les portes étaient ouvertes. Sur leurs frontons, se déployaient les oriflammes bleues et fleurdelisées de France masquant l'aigle impériale des blasons en bas-reliefs.

— Nous poursuivrons à pied, Émeric, me dit Gil, sans cela nous en aurons pour des heures.

— Quoi ? Tu veux laisser tout notre équipage au milieu de ces...

— ... De ces soudards, de ces mercenaires, veux-tu dire ? Ne t'inquiète pas de cela, mon camarade ! Ton bagage sera ici bien plus à l'abri que dans une banque lombarde !

Ce fut à mon tour d'être vexé. J'aurais tant aimé paraître devant le roi de France à cheval, à la tête d'une aussi imposante escorte. Sans le vouloir, mon ami vosgien me rappelait que je n'étais pas l'ambassadeur de la Seigneurie, mais un simple messager, que je n'étais pas Miltiade, mais Philippidès.

L'hôtel de ville de Cambrai ne payait pas de mine, lourde bâtisse en briques aux fenêtres étroites, et au toit d'ardoises surmonté d'un minuscule clocheton. La Perrinette demanda à l'huissier d'être reçu par « son Excellence Philippe de Commynes » pour lui apporter des nouvelles importantes. J'allais protester que je ne remettrais ma missive qu'au roi lui-même, mais me retins. Gil savait sans doute bien mieux que moi, citoyen libre de la république de Florence, comment se comporter à la cour d'un roi. Je tentai toutefois de questionner mon nouvel ami, mais celui-ci me fit signe de me taire et se figea dans la posture d'un officier attendant les ordres. Nous patientâmes longtemps, debout, bousculés par des soldats qui allaient et venaient en tous sens, dans cette halle qui puait le chou.

On m'avait appris peu de chose sur ce ministre qui tardait ainsi à nous recevoir. Commynes avait été d'abord au service du grand-duc de Bourgogne, puis était passé à celui du roi de France, qui savait reconnaître les talents et les payer à leur juste prix. Grâce à sa profonde connaissance de son ancien maître et de son entourage, il contribua, par d'habiles intrigues, à la montée en puissance de Louis XI, qui le remercia en le faisant crouler sous les titres, les honneurs, les bénéfices et les fiefs qu'il conquérait. Mais, après la chute de la maison de Bourgogne, Commynes s'était montré trop gourmand et, au dire de Gil, sa nouvelle charge de sénéchal du Poitou avait les allures d'une mise à l'écart.

L'homme qui nous reçut enfin était loin d'avoir l'aspect d'un malheureux en disgrâce, au contraire. La richesse de ses habits, l'ostentation avec laquelle il exhibait ses riches colliers d'or, la pose désinvolte et pleine de morgue qu'il avait prise dans son fauteuil pareil à un trône exhibaient sans vergogne son immense fortune et son grand pouvoir. La Perrinette s'inclina très profondément devant lui, tandis que je me contentais d'ôter mon chapeau et de baisser la tête.

— Monseigneur, voici monsieur Vespuce de Florence, porteur d'une missive destinée à Sa Majesté.

Commynes me toisa de pied en cap, comme jamais je n'aurais osé le faire avec le dernier de mes laquais. Puis il s'adressa à moi en italien :

— Donne-moi donc cette lettre, Giaccapulce. Je la communiquerai au roi à son retour de la chasse.

— Vespucci, messire, je m'appelle Amerigo Vespucci, et Laurent de Médicis m'a ordonné de ne remettre ce pli qu'à Sa Majesté elle-même, en main propre.

Commynes fronça les sourcils puis, contre mon attente, il éclata de rire.

— Vespuce ! J'avais compris « veste à puce » en français, *giacca a pulce* en italien. J'avais pris cela pour un sobriquet. Que c'est drôle ! Et toi, capitaine, tu n'es qu'un âne bâté. Attendez donc... Ce nom de Vespucci me dit quelque chose... Une maison de finances, me semble-t-il...

Cela me revenait, à moi aussi ! Quand je fouillais dans les archives de l'étude paternelle, ce nom de Commynes ou de seigneur d'Argenton réapparaissait souvent. J'avais devant moi un des plus gros débiteurs des différents banquiers florentins.

— Vous êtes effectivement, messire, en affaires avec mon père Nastagio. Et vous n'avez pas trouvé que des puces dans les poches de sa veste.

« Pas mal, le mot d'esprit, Amerigo ! » me félicitai-je intérieurement. Son rire se fit grinçant. Il se leva et me déclara, bien plus amène, qu'il allait me mener aussitôt devant le roi.

— Nous partons le rejoindre à la chasse ? demandai-je avec une feinte candeur.

— Non... Maintenant que j'y pense, Sa Majesté n'est pas encore partie... Mais il faut nous hâter et... Capitaine, n'avez-vous rien à faire d'autre que de rester là planté comme une souche ?

Pour ne pas s'embourber plus avant dans son mensonge, il changea son embarras en colère contre La Perrinette, lui criant à la face qu'en temps de guerre la place d'un officier n'était pas à faire des ronds de jambe dans les salons, mais sur le champ de bataille. Puis il me prit par le bras et m'entraîna dehors. Je sortis en lançant, en français, à mon compagnon de voyage pétrifié :

— J'évoquerai devant Sa Majesté la façon admirable dont vous avez su me mener jusqu'à elle, capitaine La Perrinette. Le roi de France saura vous en récompenser.

Pour rencontrer Louis XI, il n'y avait que la place de l'Hôtel-de-Ville à traverser. Le roi avait choisi de prendre ses cantonnements dans la demeure d'un marchand drapier, comme l'aurait fait un parent de passage, partageant sans façon la vie familiale de ces bourgeois.

En tenue de chasse, cuir et velours marron, le sommet de son crâne chauve coiffé d'un petit chapeau noir, le monarque se tenait debout et penché au-dessus d'une table où il écrivait. Cette étrange position pour travailler n'était due qu'aux douleurs provoquées par ses hémorroïdes, mais avait l'avantage de montrer qu'il était toujours, *stricto sensu*, sur le pied de guerre. Je le voyais de profil ; à son grand et gros nez bosselé s'accrochait une perle de morve. Il n'y avait que quatre ou cinq personnes en sa compagnie, dans cette salle qui devait servir d'ordinaire à recevoir les clients de son hôte drapier, comme en témoignaient des rouleaux de tissu posés sur des étagères. Quand l'un des gardes annonça la venue de Commynes, Louis XI se redressa et s'essuya le nez du revers de sa manche. Ces manières de rustre semblaient ravir son entourage. J'y perçus une posture.

— Eh bien, monsieur le sénéchal, dit-il d'une voix infiniment douce où ne perçait pas le moindre sarcasme, je vous croyais déjà parti en Poitou.

Commynes s'inclina profondément et répondit, ou plutôt ne répondit pas :

— Voici monsieur Amerigo Vespucci de Florence qui apporte à Votre Majesté des nouvelles fraîches d'Italie.

Je tendis la lettre de Laurent le Magnifique. Sans pouvoir masquer son impatience et son inquiétude, peut-être jouées, le roi décacheta l'enveloppe d'un geste brusque et lut avec avidité. Quand il releva la tête, ses yeux étaient embués de larmes.

— Vierge Marie, gémit-il, Pauvre, pauvre Laurent ! Pauvre grande âme ! Cet appel au secours me déchire le cœur.

Son émotion ne dura guère, et ce visage mobile reprit en un rien de temps son masque impérieux.

— Commynes, mon ami, dit-il enfin, oublie le Poitou. Tu pars en Italie. Mais d'abord, monsieur Amerigo, informez-moi de ce qui se passe là-bas. Permettez que je vous appelle ainsi, car je ne veux pas écorcher votre nom dans mon mauvais toscan.

Il le parlait parfaitement, mais faisait mine de chercher ses mots et demandait parfois à Commynes de traduire. Je m'efforçai d'être le plus concis possible en lui racontant les Pâques sanglantes, prenant garde de ne pas me livrer à la moindre interprétation personnelle. Il m'interrompait de questions courtes et précises, insistant sur ce qui me semblait des détails sans importance ou balayant d'un revers de main un épisode qui me paraissait fondamental. Quand j'eus fini, il exposa son analyse à son entourage, mais en s'adressant à moi. Ce fut éblouissant. Il connaissait tout de la question italienne. Sa tête, sa mémoire, était un meuble à tiroirs dont il sortait, selon ses besoins, dossiers et notes succinctes. Je n'ai jamais rencontré depuis un esprit aussi méthodique. Pourtant, s'il y avait, à l'époque, une situation embrouillée, c'était bien celle de l'Italie. Il concluait ou faisait semblant de ne pas conclure chacune de ses phrases par des « Vous ne croyez pas ? », « Non ? », « Me trompé-je ? », fausses questions qui ne souffraient aucune réponse. Parfois, il se tournait vers son secrétaire, pour lui dicter, en français, une formule officielle qui figurerait sur les lettres de créances de Commynes devenu en un rien de temps son ambassadeur extraordinaire..

— Ah, soupira-t-il enfin en guise de conclusion, si j'en avais le pouvoir, je remettrais le Saint-Siège en Avignon. N'écris pas cela, Olivier, ordonna-t-il à son scribe, qui était également son chirurgien-barbier.

Puis, toujours debout, alors qu'il nous avait ordonné de nous asseoir, il signa sans les lire les feuillets qu'il avait dictés, scella lui-même de sa bague les enveloppes dans lesquelles il les avait glissés, les tendit à Commynes.

— File, maintenant ! Quand tu croiseras l'ambassade en chemin, dis à Son Excellence Gaddi d'aller m'attendre à Tours. Je les y rejoindrai quand j'aurais réglé les quelques affaires en cours.

Affaires en cours qui n'étaient rien moins que le litige entre Maximilien d'Autriche et lui pour le partage du grand duché de Bourgogne. Il se tourna vers moi.

— Aimes-tu la chasse, Amerigo ?

— Je... oui... je crois... Votre Majesté.

— Parfait ! Sois prêt demain matin à l'aurore, devant cette maison. Et convie ton ami le capitaine Gil de La Perrinette à être des nôtres. Ce n'est pas tous les jours que j'ai l'occasion de rencontrer d'aussi dévoués serviteurs.

Le vieux renard me montrait ainsi, mine de rien, qu'il était au courant de ma venue depuis belle lurette, et donc informé de toute chose de son royaume. Commynes me lança en sortant un regard tellement implorant que j'en eus pitié.

Deux semaines se passèrent, à poursuivre le sanglier ou le cerf, à me faire battre aux échecs par Sa Majesté, qui s'était entichée de moi. Arriva, début juin, une ambassade qui prétendait être celle de la fille de Charles le Téméraire, mais représentait en réalité son époux, Maximilien. Le roi leur offrit un fastueux banquet, hors les murs de la cité, sous une nuit chaude et étoilée. Jusque tard dans la nuit, cet homme qui paraissait, bien à tort, infatigable, car je le vis souvent souffrir mille morts en selle, fut pratiquement le seul à parler durant tout le repas, plein d'esprit et de verve, de mille et une choses futiles sans aucun rapport avec la situation présente. Puis, brusquement, il se leva, et tout en mâchant une dernière bouchée de poire dont il avait jeté le trognon par-dessus son épaule, il déclara d'une voix toujours aussi douce :

— Je vais dormir, belles dames et gentils hommes. Un roi possède moins de vigueur dans une cité étrangère, telle que Cambrai, hors du royaume, qu'il en possède en dedans où il est oint et sacré. Aussi, messieurs les ambassadeurs, dès demain, et sans rien vous demander en échange, mon armée et moi partirons d'ici. Nous rendrons également à notre cher cousin Maximilien ses bonnes villes du Quesnoy et de Bouchain. Pour preuve de ma loyauté, je demanderai à sieur Maraffin que j'ai eu la sottise de faire gouverneur de la place, de rendre aux églises calices, reliques, vases d'argent qu'il a extorqués pour en faire des bijoux, des chaînes et des colliers, qui lui siéent bien moins que ceux qu'il pourrait bientôt avoir aux chevilles et au cou. Bonne nuit, mes amis. Vous pouvez continuer vos agapes.

En quelques phrases jetées comme un trognon de poire, il avait réglé son conflit avec son « cher cousin ». On imagine la stupeur des convives et la terreur dudit sieur Maraffin, seigneur de La Charité, qui s'était comporté à Cambrai comme le pire des soudards, peut-être sur ordre calculé du roi, et qu'on ne revit plus. Le lendemain soir, l'armée française avait abandonné Cambrai. La paix fut vite signée. La France prit possession de la Bourgogne et de quelques autres provinces, devenant ainsi le royaume le plus étendu, le plus puissant et le plus riche de cette Europe que l'on s'obstinait encore à appeler Chrétienté.

La délégation italienne de la Triple Alliance s'était installée à Tours, dans les dépendances du château. Les ambassadeurs avaient déployé tant dans leurs habits que dans leur équipage tout le faste dont ils étaient capables, et leur capacité était grande. Les dons apportés au roi de France dépassaient en richesses l'apparence de ceux qui les offraient : verreries de Venise, orfèvrerie de Florence, ferronnerie de Milan... Une *Vierge à l'Enfant* de Botticelli me pinça le cœur : la Sainte Mère n'était autre que Simonetta.

Le roi les reçut le jour même de son arrivée, ne prenant pas la peine de changer ses vêtements de chasse poussiéreux, qu'il n'avait pas quittés depuis son départ de Cambrai. Il jouait à merveille de ses différentes tenues et des lieux où il donnait audience, du plus rébarbatif des châteaux forts à la plus misérable cabane au fond des bois. De cette façon, il déroutait ses interlocuteurs et pouvait les manier à sa guise. Ainsi, le lendemain de cette première rencontre, il se tenait en majesté dans la salle du trône, couronne sur la tête, vêtu d'un manteau d'hermine brodé de fleurs de lys.

Mais la veille, botté et crotté, bonhomme et familier, il avait salué chaque diplomate, en l'appelant par son nom.

Devant mon oncle, il fit mine de s'enquérir s'il était de la famille « d'un jeune homme remarquable que je compte parmi mes amis ». Piero Vespucci fut aux anges ; je l'étais beaucoup moins, désabusé déjà, trop lucide, trop tourmenté par le doute. Pour l'oncle Piero, une brillante carrière s'ouvrait devant moi à la cour de France, celle dont il aurait rêvé jadis pour son fils Marco.

Enchanté par le compliment de Louis XI, mon oncle me laissa libre de mon temps, persuadé que mes fréquentes absences s'expliquaient par des missions secrètes que m'aurait confiées le roi. Je ne le contredisais pas, au contraire, et j'avoue lui avoir parfois quelque peu menti à propos de mes voyages à Paris. Je m'y rendais avec Gil de La Perrinette, à qui la faveur du roi permettait à lui aussi d'aller plus ou moins à sa guise : il était, grâce à mon intervention, chargé de la sécurité de la délégation de Florence. Pour ma part, je lui donnais en plaisantant le titre de « guide et conseiller des menus et grands plaisirs parisiens du signore Amerigo Vespucci, représentant de la République de Florence auprès des tavernes, auberges et bordels de la ville la plus sale, la plus désordonnée, mais aussi la plus joyeuse et la plus libre de l'univers ». Oh, là, là, comme disent les Français, si je commence à évoquer mes souvenirs parisiens, je suis encore loin d'atteindre les rives du Nouveau Monde !

Grâce à un laissez-passer, je pus pénétrer dans le Louvre et fouiner dans la bibliothèque royale, sous haute surveillance toutefois. J'y consultais atlas et portulans de la fameuse école juive de Majorque, ainsi que des récits de voyages, comme celui du Dieppois Béthencourt, qui redécouvrit, après le Carthaginois Hannon et Lancelot de Mancelle, les îles Fortunées, les Canaries.

Je me trouvais finalement satisfait de mon sort, dans cette cour de France, qui vagabondait de château en château tout au long de la Loire, sans oublier mes studieuses et turbulentes escapades parisiennes. L'Italie était déjà très à la mode dans l'entourage du trône, et nous étions nombreux,

Florentins, Vénitiens, Milanais, à être l'objet de l'attention du vieux roi et de ses proches, non seulement comme diplomates, mais aussi comme architectes, astrologues, mathématiciens. Je fis part à mon oncle de mon désir de me mettre au service du roi de France, quand l'ambassade extraordinaire rentrerait au pays, afin de le faire bénéficier de mes connaissances cosmographiques.

Nous étions quelques-uns, parmi ceux qu'on surnommait « les Lombards », même si certains d'entre nous étaient juifs d'Aragon, de Castille ou des Flandres impériales, à être appelés parfois auprès du monarque pour lui apporter nos lumières. Louis, en effet, souhaitait dresser les cartes de ces immenses littoraux tant méridionaux que ponantins, qu'il avait acquis peu à peu. La constitution d'une flotte et le renforcement des ports en Méditerranée lui permettraient de mieux protéger sa chère Italie contre les barbaresques, les Ottomans, et les menées aragonaises. Du côté de la mer océane, en procédant de la même manière, il s'imposerait définitivement face à une Angleterre en proie à des guerres intestines, qu'il alimentait. Enfin il réduirait le dernier de ses grands vassaux à lui tenir tête, le duc de Bretagne.

Le roi de France s'intéressait également de très près à l'entreprise du royaume de Portugal qui, tournant le dos aux affaires de la Chrétienté, avait pris possession des archipels de Madère et des Açores. Les caravelles de Lisbonne exploraient désormais systématiquement les côtes africaines, toujours plus au sud. Leurs marins avaient pénétré très avant dans ce qu'ils croyaient être le passage vers les Indes aux épices, mais n'était qu'un golfe géant au fond duquel, pensaient-ils, se nichait la Guinée, le royaume de l'or. Outre le précieux métal, se déversaient sur les quais de Lisbonne d'autres richesses, qui étaient loin de laisser indifférentes les banques florentines, génoises et vénitiennes, ainsi que leur protecteur et débiteur : le roi de France. Comment le disciple de Toscanelli, secrétaire d'ambassade auprès de Louis XI, aurait-il pu se tenir à l'écart de la grande partie qui allait se jouer ? Partie dont portulans, sphères armillaires, longitudes et latitudes, cartes du ciel, astrolabes seraient des pièces majeures sur l'échiquier infini des mers.

Durant de longs mois, je participais à une mission d'arpentage et de relevé des côtes françaises qui me mena d'Antibes à Collioure, de Hendaye à Noirmoutier, et du mont Saint-Michel jusqu'au pied des murailles de Calais, dernière possession anglaise sur le continent. Cette expédition considérable, dirigée en principe par un amiral de France, plus ou moins cousin du roi, et qui n'avait jamais mis les pieds sur le pont d'un bateau, était en pratique commandée par un certain capitaine Gil de La Perrinette, promu pour l'occasion seigneur des Gassotières et chanoine d'un prieuré de Meudon dont il se contentait de toucher les bénéfices. Ce fut une année aussi harassante qu'exaltante, ponctuée par quelques joyeux intermèdes. J'en revins la tête pleine de projets mirifiques qui aideraient à la gloire de ma nouvelle patrie. Il fut aussi question pour moi de fiançailles avec une jeune veuve de petite noblesse, suivante de la fille aînée du roi.

Ce soir-là, à Paris, mes compagnons de voyage et moi fêtions comme il se devait la fin de notre mission, nous désolant de devoir nous séparer après tant de temps partagé. Je leur proposai alors de nous constituer en une académie royale de mathématiques, de physique et de cosmographie de France, sur le modèle de celles qui existaient déjà dans certaines universités et cités libres impériales. Mes commensaux me demandèrent de proposer ce projet au roi.

Le lendemain soir, j'étais à Tours. J'y appris la mort de mon père. Mon oncle Piero était déjà reparti pour Florence. Dans une autre lettre, arrivée la veille, mon plus jeune frère Bernardo et ma sœur me suppliaient de revenir. Notre mère n'avait pas attendu que son époux eût fermé les yeux avant de nous spolier tous au seul profit de son fils préféré, Girolamo. Notre autre frère, Antonio, tuteur du fils de Simonetta, se désintéressait de la question, se contentant de faire prospérer, à Bruges, son propre négoce de draps. Qu'ils se débrouillent entre eux, songeai-je, je ne suis plus de leur monde ! Malgré l'amour, non payé de retour il est vrai, que j'avais porté à mon père, je ne ressentis pas ce qu'on pourrait appeler du chagrin. Et même, j'étais soulagé, tel un prisonnier libre de ses chaînes.

Un laquais de l'ambassade m'annonça qu'un soldat écossais de la garde royale m'attendait à l'entrée pour m'accompagner auprès de Sa Majesté. Cela faisait moins d'une heure que je venais d'arriver de Paris, où j'avais passé quelques nuits fort agitées. Je n'avais qu'une envie, dormir, après avoir ingurgité un potage et un quignon de pain. Qu'avait donc Louis XI de si urgent à me dire aussi tard dans la soirée ?

Dans sa chambre, le roi était affalé dans un fauteuil en proie à une crise de goutte à ce point douloureuse qu'elle donnait à son visage livide et suant l'aspect d'un moribond. Sa jambe nue enflée et violacée était posée sur une pile de gros coussins ; son chirurgien-barbier, Olivier Le Daim, la pansait.

— Amerigo, mon enfant, murmura-t-il d'une voix chevrotante, que je suis désolé de te faire venir alors que tu préférerais pleurer sur le deuil qui te frappe, et prier le Seigneur qu'Il veuille accueillir en Son sein ton digne homme de père.

Je connaissais trop ses malignités d'histrion. Cette fois, il jouait son rôle sur le mode de la vieille aïeule au bord du tombeau et qui sait ce que la mort veut dire. Mais tu ne me berneras pas une fois de plus, vieux Louis, et je n'irai pas pleurnicher dans ton giron. Je lui fis une profonde révérence et m'assis sur le tabouret qu'il me désignait. L'envie me démangeait de souffleter la face joufflue et perpétuellement sarcastique du barbier. J'ai toujours pensé qu'Olivier Le Daim n'était qu'un sot qui se croyait très rusé, persuadé d'être au centre des choses, bien qu'il ne fût jamais qu'un pantin manipulé par son maître. Louis XI poussa un gros soupir, puis se mordit les lèvres. Sa douleur, elle, n'était pas feinte. Il y eut un silence, qu'il brisa enfin de sa voix ferme et familière, celle que j'aimais le plus.

— Quand comptes-tu partir pour Florence, t'incliner devant la dépouille de ton père ? demanda-t-il.

— Je n'en vois pas la nécessité, sire, répondis-je. Laissons les morts enterrer les morts, dit l'Évangile. Mon seul désir est de servir Votre Majesté et qu'Elle me compte désormais parmi ses plus dévoués sujets.

Il me lança un de ces regards vertigineux, tout à la fois rieurs et profonds dont il avait le secret.

— Émeric de Vespouchy ! Pardieu ! Voilà qui sonnerait diablement « France éternelle », mon compaing. Et je connais plus d'un scribe qui, à ma demande, pourrait bien te faire remonter, tel un pic-vert, tout le long d'un arbre généalogique fort touffu ; remonter ou plutôt descendre jusqu'à ses racines, tel un écureuil ou un taret, jusqu'à Priam de Troie, par exemple. À moins que Tarquin l'Ancien te suffise.

Quand il accablait ainsi son interlocuteur de sarcasmes, il fallait s'attendre au pire. Il poursuivit, tranchant et autoritaire :

— Assez plaisanté. Tu repars au plus tôt en Toscane, Amerigo. Je sais qu'on t'a déjà spolié de ta part d'héritage et qu'il serait vain d'essayer de la récupérer. J'ai appris aussi que les Vespucci ne sont pas les seuls, à Florence, à se débattre dans ce genre de litiges. Par exemple, dans la maison Médicis, deux cousins de Laurent... Comment s'appellent-ils déjà ?

— Lorenzo et Jean, répliquai-je, alors que la question était posée au barbier. Je leur ai enseigné les mathématiques et la cosmographie.

— ... Et en belle compagnie, puisque Ficin et Politien

furent également leurs professeurs. Que j'aimerais de tels maîtres pour mon fils Charles.

N'ayant aucune envie de quitter la France, je bondis sur l'occasion.

— Servir Monseigneur le Dauphin serait pour moi le comble de la félicité !

Le vieux chat eut un fin sourire qui lui plissa les yeux : il en avait fini de jouer avec la souris que j'étais.

— Je veux à tout prix éviter un conflit au sein de la maison Médicis, qui aurait des conséquences catastrophiques non seulement pour la Toscane, mais également pour ma politique italienne. Dans la lettre que tu remettras à Laurent, je lui demande comme un service d'envoyer auprès de moi ses deux pupilles en les nommant ambassadeurs extraordinaires de la République de Florence. Un peu de fraîcheur ne fera pas de mal à la vieille cour de France. Rassure-toi, je ne t'ai pas oublié, mon ami. Je te recommande auprès de Laurent pour que tu deviennes l'intendant des biens de ces deux jeunes gens en leur absence. Cesse de grimacer comme ça, Amerigo ! Tu ne feras jamais un bon diplomate : on lit ton âme à livre ouvert sur ton visage. Je te promets que le Magnifique a oublié tes sottises de jeunesse. Et je t'affirme que tu n'auras pas à commettre la moindre indélicatesse à l'encontre de tes anciens élèves. Si mon cher Laurent commet quelque chose de déplaisant à leur égard ou au tien, n'hésite pas à m'en informer. J'aurai toujours plaisir à te lire.

Intendant des biens de Lorenzo et Jean ! Déjà, l'oncle chanoine avait eu ce projet pour moi, jadis. Ma vie tournait en rond. Pas besoin d'être un grand financier pour comprendre que le roi me demandait de gérer leur fortune dans les seuls intérêts de la France, tandis que lui les tiendrait sous sa coupe, ambassadeurs ou pas. Je lui demandai alors quand je devrais partir, le suppliant de me laisser un délai, ne serait-ce que pour mettre noir sur blanc mes travaux d'arpentage des littoraux du royaume. Il entra dans une grande colère, qui n'était peut-être pas jouée.

— Monsieur, vous enverrez tout cela de Florence à mes services. Que croyez-vous donc, vous autres, Italiens ? Que la France et la Moscovie, c'est du pareil au même ? Qu'il n'y a pas, dans mon royaume, un seul homme capable de comprendre tes chiffres et tes cartes ? Vous pensez-vous encore dans l'Empire romain d'Augustule, à appeler ainsi au secours le chef de tribu franc, Ludovic, pour ricaner de lui et de ses mœurs barbares une fois qu'il vous aura sauvés ?

Puis d'un coup, il se radoucit, me prit la main et me dit sur le ton grondeur, mais plein de tendresse enfouie d'un vieil aïeul délivrant ses ultimes conseils :

— Quand on est comme moi, malade et perclus, au bord du tombeau, mon fils, on retrouve les impatiences capricieuses de la prime enfance. Prends une petite semaine de repos avant de partir. Au fond, tu as raison, tout cela ne presse pas. Mais écoute d'abord mes avis. Tu ne t'en vas pas d'ici comme tu y es venu. Tu es désormais porteur d'une mission du roi de France auprès de la République de Florence. Ce n'est pas rien. Tu dois arrêter de te comporter comme un cadet écervelé. D'ailleurs, tu n'en as plus l'âge et si tu continues ainsi, tu deviendras bien vite ridicule. De retour dans ton pays, marie-toi, avec un bon parti à qui tu feras une foule d'enfants, afin que l'on respecte le grand intendant de la maison Médicis. Pour le reste, mène ta vie comme tu l'entends, collectionne les maîtresses, mais discrètement. Retourne chez toi en grand équipage. Une belle escorte de cavaliers français. Tiens... Par exemple, je veux bien, pour toi, distraire de mon service le très présentable capitaine de La Cheminette...

— De La Perrinette, Majesté, c'est votre serviteur le plus loyal.

— ... Et surtout, surtout, prends un secrétaire. Un homme discret, intelligent, obéissant. Tous tes solliciteurs croiront qu'ils n'obtiendront rien de toi sans avoir ses faveurs. N'est-ce pas, Olivier ?

Le barbier l'approuva en silence. Je baisai la main plissée, veineuse et tavelée du vieux monarque, pris le message destiné au Magnifique, ainsi qu'une bourse très lourde et quelques lettres de change, pour mon voyage.

De retour dans les dépendances du château qui faisaient office d'ambassade pour les représentants des diverses cités italiennes, je tombai nez à nez avec un jeune homme que je connaissais bien : Alberto Cantino, le messager de Laurent que j'avais remplacé après sa chute de cheval, au col du Petit-Saint-Bernard. Il vendait ses pauvres services de commissionnaire ou d'espion à l'une ou l'autre des délégations, la plus offrante si possible. Jusqu'à présent, il m'avait évité, persuadé que j'étais à l'origine de l'éviction de son père à la tête de la succursale lyonnaise des Médicis, et à sa propre misère, ce qui n'était pas le cas. Ce malentendu me peinait. Je l'interpellai alors qu'il s'apprêtait à me fuir, une nouvelle fois.

— Cantino, j'ai besoin de toi.

Il se retourna et me lança un regard sournois. Puis il s'inclina avec une déférence hypocrite. Je lui posai la main sur l'épaule.

— Voudrais-tu devenir mon secrétaire ?

Les dix années que je vécus comme intendant au service de la branche cadette des Médicis furent des plus agréables pour moi, et seraient donc des plus fastidieuses à écrire et à lire. Ce fut aussi la décennie où Florence connut son apogée sous le gouvernement sans partage de Laurent le Magnifique, une fois ses plus puissants ennemis politiques et ses plus riches concurrents financiers éliminés. Les peuples heureux n'ont pas d'histoire, dit-on. J'étais un homme sinon heureux, du moins apaisé.

Avec la mort de mon père, la *gens* Vespucci se disloqua, chacun pour soi, et ma foi, dans ma nouvelle fonction, je ne fus pas le plus mal loti. J'accomplis toutefois ce que je croyais être mon devoir, en trouvant une place honorable à mon plus jeune frère et en mariant ma sœur à un beau parti, grâce au prestige que me valait l'amitié du roi de France. Quant à ma louve de mère et à son rejeton favori, couple infernal, ils ne furent pas longs à sombrer ; ils n'eurent même pas besoin de mon aide pour cela.

Louis XI mourut quelques mois après mon retour. Je ne le pleurais pas, malgré toute l'admiration que je lui vouais. J'avais été fasciné par lui comme le chevreau par le fauve qui s'approche. Sa fille aînée, Anne de Beaujeu, qui avait pris la régence en attendant la majorité de Charles VIII, eut d'autres préoccupations que la question italienne. Elle devait affronter la haute noblesse de France qui croyait tenir sa revanche. De son côté, Laurent le Magnifique fut soulagé de la mort de son ennemi, le pape Sixte IV. Il fit élire à sa place, à prix d'or, le cardinal Cybo, que j'avais jadis rencontré à Rome, et qui était un des plus gros débiteurs des banques florentines. Innocent VIII se montra tout aussi corrompu et taré que son prédécesseur, mais au moins, les premières années de son pontificat, l'Italie connut une de ses rares périodes de paix.

Quand il fut de retour de France, Lorenzo il Popolano me laissa toute latitude de mener ses affaires à ma guise. Il n'eut pas à se repentir de sa confiance. Ma charge n'était pas trop prenante et me permettait de fréquenter des gens remarquables, Pic de La Mirandole, le Politien, Léonard, Botticelli, bien sûr, et bien d'autres. Je n'eus aucun mal à convaincre mon patron de fonder, en son nom, un observatoire astronomique imité de celui de Regiomontanus, en haut d'une tour de la rive droite. J'y ouvris en dessous un atelier de cartographie. Un autre agrément de mon métier d'intendant était que je me rendais souvent à l'étranger, pour rappeler leurs devoirs aux facteurs de nos comptoirs, et les aider à redresser une situation délicate.

Au début de l'automne 1491, le Magnifique tomba gravement malade. Sans attendre sa fin, qui ne devait survenir que huit mois plus tard, les appétits s'aiguisèrent. Son successeur désigné était son fils Pierre, un jeune homme de vingt ans, qu'on surnommera « l'Infortuné », mais qui n'aurait pas démérité qu'on l'appelât « l'Imbécile ». Mes patrons, Lorenzo et Jean, face à un cousin aussi falot qu'arrogant, estimaient qu'ils avaient toutes leurs chances de prendre le pouvoir, avec le soutien d'un peuple gardant le souvenir nostalgique du bon vieux temps où les frères Julien et Laurent faisaient de Florence une fête. Mais le peuple, depuis, avait déchanté : la richesse n'était plus concentrée que dans quelques mains, celles des Médicis, et la misère étendue sur le plus grand nombre. Pour bien se démarquer de la branche aînée du *Magnifico*, Lorenzo, mon ancien élève, prit le sobriquet de *Popolano*, le Populaire. Ce n'était pas suffisant pour complaire à celui qui avait désormais la faveur de la foule : le moine Savonarole.

Il me serait facile de jouer ici au devin à rebours, à la cassandre du passé. Malgré ma bonne connaissance du mouvement des planètes, ou peut-être grâce à elle, je n'ai jamais cru que l'observation du ciel me permettrait d'y lire l'avenir des hommes et des nations. Et je me suis toujours refusé à abuser de mon savoir pour bénéficier de la crédulité de mes contemporains, à commencer par celle du roi de France, qui avait lui aussi ce genre de superstitions. Aucun de ces charlatans, à l'époque, n'avait prévu ce qui allait arriver : la longue agonie de Laurent, le lamentable gouvernement de son fils, l'invasion des troupes françaises, la prise de pouvoir de Savonarole. De ce dernier, je n'avais jamais fait grand cas, le trouvant aussi grotesque que répugnant. Même la Pythie de Delphes n'aurait pu prédire qu'il bouleverserait aussi profondément la destinée de la Seigneurie. Certes, dans ses prêches, il proférait parfois de troublantes prophéties. Visions d'illuminé ou délire fiévreux de fanatique ? Tout dépend de la façon dont on les interprète...

En tout cas, il n'était pas besoin d'être Isaïe ou Ézéchiel pour deviner que la succession de Laurent le Magnifique ne se passerait pas dans la douceur, si celui-ci venait à mourir dans les prochains mois. Il ne m'était pas nécessaire non plus de dresser mon horoscope pour comprendre que l'affrontement entre le Popolano et le fils du Magnifique, quel qu'en serait le vainqueur, aurait parmi ses premières victimes l'obscur intendant qui savait trop de choses sur l'un et l'autre. Je prétextai une affaire importante à régler dans notre succursale de Séville pour m'éloigner prudemment et voir venir. On pourrait m'accuser de lâcheté, mais ces querelles d'intérêts au sein de la famille Médicis valaient-elles que j'encourusse le martyre ?

Début octobre 1491, j'embarquai à Livourne à bord d'un convoi de navires marchands solidement armé, qui cabotait lentement de Naples à Barcelone, pour se préserver des pirates. Nous ne risquions rien, en revanche, du royaume maure de Grenade, que les armées castillanes et aragonaises assiégeaient. À bord d'une galère en partance de Valence, je longeai cette dernière enclave musulmane dans la Chrétienté. Ses rivages étaient cernés par une impressionnante armada espagnole. Puis, je débarquai sur les quais de Séville. Je connus, dans la suite de mon existence, des navigations un peu plus animées que celle-là.

Le commis de la succursale andalouse que je voulais rencontrer n'était autre que l'ancien page de Julien qui s'était cassé la jambe dans le col du Petit-Saint-Bernard et dont j'avais fait plus tard mon secrétaire. J'avais nommé Alberto Cantino à cette place, quand je l'avais estimé assez mûr pour cela. Je n'avais aucune affection pour lui. Mais je me sentais en partie responsable de la chute de son père. Quand j'avais rédigé, jadis, mon rapport au Conseil sur mon voyage en France, je m'étais contenté, en trois mots, d'évoquer le mauvais accueil que m'avait fait le commis lyonnais. Cela suffit à alerter les inspecteurs de la maison Médicis qui mirent au jour ses malversations et le renvoyèrent.

Les reproches que j'avais à faire à son fils n'étaient pas de cette sorte. Pour des raisons que je comptais bien éclaircir, Cantino s'était acoquiné avec un certain Juanoto Berardi sur lequel il ne tarissait pas d'éloges, qu'il disait armateur et florentin. Jamais je n'avais entendu ce nom auparavant et je subodorais que le naïf jeune homme – Alberto avait quand même près de trente ans, mais j'en avais huit de plus – s'était laissé subjuguer par un escroc. Dans une de ses lettres, il m'avait informé de son intention de participer à l'armement d'une flotte castillane, qui prétendait rejoindre les Indes en partant vers l'ouest, traversant ainsi la mer Ténébreuse. Mes connaissances dans ce domaine me faisaient juger l'entreprise absurde et irréalisable. De plus, quatre ans plus tôt, le monde avait appris que le navigateur portugais Bartolomeu Dias avait doublé, à l'extrême sud de l'Afrique, un cap baptisé de Bonne-Espérance derrière lequel s'étendait la mer de l'Inde. Bientôt, selon toute vraisemblance, les caravelles de Jean II de Portugal ouvriraient, vers l'est, la route des épices.

Je pénétrai dans une triste bâtisse aujourd'hui disparue pour laisser la place à la Casa de Contratación. Même si ce voyage n'était qu'un prétexte, j'avais la ferme intention de redresser les comptes de cette factorerie dont j'avais la responsabilité et de nettoyer les écuries d'Augias. Alberto Cantino avait usé avec bien trop de légèreté des fonds que j'avais mis à sa disposition. Tel père, tel fils, ne pouvais-je m'empêcher de songer.

À l'entrée, en guise d'huissier, un vieil homme somnolait, aussi poussiéreux que ce sombre vestibule. Il ne leva même pas sa tête maigre posée dans ses mains, et sursauta à peine quand je lui demandai de m'annoncer à Cantino. Il se contenta de maugréer en chevrotant :

— Qui ça ? Cantino, vous dites ? Ça fait bien longtemps qu'on ne l'a pas vu, cet homme-là. Depuis un bon mois. Oui... c'est cela, un mois. Il partait en voyage. Et il a fallu que mon fils, qui travaille aussi ici, lui serre un peu la gorge avant qu'il consente à nous verser la moitié de nos gages. Ensuite, adieu, señor Cantino. C'est vous qui le remplacez ?

Je dus me lancer dans de longues explications, malgré un castillan que je ne maîtrisais pas encore parfaitement, avant que le bonhomme consentît à confier les clés des appartements du dessus à mon domestique, et à moi, celles des bureaux. Tout y était parfaitement en ordre. Deux enveloppes étaient posées en évidence sur la table de travail. La première était ouverte. C'était la lettre envoyée deux mois auparavant où j'annonçais mon arrivée. La seconde, cachetée, m'était adressée. Cantino m'y expliquait, de façon très embrouillée, qu'il avait dû entreprendre un voyage à Burgos, où un convoi de laine destiné à Florence était bloqué : nos fournisseurs exigeaient des avances de fonds supplémentaires. Une fois cette affaire réglée, il se rendrait à Lisbonne ; il avait entendu parler d'un arrivage d'ivoire dont il pourrait obtenir un bon prix. Il ajoutait en post-scriptum : *Méfiez-vous de Juanoto Berardi.* Ce salmigondis me parut être celui d'un homme pris de panique. Il avait dû se lancer dans des affaires hasardeuses, manipulé par des aigrefins et quand il avait appris que je viendrais inspecter ses registres, il s'affola. Au bout d'une journée de recherches attentives, je m'aperçus que la situation n'était pas aussi catastrophique que cela. D'ailleurs, la maison Médicis avait les reins assez solides pour combler les trous que Cantino y avait laissés. Après m'être ainsi rassuré, je réunis les employés, quatre personnes seulement, dont le vieil huissier, son fils, un Vénitien à l'emploi mal défini et un comptable catalan. Je leur payais leurs arriérés grâce aux liquidités que j'avais apportées. Entre les florins que je leur distribuais et leurs maravédis ordinaires, ils furent loin d'être perdants.

La factorerie de la branche cadette des Médicis à Séville avait toujours été d'un médiocre rendement, se contentant de la laine et du blé venus de Vieille-Castille, exportés par nos soins en Toscane. Certes, la stratégie financière de la banque était d'être présente dans le plus de places possible, mais les temps avaient changé. Plusieurs succursales de faible intérêt avaient été fermées. Je n'excluais pas l'idée d'abandonner celle-ci également afin d'aller renforcer celle de Lisbonne, plutôt négligée, malgré l'essor formidable du Portugal depuis une décennie. Mais avant d'en décider il me fallait attendre pour savoir quelle tournure prendraient les événements à Florence si le Magnifique ne se rétablissait pas et venait à disparaître.

Durant le mois de décembre, plongé dans les registres, je

tâchai d'élucider ce que j'appelais « l'affaire Juanoto Berardi ». Elle n'avait rien de grave, car Cantino y avait investi des sommes dérisoires. Il s'agissait de participer à l'armement d'une flottille de trois unités qui partiraient de l'avant-port de Séville, vers l'ouest, et prétendait toucher les Indes, plus précisément le Cathay, en à peine trois semaines. L'auteur de ce projet, un marin génois, s'était vu débouté par la fameuse « junte des mathématiciens » de Lisbonne, une académie de cosmographie, véritable maître d'œuvre de la prodigieuse avancée des navigateurs portugais le long des côtes africaines et la découverte du passage vers la mer de l'Inde. Je ne fus pas long à comprendre le refus de la junte : les quelques données cosmographiques ainsi que les auteurs auxquels le dénommé Christophe Colomb se référait pour étayer son projet étaient de la plus haute fantaisie, le tout entrelardé d'hypothèses et de spéculations dignes d'un poète ou d'un charlatan. Je classai le dossier.

Le cas de Juanoto Berardi m'intéressait bien davantage. Pour me renseigner sur lui, j'écartai le vieil huissier et son fils, ces deux perpétuels rouspéteurs, pourtant au courant de tout ce qui se passait à Séville. Je ne demandai rien non plus au Vénitien, dont je me méfiais, par préjugé de Florentin. Ne me restait plus que le comptable catalan. Il avait une bonne tête et ses livres étaient impeccables. Jaime de Majorque, c'était son nom, me traça un portrait sans fioriture du personnage : Juanoto Berardi était arrivé du Portugal une dizaine d'années auparavant. Sa maison de commerce familiale était depuis bien longtemps à Lisbonne, où elle s'était enrichie dans le négoce du sucre de Madère et des esclaves africains. Juanoto avait ouvert une succursale, avait épousé la fille d'un armateur local afin d'acquérir la nationalité castillane. Pour l'heure, il avait rejoint sous les murs de Grenade les armées de la reine Isabelle de Castille et de son mari Ferdinand d'Aragon. Quand le royaume maure tomberait, ce qui ne saurait tarder, les bénéfices qu'il en tirerait seraient énormes. Il était donc largement solvable, et même au-delà. Il me paraissait donc fort étrange qu'il eût entraîné Cantino dans cette fumeuse affaire d'expédition de recherche des Indes par l'ouest. Dès lors, je subodorais que derrière tout cela se cachait ce que j'avais fui en quittant Florence : la querelle interne aux Médicis.

Le 2 janvier 1492, trois mois après mon arrivée, Grenade tomba. Toute l'Ibérie devenait chrétienne après huit siècles de présence des adeptes de Mahomet. J'aurais dû écrire, pour complaire à l'Inquisition : « redevenait chrétienne », mais, il y a huit cents ans, l'Hispanie des Wisigoths l'était-elle vraiment ?

Une semaine plus tard, Juanoto Berardi se faisait annoncer et me demandait de le recevoir. Un grand et gros homme entra, le visage rougeaud dévoré par une large et longue barbe en éventail, à la mode portugaise.

— Monsieur Berardi, je suis heureux de vous rencontrer enfin, depuis le temps qu'on me parle de vous, m'exclamai-je, non sans ironie.

— Eh bien, je dois avoir diablement vieilli pour que tu ne me reconnaisses pas, Amerigo !

Interloqué par ce ton familier, je bredouillai :

— Nous sommes-nous déjà rencontrés ?

Il éclata d'un rire tonitruant et s'effondra dans un fauteuil qui faillit se briser sous son poids.

— Un peu que nous nous sommes rencontrés ! Mais c'est plutôt ma première épouse que tu as connue.

Je cherchai dans mon passé les quelques femmes mariées que j'avais fréquentées. Pas une Berardi ne me vint en mémoire. Mon embarras et ma stupéfaction devaient être du plus haut comique. Berardi se tapait sur les cuisses et son énorme ventre faisait des vagues.

— Assieds-toi bien, mon cousin, dit-il enfin, et ne va pas t'évanouir comme une pucelle effarouchée...

Il ménageait ses effets, mais je reconnus en un éclair, à

certaines intonations de sa voix, à son regard vert d'eau derrière ses paupières bouffies, à quelques mouvements de ses mains boudinées et de ses sourcils, mon cousin Marco, le mari de Simonetta que tout le monde croyait mort, tombé, involontairement ou pas, d'une falaise de l'île d'Elbe. Derrière ce tas de graisse congestionné et velu, je revis le garçon trop fin, trop fragile, trop délicat de jadis. Je m'étonnai surtout de mon manque d'étonnement.

— Au lieu de jouer ton vieux bateleur de foire, vieux Marco, raconte-moi tes aventures post mortem. D'abord, embrassons-nous ! Enfin, si ta bedaine nous le permet.

Ce fut à mon tour de me délecter de sa stupéfaction. Nous nous levâmes, lui bien plus péniblement que moi. Sa circonférence démesurée autorisa malgré tout notre accolade. Puis, le souffle court, il se rassit et me demanda le secret le plus absolu sur son identité. J'en fis le serment ; je ne l'ai jamais brisé jusqu'à ce jour, en écrivant ces lignes. Je sonnai l'huissier et lui ordonnai qu'il nous apporte une bouteille de vin de pays pour fêter ça. Le petit vieillard obtempéra. Quand il fut sorti, Marco chuchota :

— Méfie-toi de cette fouine. C'est un familier.

— Un familier de quoi ?

— De la Sainte Inquisition, pardi ! Il va falloir que je fasse ton éducation. Sans cela, tu ne dureras pas longtemps dans ce pays.

Alors, il me conta son histoire. Son discours avait perdu toutes ses afféteries de jadis et s'était fait tranchant, parfois populacier. Sa verve n'en avait que plus de sel, quand s'y mêlaient des tournures portugaises ou castillanes. De son côté, il m'affirma que j'avais adopté « l'esprit français ». Ça semblait être un compliment.

Après que Simonetta, enceinte de moi, s'était réfugiée à Montefioralle, et que j'avais été envoyé à Rome, Marco, mis à mal par les sbires de Julien, s'était enfui à l'île d'Elbe sous prétexte d'administrer ses mines de fer. Pour un homme qui aimait tant les arts et les plaisirs, ce fut le plus sinistre des exils. Il sombra dans une terrible mélancolie et songea effectivement à mettre fin à ses jours en se jetant dans la mer du haut d'un rocher. Il se dénuda, plia soigneusement ses vêtements dans lesquels il avait glissé une lettre expliquant son geste. Puis, au dernier moment...

— J'ai eu le vertige. Drôle de chose, le vertige ! Quand on est là, tout en haut, au bord du gouffre, la tête tourne comme prise d'une mauvaise ivresse. Le vertige, c'est à la fois le désir fou de s'envoler et la peur de se fracasser en bas.

La peur fut plus forte que le désir. À la nuit tombée, il repartit, tout nu, dans sa maison, se déguisa en pèlerin et se dota d'une importante somme d'argent. Dans un discret petit port de l'île, il loua une barque à un pêcheur qui l'emmena jusqu'à Livourne. De là, il partit pour Lisbonne, où il retrouva l'une de ses anciennes connaissances, le très riche négociant Lorenzo Berardi.

— Au temps de ma prime adolescence, à Florence, Lorenzo m'avait initié à... Disons qu'il fut pour moi ce qu'on appelait dans l'ancienne Grèce mon éromène, et moi pour lui, son éraste.

Berardi avait maintenant pignon sur rue. Dans un premier temps, la venue de son ancien giton l'embarrassa. Il s'était marié à une Portugaise de vieille lignée, en avait eu quelques enfants. Mais les sentiments entre les deux hommes restaient très forts, quoique dépourvus désormais de toute sensualité. De plus, Lisbonne n'avait pas, loin s'en fallait, la tolérance florentine pour les gens de leurs mœurs. Sitôt découvert, sitôt pendu. Le vieux Berardi proposa à son ancien amant de l'adopter. C'est du moins ainsi que Marco me présenta la chose. Je n'ai pas de raison de douter de cela. Ou alors, je reste bien naïf. En trois ou quatre années, le prétendu Juanoto – il avait pris le prénom d'un enfant de son père adoptif mort en bas âge – devint un des plus habiles négociants florentins du Portugal. Dieu sait pourtant s'il y en avait ! C'est d'ailleurs à cause de cette trop grande concurrence qu'il décida de tenter l'aventure à Séville. Il épousa la fille d'un armateur du port de Palos, non loin de là, en eut deux enfants...

— Dont une fille. Elle a huit ans. Un peu de patience, et ce sera un bon parti pour toi, Rigo !

— Et ton... ton apparence, comment ? Pourquoi ?

— Tu veux dire ma bedaine ? Ça, c'est un déguisement qui est venu tout seul, mon cousin. Je n'ai pas eu besoin de me forcer. Épouse une Andalouse et tu verras !

Le soir même, je m'installai dans la belle maison de Marco, qui était plutôt celle de son épouse Juanita. Il y menait une vie de bon père de famille ; toute trace du fantasque jeune homme de jadis avait disparu. Ma seule difficulté était de ne plus l'appeler, devant les siens, par son prénom. Aussi, je ne l'appelais plus du tout. Dans le quartier où il résidait, étaient concentrés tous les établissements de commerce italiens, à l'exception, bizarrement, de celui du Popolano. Marco..., enfin Berardi, était censé représenter la branche aînée des Médicis. En réalité, il formait avec les autres Florentins une sorte d'association d'intérêts, une guilde se contentant de verser une part des bénéfices à leurs maisons mères respectives. Alberto Cantino avait tenté de se joindre à eux, mais les autres s'étaient dérobés. « Mon » commis, en effet, n'avait pas respecté les règles de discrétion et de solidarité auxquelles se tenait cette hanse florentine. Ainsi, il répétait pis que pendre de l'intendant de sa maison mère, un certain Amerigo Vespucci, un corrompu notoire qui serait notamment à la solde de la France.

— J'ignore quel tour tu lui as joué, mais cet homme-là ne te porte pas dans son cœur, me disait Marco. Méfie-toi de lui. J'ai ouï dire qu'il fricotait avec une maison vénitienne, les Ca' Da Mosto. Je n'ai pas de conseils à te donner, mais tu devrais peut-être le flanquer à la porte. En tout cas, je peux te garantir que, contrairement à ce qu'il a prétendu, il n'est pas à Lisbonne. Je l'aurais su.

J'entrai dans cette association toscane. J'y avais plus à gagner qu'à perdre. Je ne connaissais aucun des autres membres, sinon par le nom des maisons de commerce qu'ils représentaient. C'étaient des gens d'origine modeste, et naguère encore, un Vespucci, fût-il cadet, n'aurait pas frayé avec ces fils d'artisans. J'eus un peu de mal à gagner leur confiance.

Je pus vite, grâce à eux, assouvir ma curiosité sur cette histoire du marin génois se proposant d'aller chercher les Indes par la route maritime du couchant, dans laquelle mon ancien commis avait placé une somme relativement modeste.

Depuis longtemps, Castille et Portugal se disputaient les îles de la grande mer Océane. Le conflit empira quand le roi de Castille mourut. Deux princesses revendiquaient sa succession. La première était l'épouse d'Alphonse de Portugal, la seconde, Isabelle, fiancée à celui d'Aragon. La guerre éclata. Le pape intervint. Un traité fut signé stipulant que nul monarque portugais ne pourrait monter sur le trône de Castille, et vice versa. Une clause de cette paix d'Alcáçovas prétendait régler la rivalité maritime entre les deux nations, de façon inédite : le partage de l'océan. Les négociateurs tracèrent sur la carte une latitude nouvelle, qui faisait bien des détours. Au nord de cette ligne, la mer et les futures découvertes qu'on y ferait appartiendraient à la Castille, à l'exclusion des Açores et de Madère ; le sud serait possession portugaise, sauf les Canaries.

Le nouveau roi du Portugal décréta ces étendues méridionales *mare clausum,* et en interdit l'accès à tout navire étranger. Il se dota d'une nouvelle administration d'une grande efficacité, consacrée exclusivement à la navigation : la Maison de Guinée, dans laquelle travaillait la junte des mathématiciens. Longeant systématiquement, vers le sud, les côtes africaines, ses caravelles cherchaient, dans le plus grand secret, un autre Gibraltar ouvert sur la mer de l'Inde, mais l'Afrique n'en finissait pas d'en finir et le découragement commençait à se faire sentir. C'est alors que Christophe Colomb, Génois au service du Portugal, proposa d'atteindre les Indes, le Cathay, par l'ouest. Comme je l'ai écrit plus haut, il fut débouté. Il partit en quête d'autres grands de ce monde, qui voudraient bien financer son voyage. Finalement, sans rien lui promettre, Isabelle de Castille le garda auprès d'elle, ne serait-ce que pour inquiéter son voisin tant haï : Jean II de Portugal. Quatre ans après la signature du traité d'Alcáçovas, Lisbonne annonça, mais sans claironner sa victoire, que Bartolomeu Dias avait contourné l'Afrique par le sud-est. La route des épices était ouverte. Pourtant, les Portugais ne l'empruntèrent pas. Et, en ce début d'année 1492, ils ne l'avaient toujours pas empruntée. On eût cru que leurs caravelles s'étaient encalminées entre Lisbonne et Bonne-Espérance. Les négociants et financiers florentins du Portugal, avec lesquels Marco restait en affaires, commençaient à s'impatienter. Ils avaient beaucoup investi dans cette longue et patiente navigation. La découverte du passage par Dias leur avait laissé espérer qu'ils pourraient bientôt briser le monopole de Venise sur les épices acheminées jusqu'à la Sérénissime par le truchement de l'Empire ottoman. Or, ils n'avaient aucun droit de regard sur la manière de mener les navigations, qui était du seul ressort du roi Jean II, de la Maison de Guinée, et de la junte des mathématiciens. Certes, mes compatriotes en place à Lisbonne n'avaient pas à se plaindre ; ils étaient largement rentrés dans leurs frais grâce aux trésors africains, ivoire, malaguette, plantes nouvelles, esclaves, plumes d'oiseaux aux belles couleurs, richesses sur lesquelles Lisbonne ne demandait qu'un cinquième, à l'exception de l'or, dont la Couronne se réservait l'exclusivité, un de ces Toscans, Bartolomeo Marchionni, était même appelé « le roi du sucre de Madère ». Mais la politique dite du Secret, instaurée par Jean II, ne leur permettait pas de connaître les raisons de l'arrêt de l'exploration. Leurs informateurs leur avaient parlé de plusieurs naufrages au large du cap de Bonne-Espérance. D'autres que des îles riches en or et en épices auraient été découvertes au nord-ouest, mais dans la partie du monde que le traité de paix avait réservé à la Castille. Je dis Castille et Aragon au lieu d'Espagne, car si l'union des deux royaumes avait eu lieu dans les faits, Isabelle et Ferdinand prenaient bien soin de les distinguer, pour ne pas mécontenter leurs sujets respectifs.

— Quand cet hurluberlu de Colomb est venu nous demander de le soutenir à nouveau auprès de la reine Isabelle de Castille pour la réalisation de son projet, racontait Marco, nous y vîmes une bonne occasion d'endormir la chouette et de réveiller le faucon.

— Que veux-tu dire ?

— C'est une des maximes préférées de Jean de Portugal, une manière pour lui d'expliquer ses décisions parfois surprenantes : « Il est un temps pour veiller comme la chouette, et un temps pour s'élancer comme le faucon. »

— Feu Louis XI de France ne l'aurait pas reniée.

— Bref, si Colomb découvre quelque chose au couchant, le Cathay ou de simples îles, le Portugal réagira rapidement et risquera le tout pour le tout pour forcer le passage de Bonne-Espérance. Si, au contraire, il échoue, nous n'y aurons pas perdu grand-chose. Et toi, tu tombes à pic, avec ton savoir dans tous ces domaines.

— Je suis en effet assez curieux de rencontrer ce Génois...

« Assez curieux... » L'expression était faible. En vérité, je bouillais d'impatience. Ce que j'avais fini par croire n'avoir été qu'un engouement de jeunesse, et un agréable passe-temps d'homme rassis, redevint le centre de mes préoccupations, l'unique sujet de mes enthousiasmes, ma vie, ma vraie vie. Devant le monde immense et inconnu qui s'ouvrait devant moi, j'avais le sentiment d'être enfin à pied d'œuvre. Il me fallut pourtant encore ronger mon frein durant de longs mois.

Ma première décision de représentant du Popolano à Séville fut de déménager les locaux de la succursale au cœur du quartier dit « de la petite Italie », dans une coquette demeure, à la façade couverte de carreaux de céramique aux couleurs vives. Suivant les conseils de Marco, je renvoyai mon employé vénitien non sans l'avoir chaudement recommandé à la maison de commerce de son compatriote Ca' Da Mosto, qui mirait ses colonnades dans le Grand Canal et avec qui j'avais été en affaires. Je faisais montre d'un peu de malignité, car j'avais maintenant la preuve que Cantino trafiquait avec eux. Je me serais bien débarrassé également du vieil huissier et de son fils, mais Marco, toujours lui, me prévint que l'Inquisition saurait le remplacer par un autre de ses « familiers », pire peut-être. Aussi envoyai-je le fils garder nos entrepôts sur les quais du Guadalquivir, et le vieux au grenier pour s'y charger des archives. Il redevint poussière. J'engageai un jeune Andalou jovial qui savait toujours trouver le mot plaisant pour le client attendant d'être reçu. En guise de gardes, devant le porche, je pris à Marco deux Africains bien noirs issus d'une cargaison achetée par ses soins au port portugais de Lagos. Je les fis habiller de turbans, de culottes bouffantes et les armai de cimeterres en carton, du plus heureux effet. Mon opinion sur le trafic d'esclaves changera quelques années après. Pour l'heure, j'étais aussi indifférent que mes collègues au sort de ces malheureux. Je me souciais seulement de ce qu'ils rapportaient.

Ne restait donc du personnel ayant servi Cantino que le comptable, Jaime de Majorque. Discret, timide, ce Catalan d'une trentaine d'années accomplissait son travail avec une efficacité remarquable, et je me disais qu'un jour je pourrais bien en faire mon adjoint avant de lui confier « la boutique », pour ne m'occuper que de ce qui m'intéressait ou m'amusait. Ça ne faisait que cinq mois que j'avais débarqué et j'avais déjà pris ma décision de rester à demeure en

Castille. J'écrivis au Popolano pour lui en faire part et lui proposer un successeur à la maison mère.

Au début avril, mon comptable demanda à me voir, ce que j'acceptais volontiers. J'avais d'ailleurs avec lui de nombreuses séances de travail et je trouvais cette démarche protocolaire un peu bizarre, ma porte lui étant toujours ouverte. Il entra, rougissant, les yeux baissés, et ne s'assit que d'un coin de fesse sur le fauteuil que je lui offrais.

— Eh bien, Jaime, que me vaut l'honneur de votre visite ?

J'avais raclé la jota de son prénom avec délectation.

— Monsieur... Je désire quitter votre service.

— Ah bah ! Quel dommage ! Ne suis-je donc pas un patron selon vos goûts ? N'ai-je pas augmenté suffisamment vos émoluments ?

— Oh, non, monsieur, ce n'est pas cela ! Vous avez été avec moi d'une trop grande bonté. C'est que...

Il prit une profonde aspiration, tel un pêcheur de corail avant de plonger dans les abysses, puis il cria presque, avec une étrange violence :

— Je suis juif !

— Qu'est-ce que ça peut me foutre ? répondis-je sans réfléchir. Tu prierais Jupiter Capitolin ou Moloch, ce serait du pareil au même. Tu es un honnête homme, tu travailles bien... Alors... juif, mahométan...

Puis, je me souvins qu'une semaine auparavant, à Grenade, la reine de Castille et le roi d'Aragon avaient publié un décret donnant aux juifs un délai de quatre mois pour choisir entre la conversion au christianisme et l'expulsion hors d'Espagne. Le membre de la guilde des Florentins de Séville qui nous en avait informés, Donato Nicoli, nous avait suggéré qu'il y avait là de juteux bénéfices en perspective. Obligés de fuir au plus vite, ceux qui refuseraient de se convertir seraient contraints de brader leurs biens en catastrophe. Marco, ou plutôt Juanoto Berardi, le plus riche d'entre nous, donc le chef de notre groupe, nous demanda de ne surtout pas nous mêler de cela. Il ne s'agissait pas chez lui d'un quelconque principe moral, vertu qui ne l'avait jamais étouffé, mais d'intérêt bien compris. Dans l'écheveau du commerce maritime entre la hanse nordique, l'Angleterre, le Portugal, Séville et l'Italie, les juifs étaient encore des partenaires solides. Tenter de profiter de leur mauvaise situation actuelle pour les flouer pouvait bien nous mener nous-mêmes au désastre financier. D'ailleurs, la ligne de conduite des Florentins de Séville devait être de ne jamais se mêler des affaires religieuses et politiques locales. Mais maintenant, mon comptable me regardait avec des yeux implorants comme si j'étais son sauveur. Je poursuivis :

— Pardonnez mon indiscrétion, Jaime, mais vous ne me semblez pas être un zélote acharné de votre foi. Je ne vois même pas cousue sur vos habits cette rouelle couleur sang que doivent porter tous vos coreligionnaires.

Il rougit plus encore. On aurait dit que je l'avais accusé du pire des crimes. Puis il murmura comme à confesse :

— À Barcelone, ma ville natale, mes parents avaient dû se convertir, changer de nom et me baptiser pour me garder auprès d'eux. Mais quelqu'un, le charcutier du quartier, dit-on, les dénonça auprès de l'Inquisition, les accusant de pratiquer en secret nos rites alimentaires. Ils furent arrêtés. J'avais dix-huit ans ; je quittai la Catalogne pour Séville où je fus recueilli par d'autres nouveaux-chrétiens. La populace nous appelle *marranes*, « cochons », nous soupçonnant de persévérer dans le respect des lois de Moïse.

Je n'osai lui demander si c'était le cas. Et je ne voyais pas encore comment je pouvais l'aider. Après tout, puisqu'il était chrétien, il s'affolait peut-être pour rien. Mais j'étais la personne la moins compétente pour en juger, ayant toujours eu, dans le domaine religieux, une position, disons, désinvolte. Toutefois, une chose m'intriguait.

— Répondez-moi si vous le voulez... Jaime de Majorque. Ce nom m'évoque un vague souvenir, mais quoi ?

— Mes parents n'ont pas fait preuve d'une grande imagination en l'adoptant. Il s'agit simplement de l'île des Baléares dont ma famille est originaire.

— J'y suis ! Jaime de Majorque ! Le Juif aux Boussoles, celui-là même qui réalisa, il y a de cela un siècle avec son père Abraham Cresques, cet extraordinaire « atlas catalan » que j'ai consulté à Paris. Avez-vous avec eux quelque parenté ?

Mon enthousiasme le détendit un peu.

— Il s'agit de mon bisaïeul et d'un grand-oncle. Mais ils sont morts depuis bien longtemps et cette longue tradition familiale de la cartographie a disparu avec eux. J'aurais peut-être un lointain cousin qui, à Lisbonne, serait médecin du roi et s'occuperait également des choses de la navigation, un certain José Vizinho...

Mon interlocuteur commençait à m'intéresser bien plus que pour ses qualités professionnelles. Ce José Vizinho, ou mestre Judeu, médecin et astrologue personnel de Jean II de Portugal, était surtout le principal membre de la junte des mathématiciens, l'Académie de cosmographie travaillant aux explorations des caravelles. J'assurai donc Jaime de ma protection, et lui garantis que si les choses tournaient mal, si l'Inquisition venait à s'en prendre également aux convertis, je lui trouverais un moyen de fuir, lui et les siens, vers un pays où les juifs étaient toujours les bienvenus, le Portugal, par exemple. En attendant, je mettais à sa disposition l'appartement au-dessus de notre établissement. Je n'en avais pas l'usage, me satisfaisant de l'hospitalité des Berardi. Jaime était veuf ; ses quatre enfants et lui y seraient plus en sûreté que dans le quartier juif, la *juderia*, où il s'obstinait à demeurer, malgré sa nouvelle religion.

— De cette façon, lui dis-je en plaisantant, vous n'aurez plus de mauvaises excuses pour arriver en retard au travail.

Il se jeta à mes genoux et me baisa les mains, ce qui

m'embarrassa fort. Quand il fut sorti, pas l'ombre d'un instant, je me demandai si j'avais commis une imprudence. Je n'eus pas non plus le sentiment d'avoir accompli un acte courageux de charité ou de compassion. En revanche, j'espérais que ce descendant de la prestigieuse dynastie de cartographes de Majorque me confierait un jour, en témoignage de sa reconnaissance, quelques documents ayant appartenu à ses ancêtres. Je comptais également qu'il me mette en relation avec ce lointain cousin, mestre Judeu, et donc avec la junte des mathématiciens de Lisbonne, pour qu'enfin je retrouve le seul objet d'étude que j'avais toujours aimé : la physique du monde, qui me faisait oublier les méchants animaux qui s'agitent dessus, mes frères humains.

Une semaine après cet entretien, le jovial huissier andalou entra sans frapper dans mon bureau, pour m'annoncer, plus hilare que jamais :

— Patron, il y a là un vieux juif tout barbu, tout pouilleux, qui demande à vous voir.

— Je suppose que ce monsieur a un nom...

— Abraham Navanavel ou quelque chose comme ça. Ces gens-là ne peuvent donc pas s'appeler comme tout le monde ?

— Fais-le entrer, misérable crétin. Avec tout le respect que tu devrais marquer pour chacun de nos hôtes.

Mon imposant visiteur n'avait rien d'un pouilleux, bien au contraire. Même s'il était tout de noir vêtu, c'était de soie et de velours, ce qui faisait ressortir sur son épaule sa rouelle d'écarlate, transformant ce qui aurait dû être un signe d'infamie en parure glorieuse, récompense d'un roi au plus vaillant de ses guerriers. Sa longue barbe était soigneusement peignée pour mieux mettre en valeur de sinueuses et étincelantes coulées de neige argentée. Sous le sourcil épais, l'œil étincelait d'une perpétuelle et divine colère.

— Pardonnez la grossièreté de mon huissier, monsieur,

lui dis-je en lui tendant un fauteuil. Je vous promets que les reins de cet imbécile vont vite goûter de ma canne.

— Oubliez cela, cela n'a aucune importance. Si vous saviez... Nous entendons bien pis, me dit-il d'une voix de tonnerre qui se radoucit à peine pour me demander : Êtes-vous apparenté au notaire florentin Nastagio Vespucci ?

— Je suis son fils, ou plutôt son orphelin, si tant est qu'à mon âge on puisse l'être encore.

Ce qui voulait être un mot d'esprit tomba à plat. Il poursuivit, imperturbable :

— J'ai été en correspondance avec monsieur votre père, il y a longtemps de cela. La guerre entre le Portugal et la Castille battait son plein. Une cargaison de draps anglais qui lui était destinée fut retenue dans le port portugais de Faro. Monsieur votre père me fit l'honneur de s'adresser à moi pour démêler cette affaire. Je bénéficiais en effet de la protection de Sa Majesté Alphonse de Portugal, dont la bonté pour mon peuple était sans limite. Une fois ce problème réglé, nous restâmes, feu votre père et moi, en affaires. Mon nom ne vous dit rien ? Isaac Abravanel...

Je m'excusai mille fois de mon ignorance, arguant qu'en ce temps-là je m'intéressais bien plus aux filles et au bon vin qu'à la finance et au commerce. Ces propos ne parvinrent pas non plus à lui arracher un sourire, à moins que sa barbe le dissimulât. Après cet échange de propos destinés à nous mettre en confiance tous deux, il entra dans le vif du sujet :

— On m'a dit que vous et la maison Médicis étiez prêts à aider mon peuple à fuir ce pays dont ils sont chassés.

J'eus un mouvement. Pourquoi Jaime avait-il raconté cette histoire qui ne concernait que nous deux ? Il allait m'entendre ! Abravanel le comprit et eut un geste apaisant de la main.

— Rassurez-vous, mon cher ami, votre comptable, ce renégat, ce *converso* – il cracha ces deux mots plus qu'il ne les prononçât –, n'a pas commis d'indiscrétion concernant votre geste généreux. Ce sont ses voisins de *la juderia* de Séville, fidèles à la Loi, ceux-là, qui me l'ont signalé. Par ailleurs, un de vos associés, Donato Nicoli, m'a proposé, mais à des conditions inacceptables, d'emmener mon peuple loin de Pharaon. Alors, entre vous, le juste parmi les nations, moi, le guide, et Nicoli, prêtre du Veau d'or, nous pourrions trouver un terrain d'entente...

Ma parole, il se prenait pour Moïse ! Après cet entretien, Jaime me donna quelques éclaircissements sur ce majestueux personnage. Ce qui me permettra de m'apercevoir que mon comptable avait autant de tourments métaphysiques que moi, c'est-à-dire très peu. Un peu plus peut-être, car celui qui deviendra par la suite un ami oscillera longtemps entre la foi de ses ancêtres et celle qu'on lui avait imposée, tel un funambule sur son fil. Isaac Abravanel appartenait à une des plus vieilles familles juives du Portugal. Selon la légende, leur présence en Lusitanie remontait au règne du roi Salomon. Plus raisonnablement, en impies que Jaime et moi étions, nous pensions qu'ils avaient dû s'installer là-bas en même temps que les navigateurs phéniciens, voisins des Hébreux, leurs partenaires commerciaux plutôt que leurs ennemis. Ces marchands, nos collègues du fond des âges, abandonnaient volontiers aux prêtres de leurs dieux respectifs Moloch et Jéhovah les agréments de la dispute, préférant quant à eux les joies de la découverte de mondes inconnus et les bénéfices générés par l'ambre et l'étain.

Abravanel était, au temps du roi Alphonse II de Portugal, un des principaux financiers de la Couronne. Ce monarque à la tête folle rêvait tout à la fois de prendre la tête d'une nouvelle croisade, et d'unir sous sa Couronne les différentes nations d'Espagne. Il tenta même de réconcilier les ennemis les plus irréconciliables au monde : le roi de France Louis XI et Charles le Téméraire, duc de Bourgogne. À la mort d'Alphonse II, son fils Jean lui succéda et remit de l'ordre dans son royaume, avec une belle énergie.

Par exemple, il tua, de sa propre main, un de ses cousins qui complotait contre lui. Or, Abravanel était le banquier des plus importants de ces conspirateurs. Mon père aurait appelé cela « un mauvais placement ». En grand risque d'être arrêté et mis à mort pour haute trahison, il se réfugia auprès de la reine de Castille et du roi d'Aragon, en criant très fort que Jean II était le nouveau Pharaon voulant massacrer jusqu'au dernier les juifs de son royaume. Le prophète qu'il croyait être désormais avait décidément un aussi mauvais jugement que le financier. Et c'est le financier que les époux Isabelle et Ferdinand accueillirent à bras ouverts, pas le prophète, comme il s'en apercevra trop tard.

Il fut sans doute le seul de ses coreligionnaires à être surpris par le décret d'expulsion qui venait de les frapper. Aussi absurde que cela puisse paraître, il tenta de faire revenir sur leur décision ceux que le pape surnommera, pour saluer ce haut fait, « les Rois Catholiques ». Ferdinand d'Aragon, qui avait la tête plus près du bonnet que celle de son épouse, lui promit que lui seul et sa famille ne seraient pas concernés par cette mesure, qu'ils pourraient rester à la cour et seraient dispensés de devenir chrétiens. Abravanel repoussa courageusement cette proposition très intéressée et appela tous les juifs d'Espagne à l'exode, leur enjoignant de refuser la conversion. Ses coreligionnaires ne l'avaient pas attendu. En ce printemps 1492, des familles entières affluaient par milliers dans les ports. Rien n'avait été prévu pour leur embarquement. Peut-être les monarques furent-ils surpris par la foule qui se pressait ainsi sur les quais et les plages, préférant, plutôt que de se renier, abandonner la terre sur laquelle leurs pères avaient vécu depuis si longtemps, bien plus longtemps en tout cas que les ancêtres goths et burgondes d'Isabelle et Ferdinand.

C'est alors qu'Abravanel reçut, à Grenade, où il tentait d'arracher un délai supplémentaire de quelques semaines, la visite de notre associé Nicoli. Celui-ci lui proposa de servir d'intermédiaire afin de noliser une flotte pouvant les emmener où bon leur semblerait. Mais les sommes qu'il demandait étaient exorbitantes. Abravanel contacta Berardi, qui était lui aussi à Grenade, pour soutenir Colomb auprès de la reine de Castille. L'ex-cousin Marco, fidèle à ses principes, se déroba. Alors le prophète financier partit en grande hâte pour Séville.

J'étais à dire vrai très embarrassé. Depuis mon arrivée, je ne m'étais occupé que de ballots de laine, de muids de blé et de chevaux andalous, mais jamais de passagers, surtout de ce type. Je demandai donc à Jaime de venir m'assister, tout en croyant que les deux hommes étaient de connivence. Mais les brefs propos qu'ils échangèrent, et bien qu'ils fussent dans leur patois, le *djudeamo*, dont je ne comprenais que des bribes, les plus ressemblantes avec le castillan, calmèrent un peu mes soupçons : Abravanel faisait montre d'un écrasant mépris pour le *converso*, tandis que mon comptable, qui l'appelait « rabbi », semblait tout à la fois terrorisé et prêt à le souffleter. Ce fut mieux ainsi, car l'affaire fut vite réglée. Nos passagers paieraient leur voyage à bas prix. Ils nous consentiraient en échange un abattement raisonnable sur les biens mobiliers et immobiliers qu'ils voudraient réaliser avant leur départ. De mon côté, je leur garantissais qu'ils pourraient recouvrer le fruit de leur vente, au moyen de lettres de change, dans n'importe quelle succursale Médicis.

— Eh bien, maintenant que tout est en ordre, monsieur Abravanel, dis-je en me frottant les mains – un tic que j'avais hérité de mon père –, je pense que nous pouvons envisager votre propre départ. Aux frais de la maison Médicis, cela va de soi.

Il se dressa de toute sa taille, croisa les bras sur sa large poitrine et dit d'une voix jupitérienne – ou mosaïque :

— Sachez, mon ami, que je ne quitterai cette terre que quand le dernier de mes frères sera en sécurité.

Puis il me serra contre lui jusqu'à m'étouffer et sortit sans un regard pour Jaime de Majorque. Une fois la porte refermée derrière lui, mon comptable poussa un gros soupir et gronda :

— Vieux fou ! Si ce fanatique avait les mêmes pouvoirs que le Grand Inquisiteur, nous monterions du même pas, vous et moi, sur le bûcher, monsieur Amerigo.

— Décidément, tu me plais, Jaime. Mais là, je pense que tu exagères un peu. Finalement, aucun des deux partis n'a été lésé, non ?

— Permettez-moi de vous donner un conseil. À votre connaissance, la banque Médicis a-t-elle en Toscane un client important ou un associé qui serait juif ?

— Je ne sais pas... Il me semble, oui...

J'ouvris un des registres que j'avais apportés de Florence et le feuilletai quelques minutes.

— Voilà, j'en tiens un... Un nommé Yehiel, Anibal Yehiel. Ah, c'est amusant, ça ! Figure-toi qu'il habite juste à côté d'une petite maison sous les remparts de Florence où jadis... Il y tient une bijouterie. Bien sûr ! Ça me revient ! J'ai fait sa fortune, à cet homme-là, tant j'étais amoureux. Ne fais pas cette tête, Jaime ! Je plaisante... Ah dites donc, vous autres, les juifs, vous rigolez chaque fois que le diable pète ! Bref, à ce que dit le registre, Anibal Yehiel s'occupe des intérêts d'une bourgade du nom de Pitigliano, située à la frontière entre les États de l'Église et la Toscane, qu'un pape de jadis concéda aux juifs d'Italie. Homme de confiance, d'une parfaite honnêteté, et tout ça, et tout ça. C'est du moins ce que dit le registre.

— Si le registre le dit, c'est que ça doit être vrai.

— Dis donc, Jaime, tu ne te paierais pas un peu ma tête, par hasard ?

— Elle vaut trop cher pour moi, señor Ameriyo. Et puis, comme vous l'avez si bien dit, nous ne savons pas rigoler, nous autres, les juifs. Voici le conseil que je vous donne : écrivez à ce Yehiel, énumérez-lui tous les détails de l'accord que nous avons passé avec Abravanel. Cela vous protégera. On ne sait jamais.

On ne sait jamais. J'écrivis donc à cet orfèvre en lui rappelant, d'une façon que j'aurais voulu plaisante, que nous avions jadis été voisins et que je lui avais acheté quelques bijoux pour une femme que j'avais aimée.

L'embarquement des juifs sur les bateaux que j'avais affrétés se passa fort bien, du moins à mon goût. Abravanel ne nous avait envoyé que des gens fortunés, suivis de leur maisonnée et domesticité. Ils venaient pour beaucoup de Grenade et permirent à la succursale du Popolano à Séville d'acquérir à un prix modéré de belles terres à blé et d'importants cheptels. On nous vendit aussi ou nous laissa en gérance plusieurs immeubles et entrepôts grenadins. L'opération avait été rondement menée et notre flotte de quatre unités avait appareillé vers Livourne, Savone, Gênes et Naples. Isaac Abravanel faisait partie des passagers, malgré les nobles déclarations qu'il m'avait faites en me quittant. Jaime ironisa sur sa manière de choisir ses frères à l'aune de leur richesse.

Pour ma part, je ne jetais pas la pierre à cet illuminé qui m'avait, je l'avoue, fortement impressionné. Abravanel avait englouti une bonne part de sa fortune pour essayer de faire revenir les Rois Catholiques sur leur décret. Ceux-ci, avec un cynisme extraordinaire, avaient alors tenté de le retenir auprès d'eux par tous les moyens. Pour faire pression sur lui, ils avaient même menacé d'emprisonner son petit-fils favori, mais celui-ci parvint à se réfugier au Portugal. Quand le roi Ferdinand apprit le départ de ce financier qu'il aurait pu spolier dès qu'il l'aurait voulu, il entra dans une grande colère. Jusqu'à présent, il avait modéré les ardeurs évangéliques de son épouse et du confesseur de celle-ci, le Grand Inquisiteur Torquemada, mais en voyant disparaître un tel pactole, il ordonna que, désormais, les juifs partiraient sans autre bagage que leurs vêtements. Leurs biens seraient confisqués. Ils ne devraient emporter avec eux ni or ni bijoux. Ceux des chrétiens qui les aideraient à transgresser ce décret seraient sévèrement châtiés. Je l'avais transgressé, il est vrai avant sa proclamation.

Près de deux cents nouveaux candidats à l'exil autrement moins fortunés que les précédents avaient défilé dans mon bureau, sans attendre le retour des navires que j'avais affrétés. Ils m'avaient confié leurs biens, leurs économies et même leurs objets de culte. J'ai vu plus d'une femme s'effondrer en sanglots devant moi. Jaime et moi avions rédigé lettre de change sur lettre de change, tels des moines distribuant des indulgences. Quand ils apprirent les nouvelles mesures prises contre eux, ils disparurent, préférant m'abandonner le prix de leur passage et tenter de fuir par leurs propres moyens, les uns vers le Portugal proche, les autres vers les côtes africaines ou l'Empire ottoman qui leur ouvrait toutes grandes ses portes, d'autres encore vers le royaume de Naples, première nation chrétienne à avoir fait savoir officiellement qu'elle les accueillerait, malgré les menaces d'excommunication du nouveau pape, Alexandre VI Borgia, créature de Ferdinand.

Tous n'y parvinrent pas. Beaucoup furent vendus comme esclaves par le patron de la barque sur laquelle ils avaient payé leur passage à prix d'or, ou jetés à la mer après avoir été pillés des quelques pauvres choses qu'ils avaient réussi à dissimuler lors de la fouille des douaniers, au pied de l'embarcadère. Pourtant, jusqu'au dernier jour, le 31 juillet 1492, ils continuaient d'affluer aux rives des Espagnes, de plus en plus misérables.

Et moi, je me sentais le plus vil des hommes, pire que les pirates qui les avaient rançonnés ou vendus. Jaime avait beau me répéter que j'avais agi comme il le fallait, je restais convaincu d'avoir trahi la confiance de ces gens. « La confiance, disait mon père, est le meilleur placement qui soit. » Le soir, je rentrais, triste et pensif, dans la belle maison des Berardi, et faisais sans grande conviction office de chef de famille de remplacement, Marco ayant suivi la cour de Grenade à Valence, de Cordoue à Tolède, depuis bientôt deux mois.

Mon cousin revint le 29 juillet, et convoqua immédiatement la guilde des Florentins. Donato Nicoli était absent. Marco le traita de forban et de pirate, décrétant qu'il n'avait plus sa place parmi nous. Puis il en vint à l'ordre du jour : l'appareillage imminent du port de Palos d'une petite escadre de trois navires commandée par Christophe Colomb. La reine de Castille avait finalement accepté toutes les exigences du navigateur, si toutefois le Génois parvenait à atteindre les Indes en traversant la mer Océane : le titre de grand amiral et de vice-roi des terres qu'il découvrirait, une part sur l'or et les épices... Promesses qui ne lui coûtaient rien. La couronne ne déboursa pas un maravédis. Seul l'un de ses ministres, Luis de Santángel, trésorier des Rois Catholiques, puisa dans ses fonds propres. La guilde des Florentins de Séville investit également pour une bonne part dans l'expédition. Une famille d'armateurs du port de Palos, les Pinzón, fournirent les navires et l'équipage. Pour récompense de nos services, la reine autorisa la maison Berardi à ériger un moulin à sucre à La Palma des Canaries.

— Nos amis de Lisbonne ont évidemment informé qui de droit de ce départ, expliquait Marco. Là-bas, « on » ne fera rien pour entraver la navigation de ces bateaux portant pavillons castillans. « On » pense en effet que cette tentative se soldera par un échec. « On » espère aussi que, quatre ans après la réussite de Dias, le roi Jean consentira enfin à envoyer ses bateaux, par l'est jusqu'à Calicut, le pays des épices. Il ne nous reste plus qu'à attendre. Mon cher Amerigo, pourrais-je vous dire deux mots en privé ?

Les autres sortirent. Quand il fut assuré qu'on ne pouvait pas l'entendre, Marco me dit d'un air furieux :

— Es-tu devenu fou ? Je t'avais pourtant demandé instamment de ne pas t'occuper de cette histoire de juifs.

— En aidant ces pauvres gens, protestai-je, j'ai également

permis à la banque du Popolano d'encaisser quelques bénéfices. De plus, tu n'es pas mon patron, que je sache.

— Ah, le bon Samaritain ! J'ai dû supplier Ferdinand et Isabelle, peser de toute mon influence à la cour, et concéder un nouveau prêt au Trésor pour que tu échappes à la prison et qu'on ne vienne pas te confisquer les avoirs qui t'ont été confiés. Et puis, parlons-en de la banque des Médicis. Depuis la mort de Laurent...

— Le Magnifique est mort ?

— De mieux en mieux ! Pardieu, tu as raison, je suis très content de ne pas être ton patron. Avoir un commis qui n'est même pas fichu de savoir ce qui se passe dans la maison mère, non merci ! Oui, le Magnifique est mort il y a quatre mois. Comme prévu, son crétin de fils Pierre a pris le pouvoir. Comme prévu, du moins par des gens prévoyants, celui-ci s'est heurté violemment aux deux Popolano. Tes anciens élèves sont en fuite. Aux dernières nouvelles, ils tenteraient de trouver refuge auprès du roi de France Charles VIII. Un Charles VIII qui revendique de plus en plus haut et fort la couronne de Naples. Et je ne donne pas longtemps à ses armées avant qu'elles envahissent l'Italie. En attendant, tes protégés juifs auront bien du mal à recouvrer leurs créances. Les lettres de change que tu leur as si généreusement distribuées ne valent pas tripette ! Neuf mois seulement que tu es à Séville et, déjà, tu t'attires les pires ennuis. À croire que tu les cherches.

Je fus atterré et me traitai de tous les noms, d'âne bâté, d'imbécile et déclarai que j'allais de ce pas me rendre à Florence emportant avec moi les biens considérables qu'ils m'avaient laissés, en toute confiance. Je me faisais fort de leur restituer jusqu'au plus modeste de leurs chandeliers.

— Ma foi, ironisa Marco, j'aimerais être à la place du pirate barbaresque ou bon chrétien qui croisera ta route. Ils écument en ce moment comme jamais les eaux méditerranéennes d'Alger à Bonifacio en passant par Saint-Tropez et Palerme en quête de ces proies faciles que sont tes chers enfants d'Abraham. Et il paraît que Donato Nicoli ne serait pas le plus tendre d'entre eux. Son port d'attache est à Valence... Il a toute l'indulgence de Sa Majesté Ferdinand d'Aragon.

Marco me conseilla plutôt de me faire oublier quelque temps. Il mit à ma disposition une maison qu'il possédait dans l'arrière-pays. J'y dessinerais des cartes, y travaillerais sur des éphémérides, que je dédierais aux Rois Très Catholiques.

Ce fut ainsi que je n'assistai pas à l'appareillage des trois vaisseaux de Christophe Colomb : la *Pinta*, la *Niña* et la *Santa María*, qui ne portait pas encore ce nom, mais celui d'une autre jolie femme de haute réputation, du moins sur les quais du port de Palos.

II

Le Nouveau Monde

Je me morfondis près de sept mois dans la maison de campagne des Berardi. J'avais fait venir avec moi Jaime et ses enfants, mes bureaux de Séville ayant été fermés et mis sous séquestres. Marco en était arrivé à cette solution de compromis avec les autorités, pour éviter la confiscation.

Mon cousin me tenait régulièrement informé de la situation en Italie, une situation de plus en plus embrouillée, que je n'ai pas le courage d'exposer ici. Le roi de France, le royaume de Naples et le duché de Milan étaient de la partie. Ferdinand d'Aragon s'en était mêlé en faisant élire sur le trône de saint Pierre, grâce à l'argent pris aux juifs, un de ses affidés et compatriotes, Roderigo Borgia, Alexandre VI, auprès duquel ses prédécesseurs Sixte IV et Innocent VII auraient pu passer pour des parangons de vertu. Dans cette tempête, Florence n'était plus qu'un frêle esquif ballotté par les vagues, en grand danger de se perdre, surtout avec un aussi piètre capitaine que Pierre de Médicis. Un pilote n'allait pas tarder à prendre la barre, le moine Savonarole.

Début mars, je reçus un dernier message de Marco, me demandant de me rendre au plus vite à Huelva, à une quinzaine de lieues au sud-ouest de Séville. Il me rassurait en m'affirmant que je ne courais plus aucun danger, et que le roi d'Aragon avait été enchanté de la mappemonde et des éphémérides que je lui avais envoyées. Je puis avouer aujourd'hui que ces tables astronomiques m'avaient été largement inspirées par celles d'Abraham Zacuto, ancien professeur à Salamanque, démis de sa chaire l'an passé, et qui avait fui la Castille, pour se réfugier au Portugal au plus grand profit de la junte des mathématiciens, dont beaucoup avaient suivi son enseignement.

À Huelva, Marco m'annonça que l'expédition Colomb était attendue dans les prochains jours. Une violente tempête avait éparpillé la flottille et son chef avait été obligé de se dérouter sur Lisbonne. Il y avait été retenu par Jean II de Portugal. Dans une missive envoyée à Isabelle de Castille, il avait annoncé avoir atteint les Indes, plus exactement des îles côtières de l'empire du Cathay. En revanche, dans une lettre au ministre du Trésor, Luis de Santángel, lettre immédiatement imprimée et largement diffusée en Europe, il évoquait seulement un archipel de l'autre côté de la mer Océane, regorgeant d'or et d'épices. Selon Jaime de Majorque, ce Santángel était, tout comme lui, un nouveau-chrétien. Mais celui qui me servait désormais de bras droit avait tendance à voir des juifs convertis partout, sans doute pour justifier son propre reniement. Ainsi, à l'en croire, même le grand inquisiteur Torquemada, même Colomb... Je l'ai souvent taquiné sur le sujet.

Huelva, Palos et quelques bourgades de moindre importance, étaient censées être l'apanage d'une des plus vieilles familles castillanes ou andalouses, les ducs de Medina Sidonia. Mais ceux-ci ne s'étaient jamais vraiment préoccupés de ce réseau de fleuves côtiers et de lagunes qui ne leur rapportait guère. Non loin de la frontière avec le Portugal, ce prétendu « comté de Niebla » était surtout un repaire de contrebandiers, pirates à leurs heures, dont les vrais maîtres, les Médicis locaux, étaient la puissante famille de marins et d'armateurs Pinzón. Si les caprices de l'Histoire l'avaient permis, la Niebla aurait pu devenir une

Venise ibérique. Mon tempérament quelque peu rebelle fut tout de suite séduit par le joyeux et indolent désordre qui régnait dans cette contrée, sur laquelle l'Inquisition n'avait pas encore posé sa lourde patte griffue. Était-ce la liberté qui y rendait les femmes aussi belles et les hommes aussi amicaux ?

Le 14 mars 1493, en fin de matinée, menée par Martín Alonso Pinzón, la *Pinta*, en provenance de Galice, jeta l'ancre à Palos. J'insiste sur cette date car on ne fut pas long à décréter officiellement qu'elle était arrivée le lendemain, peu après celle de Colomb : le futur grand amiral ne pouvait rentrer le second.

L'aîné des Pinzón fut débarqué dans un immense état de faiblesse et porté sur une civière jusque chez lui. Bien plus tard, on le dira atteint d'un mal d'amour d'un nouveau genre qui lui aurait été gratifié par une sauvagesse. Je puis garantir depuis, en toute connaissance de cause, hélas, qu'il n'en avait aucun symptôme. Après quarante ans passés en mer, l'homme était simplement usé comme un vieux cordage.

La guilde des Florentins de Séville étant, avec les Pinzón eux-mêmes, le principal armateur de l'expédition, Marco prit possession des livres de bord qu'il me confia, car j'étais le plus à même de les déchiffrer. Ils étaient parfaitement bien tenus, même si visiblement Pinzón et son pilote ignoraient tout du maniement de l'astrolabe, de l'octant et du bâton de Jacob, se contentant de calculer les distances parcourues en fonction de la vitesse estimée du navire. À la proue, on jetait une bûche à l'eau. Simultanément, on retournait un sablier gradué jusqu'au moment où la bûche en longeant la coque avait atteint la poupe. Il suffisait ensuite de calculer le rapport entre la longueur du navire et le temps qu'avait mis le bout de bois pour la parcourir. Naturellement, comme on ne pouvait renouveler cette opération en permanence, on estimait que cette vitesse était constante, jusqu'au moment où la force ou la direction du vent changeait. Je fus très étonné, deux jours après, en constatant, sur le journal de Colomb, qui, lui, pratiquait la navigation astronomique, que les positions données par les deux navigateurs, chacun de son côté, étaient à peu près les mêmes.

N'ayant aucune expérience de la mer et de la vie à bord pendant de si longs jours, je ne prêtais pas d'attention, durant ma première lecture, aux quelques remarques lapidaires sur tel ou tel incident au sein des équipages, voire entre les capitaines des trois navires. Ils avaient découvert des îles très loin à l'est-sud-est des Açores, ces terres portugaises étant jusqu'alors les plus occidentales que nous connaissions. Selon Pinzón, elles débordaient largement du côté portugais de la latitude du traité de paix entre les deux nations. Selon Colomb, en revanche, elles se situaient légèrement au nord de cette ligne de démarcation ; des îles frontalières en quelque sorte. J'étais loin de me douter que cette petite différence aurait d'aussi lourdes conséquences tant sur ma vie que sur l'Histoire. Puis je lus :

2 novembre 1492. Colomb s'obstine à croire que cette grande île dont nous longeons la côte ne peut être que les confins du royaume du Grand Khan. Rien de plus têtu que cet homme-là ! Je lui déclare alors que je vais emmener la Pinta *plus au sud pour tenter de retrouver la grande terre que j'avais abordée en 1488 en compagnie de mes frères et du Dieppois.*

Il ne retrouva pas la terre en question, mais des îles et encore des îles, à l'infini. Il rejoignit Colomb comme ils en étaient convenus avant leur séparation, le 4 janvier, et repartirent de conserve vers l'Europe. Ils avaient détruit la *Santa María,* nef capitane, sur le rivage d'une île où ils avaient laissé une trentaine d'hommes. Puis la tempête sépara les deux navires restants.

J'avais passé la nuit à lire ce journal. Mais mon excitation était plus grande que ma fatigue. Je me rendis au chevet de Pinzón ; on me refusa sa porte ; il était au plus mal. Il mourra quelques semaines après, sans que j'aie pu le rencontrer. Je dus donc patienter avant que ses frères me donnent le fin mot sur cette découverte d'« une grande terre », si loin au couchant et qui n'était pas les Indes.

La *Niña* atterrit ce soir-là. Le plus petit navire de l'escadre était dans un piteux état. En revanche, son capitaine rayonnait de force et de santé. Un roc ! Christophe Colomb était un homme de petite taille, trapu, le visage carré, le cheveu roux, l'œil vert émeraude d'une étrange fixité, belle et inquiétante à la fois. Son regard avait la couleur de la mer. Avant de débarquer, il avait visiblement pris soin de sa mise, d'une propreté impeccable, et s'était fait raser de frais, comme en témoignait une fine coupure rose au menton. Il sauta sur le quai tel un matelot, serra la main de Marco et lui dit, comme s'ils s'étaient quittés la veille :

— Ravi de vous revoir en aussi bonne forme, monsieur Berardi.

— Permettez-moi de vous présenter mon plus proche associé, monsieur Amerigo Vespucci.

Colomb leva la tête vers moi. Il m'arrivait à l'épaule mais il me dominait quand même. Son regard...

— Vous êtes un Vespucci de Florence ? Très honorable famille... Très honorable.

Il y avait quelque chose de désagréable dans sa manière de dire cela. Il semblait plus intéressé par la supposée fortune de « mon honorable famille » que par l'individu qu'il avait devant lui. Heureusement pour mon amour-propre, Marco précisa :

— Monsieur Vespucci fut le disciple de Toscanelli et de Regiomontanus. Il sera donc parfaitement à même de consulter vos livres de bord.

Le beau regard de Colomb se détourna de moi. C'était comme si je n'existais plus.

— Consulter mes livres ? Vous plaisantez, Berardi ! J'en réserve la primeur à Leurs Majestés. Je ne vais d'ailleurs rester qu'une nuit à Palos. Dès demain, j'appareillerai pour Barcelone où je sais qu'ils résident actuellement.

— Hélas, capitaine, c'est impossible. J'ai reçu des consignes formelles de son Excellence Luis de Santángel. La *Pinta* et la *Niña* ne devront pas quitter Palos.

— La *Pinta* ? Pinzón est donc déjà là...

D'un coup, Colomb avait perdu toute sa superbe. J'eus pitié de lui, tant il semblait soudain en proie au désarroi le plus profond. Marco lui raconta brièvement le retour de l'autre caravelle, la veille. Le navigateur me donna alors les clés du secrétaire où étaient enfermés ses écrits, et s'en fut précipitamment « au chevet de son ami malade », comme il disait. Je montai à bord. Sur le pont, gisaient six hommes complètement nus, qui semblaient bien mal en point, et dont l'aspect physique me parut fort étrange. Mes premiers Indiens.

Le journal de Colomb ne m'apprit pas grand-chose de plus que celui de Pinzón. La même sécheresse, des faits, des chiffres et rien d'autre. Quand, plus tard, j'en tiendrais un moi-même, je procéderais de la même façon. Les fioritures poétiques n'ont pas place à bord. Il insistait pourtant, par endroits, sur les bijoux d'or portés par les indigènes. Ceux-ci lui auraient affirmé que la plus grande île découverte – appelée Juana en hommage à l'une des filles de Ferdinand et Isabelle – recelait d'énormes gisements de métal précieux. Les quelques anneaux qu'il avait rapportés ne me semblèrent pas convaincants. Il en était de même pour les épices qui, à ses dires, poussaient là-bas à foison. Je trouvais effectivement dans ses caisses des plantes et des fruits que je n'avais jamais vus auparavant, dont la plupart étaient gâtés. Mais ce n'était pas mon affaire. L'inspection du fret était du domaine de Marco.

Deux jours après le retour de Colomb, un ordre parvint de Barcelone. Le futur grand amiral devrait se rendre à la cour, par les terres, en traversant donc toute l'Espagne en diagonale, afin que les sujets des Rois Catholiques puissent admirer, de ville en ville, les sauvages et les trésors qu'il avait rapportés des Indes. En accord avec Marco, je décidai de l'accompagner, pour tenter d'en savoir plus sur l'expédition.

Nous mîmes plus d'un mois avant d'atteindre le grand port catalan. J'avais parcouru jadis de bien plus longues distances, mais jamais un voyage ne m'avait paru aussi monotone, aussi lent. Montagnes arides, plaines se perdant à l'infini, troupeaux de moutons par milliers, forteresses perchées en haut de leur piton qu'escalaient de misérables cahutes, tout distillait l'ennui, la sauvagerie, la peur du prêtre et la haine du voisin. Notre escorte, de taille normale au départ, s'était considérablement grossie à Séville, jusqu'à devenir par la suite une véritable petite armée.

Devant les portes de chaque bourgade de quelque importance, le même cérémonial se répétait. Les huit « Indiens », tels que les nommait Colomb, étaient sortis de la carriole bâchée dans laquelle ils étaient enfermés. Les matelots de l'expédition, qui nous accompagnaient, coiffaient leur chevelure raide, d'un noir profond et lustré, de couronnes de belles plumes liées entre elles par une couronne de perles multicolores. On leur ordonnait également d'enduire leur peau cuivrée d'une teinture rouge rapportée de leurs îles. Colomb m'expliqua qu'il avait cru d'abord que c'était leur couleur naturelle, avant de s'apercevoir qu'il s'agissait d'une protection contre les moustiques et les parasites. Puis ils accrochaient à leur nez, à leurs oreilles, aux poignets et aux chevilles de gros anneaux d'or. Enfin, on couvrait leur vergogne d'un rectangle de tissu découpé dans les voiles de la caravelle. Dans leur pays, ils allaient entièrement nus, « comme des bêtes, me disait Colomb. Le climat là-bas est aussi clément qu'en Andalousie au mois de mai ». Nous n'étions plus en Andalousie, mais au cœur de la Castille au mois de mars, et les malheureux sitôt extraits des couvertures de laine sous lesquelles ils étaient enfouis dans leur véhicule grelottaient de façon pitoyable. Devant l'église ou la cathédrale, on poussait les pauvres diables en haut d'une estrade. On y avait déjà installé des meubles à la devanture vitrée derrière laquelle avaient été disposés d'autres échantillons de métal précieux, ainsi que les fruits et légumes, enduits d'une cire transparente qui les protégeait et leur redonnait de belles couleurs. Il y avait aussi quelques plantes en pot, fort chétives, dont un des matelots prenait grand soin.

Un héraut aboyait alors que les navires des Rois Très Catholiques avaient traversé la mer Ténébreuse et atteint les rivages des Indes où poussaient l'or et les épices. Puis un prêtre, ou parfois un évêque, apparaissait pour faire entonner un *Te Deum* à la foule. Enfin, les badauds défilaient devant les sauvages prostrés et les vitrines. De leur côté, les notables, dont le prêtre ou l'évêque, conviaient Colomb et sa suite à un banquet, où on congratulait le navigateur.

Colomb était tout aussi surpris que moi par le tintamarre fait autour de son expédition, même s'il en tirait beaucoup de fierté, et pas mal de vanité. Mais plus nous avancions, plus ces festivités devenaient répétitives, plus il s'impatientait, tant il avait hâte qu'Isabelle tienne ses promesses. Selon lui, des jaloux ralentissaient sa marche, tandis qu'à Barcelone leurs complices le dénigraient auprès de Leurs Majestés. Peu à peu, il se persuadait qu'un complot se tramait contre lui. Au fil des jours, ses ennemis supposés devenaient légion. Même le roi d'Aragon finit par en être, car, selon les dires de mon compagnon de voyage, sa royale épouse Isabelle de Castille lui témoignait, à lui, l'obscur marin, une trop vive amitié. Je me gardais de le contredire ou de le conforter dans ce discours qui me paraissait au moins déraisonnable. Il n'aurait même pas relevé, voire entendu mes objections : il adressait ces propos au monde entier et non à son interlocuteur. Puis il se calmait brusquement, se plongeait dans des pensées aussi ténébreuses que la mer qu'il avait traversée, ponctuées de soupirs et de grognements. Il fallait attendre encore un peu avant de reprendre une conversation normale avec lui. Sa voix redevenait calme et posée, le récit de sa navigation aussi passionnant que sensé. Mais je ne l'ai jamais vu esquisser un sourire.

Même au sommet de sa puissance et de sa gloire, il garda à mon égard une sorte de distance courtoise, vaguement respectueuse. Je ne saurai jamais si elle concernait le rejeton de « l'honorable famille Vespucci » ou le cosmographe disciple de Toscanelli. Quand il s'adressait au premier, il le faisait avec la compassion qu'ont les petites gens pour les personnes de haute condition « qui ont eu des malheurs ». Quand il s'adressait à l'autre, c'était toujours avec prudence, tel un disciple qui a peur de proférer des sottises devant le maître. Lui-même était fils de tisserands génois qui, sans posséder une grande maison de commerce, étaient loin d'être, me semble-t-il, tenanciers d'une humble échoppe des bas quartiers, puisque étant en affaires avec la puissante famille ligure des Spinola. Colomb n'avait suivi des études que jusqu'à l'âge de quatorze ans, études qu'il avait complétées plus tard par lui-même, de façon un peu brouillonne.

En tout cas, je ne sus jamais s'il avait cru sincèrement avoir atteint les Indes, ou si ce n'était qu'une affabulation. Il ne m'en parlait jamais, même lors de ses pires délires, et je ne tenais nullement à les provoquer.

Le bref récit que je vais maintenant entreprendre du premier voyage de Christophe Colomb est celui que j'ai entendu de sa bouche, le long des grands chemins d'Espagne, entre Séville et Barcelone. J'y ai ajouté des informations que m'ont livrées les deux frères Pinzón survivants, ainsi que des indications de leurs journaux de bord.

Colomb et les Pinzón étaient des marins. Comme tels, ils étaient fort discrets sur leurs activités passées. Tantôt pilotes de convois de marchandises, les menant de la Méditerranée jusque dans les mers septentrionales, tantôt corsaires, ou plutôt mercenaires au service de tel ou tel royaume contre les barbaresques ou une autre nation chrétienne ; tantôt enfin ils travaillaient à leur compte : des personnes mal intentionnées pourraient dire « pirates ». Puis ils s'assagirent. Les Pinzón devinrent d'honorables armateurs du comté de Niebla, tandis que Colomb épousa la fille d'un autre Génois ancien découvreur de l'archipel de Madère, dont l'héritier mâle était devenu capitaine donataire d'une de ces îles, Porto-Santo. Cette union, bien sûr, n'était pas celle de Calypso et d'Ulysse, mais un bel et bon accord de commerce. Colomb se mit alors au service de la Couronne portugaise, sans oublier ses intérêts ni ceux de sa famille.

L'idée de traverser la mer Océane en suivant la course du soleil couvait dans les têtes depuis bien longtemps. L'homme est un curieux animal qui est aussi un animal curieux de savoir ce qui se cache derrière l'horizon que le crépuscule embrase. Je passai un jour au large de la plus occidentale des Açores, Corvo. J'y vis un écueil en forme d'index et qui semblait désigner le grand large, comme pour inciter les navigateurs à prendre la direction de ce que j'appellerais « le Nouveau Monde ». Les vents favorables, les courants, les oiseaux et ce rocher que les Portugais avaient baptisé l'*Indicador*, la nature tout entière était un appel à s'enfoncer dans la « mer des Ténèbres ». Cet appel s'amplifiait au fur et à mesure que les caravelles de Lisbonne progressaient plus avant le long des côtes africaines, y découvraient d'autres îles tournées vers le couchant et d'autres vents y portant. Combien cédèrent, avant Colomb, à la tentation de mettre la barre plein ouest ?

Les frères Pinzón y cédèrent. Vicente, le cadet, me racontera qu'en 1488, son aîné et lui, ainsi qu'un Dieppois dont il ne voulut jamais me donner le nom, avaient reçu pour mission de la reine de Castille d'aller vérifier sur place si Bartolomeu Dias avait bel et bien trouvé le passage vers la mer de l'Inde. L'entreprise était très périlleuse : il leur fallait d'abord pénétrer dans la *mare clausum* portugaise au risque d'y être arraisonnés et pendus, puis la traverser d'une traite, alors que Dias avait multiplié les escales, d'abord dans des îles déjà occupées par ses compatriotes, ensuite à des aiguades découvertes par ses prédécesseurs. De plus, la junte des mathématiciens avait délibérément exagéré, sur la carte, la longueur de l'Afrique de plusieurs centaines de lieues, pour dissuader d'éventuels indiscrets d'y aller voir de plus près. Sachant que leur mission serait vouée à l'échec, les Pinzón décidèrent de naviguer pour leur propre compte avec les fonds alloués par Isabelle. Ils n'étaient pas les premiers à le faire, ils ne seront pas les derniers non plus, je puis le garantir. Je puis garantir aussi que ce n'était pas par goût du lucre qu'ils quittèrent les Canaries vers le sud-ouest, mais par ce profond désir, cette folie, qui nous prend parfois, à nous autres, d'aller voir ce qui se cache derrière les apparences, derrière les dogmes.

C'est ainsi qu'ils touchèrent ce que j'ai déterminé depuis comme l'extrémité est de la Terre de Vera Cruz, ou du Bois-Brésil, selon l'appellation qu'on lui donne. Quand ils revinrent, ils affirmèrent qu'ils avaient été poussés jusque-là par une tempête, malgré eux. Combien de fois ai-je lu ou entendu ce genre de propos qui ne trompent que ceux qui n'ont pas pris la mer ! Il est rare que les découvertes soient le seul fruit du hasard. Elles sont essentiellement la récompense de la volonté, du courage et du raisonnement. Avec un peu de chance en plus. Vincente Pinzón m'avouera un jour qu'ils comptaient surtout faire de ces terres nouvelles une base arrière d'où ils pourraient partir à l'assaut des caravelles portugaises revenant gorgées d'or et d'ivoire du fond du golfe de Guinée. Mais ça ne se fit pas, car cette base était trop éloignée de l'itinéraire que prenaient leurs proies.

De retour à Palos, les Pinzón rencontrèrent une vieille connaissance, un vieux complice, Christophe Colomb, que la découverte de Dias avait mis au désespoir : il n'avait plus rien à escompter du Portugal. Il avait envoyé son frère pour tenter de convaincre le roi d'Angleterre et le roi de France – ou plutôt la régente Anne de Beaujeu – de soutenir son projet. Quant à Isabelle de Castille, elle le laissait mariner dans son jus en lui versant une belle pension. Selon Vicente Pinzón, Colomb était prêt à tout abandonner quand les frères lui racontèrent leur découverte. Retrouvant son courage, le Génois repartit à l'assaut de la reine. Au bout de quatre ans, une fois Grenade tombée, les juifs expulsés et un pape à leur entière dévotion hissé sur le trône de saint Pierre, les rois espagnols autorisèrent enfin Colomb à appareiller sous pavillon castillan.

Il avait préparé son expédition en imitant strictement la manière des Portugais, et qui leur avait si bien réussi. Deux caravelles de même tonnage, dont l'une, la *Santa María* fut désignée comme « nef », puisque commandée par le chef d'escadre, et un navire plus petit, la *Niña*, servant à transporter les réserves de vivres et de matériel. Les Pinzón avaient enrôlé à Palos des hommes avec qui ils naviguaient depuis toujours, cependant que Colomb recrutait, dans les prisons de Huelva et de Séville, de bien étranges passagers. Les Portugais les appelaient les *degredados*, les déportés. C'étaient des condamnés subissant des peines variées pour les délits les plus divers, mais qui possédaient pour la plupart un savoir-faire, comme charpentiers, maçons, tailleurs, jardiniers, dont certains, parlant la langue de Mahomet ou de Moïse, serviraient d'interprètes. On leur donnait à choisir entre la geôle, voire le gibet, et le bannissement dans des terres inconnues. Ils étaient déposés tantôt dans les fortins et les comptoirs déjà existant, tantôt dans des endroits que l'expédition découvrait ; ils se chargeaient d'y fonder un nouvel établissement, tout en nouant des relations avec les autochtones.

Je continue de penser que la véritable ambition de Colomb, son rêve, rêve qu'il partageait avec nombre de marins, c'était de trouver son île, île dont il serait roi et ces proscrits ses sujets. Le reste, recherche des Indes, royaume du Grand Khan, n'était que poudre aux yeux, miroir à royales alouettes, du moins dans les premiers temps. Ensuite, il lui fallut se colleter avec la réalité ; il en fut incapable.

Après une courte escale aux Canaries, les trois navires partirent plein ouest. Durant plus d'un mois, Colomb s'acharna à ne pas déborder vers le sud la latitude dite d'Alcáçovas, séparant les mers portugaise et castillane. Mais la mer Océane se révélait beaucoup plus large qu'il l'avait cru, ou prétendu. Les réserves d'eau commençaient à croupir. Le « mal de la mer », autrement dit le scorbut, rôdait déjà sur les gencives, et la grogne dans les têtes des matelots. Martín Pinzón fit hisser au mât de la *Pinta* le pavillon réclamant une réunion du conseil. Il convainquit assez facilement, semble-t-il, le chef d'escadre de franchir enfin la frontière liquide. L'Europe était si loin derrière, nul ne le saurait, et il n'y avait aucun risque de croiser dans ces parages un navire portugais. Pinzón, contrairement à Colomb, naviguait à l'instinct, à l'estime. Il savait capter, au vol des oiseaux, aux algues, à la direction et à la forme des vagues, l'approche d'une terre, bien avant qu'elle fût en vue. Il obtint gain de cause.

On a trop raconté la découverte de leurs premières îles, leur rencontre avec leurs premiers sauvages. Je n'apporterais rien de nouveau en la narrant à mon tour, et préfère livrer, le moment venu, ma propre expérience. Je ne me consacre donc ici qu'aux seules circonstances de cette navigation, dont bien des faits ont été omis ou déformés par la suite. Ainsi Martín Pinzón n'a jamais abandonné Colomb contre son accord. Devant le nombre et la taille des archipels découverts, les deux capitaines avaient décidé qu'ils n'en viendraient pas à bout en continuant à naviguer de conserve, et qu'il fallait se séparer pour partir en exploration chacun de son côté, non sans s'être fixé des points et des dates de rendez-vous.

Pinzón s'éloigna avec la seule *Pinta*, tandis que Colomb

cherchait un endroit propice pour débarquer les proscrits avec pour mission d'y fonder une colonie. Il jugea l'avoir trouvé, la veille de Noël, au fond d'une baie qu'il appela la Nativité. Ça ne pouvait être qu'un message du Ciel. Sa religiosité exaltée lui faisait perdre souvent le sens de la réalité d'ici-bas. Il permit à tous de descendre pour y fêter la naissance du Sauveur, ne laissant à bord de la *Santa María* qu'un jeune matelot – ou peut-être un proscrit – qui avait été puni. Vicente Pinzón, qui pilotait la *Niña,* préféra quant à lui, par prudence, rester à bord du plus petit des trois navires. À minuit, tandis qu'à terre on célébrait la messe, le vent se leva. La *Santa María* chassa sur ses ancres et alla heurter un récif. Toute la nuit, on tenta de sortir le navire de ce mauvais pas. À l'aube, les indigènes vinrent à la rescousse et la *Santa María* fut tirée sur la grève. Les avaries auraient pu être réparées, mais Colomb prit une autre décision.

Dans les expéditions portugaises, une fois que le bateau de ravitaillement est vide, on choisit un endroit où déposer les déportés et on démantèle le navire afin que les hommes abandonnés sur ce rivage ne puissent s'enfuir à son bord. Parfois on y met le feu. C'eût été en principe le sort de la *Niña.* Ce fut celui de la *Santa María.* Colomb était trop pressé de rentrer annoncer sa découverte à la reine. D'autre part, le rendez-vous fixé à la *Pinta* dans la première île découverte aurait lieu dix jours plus tard. Il fallait se hâter. La *Santa María* fut donc détruite et brûlée en quelques heures, ses restes devant servir aux déportés à construire un fortin. Mais la petite *Niña* ne pouvait emporter tout l'équipage du navire sacrifié. Neuf matelots se portèrent volontaires pour demeurer sur place. Les uns parce que leur comportement à bord – il semblerait qu'il y ait eu un début de mutinerie durant la grande traversée – pouvait leur faire craindre de sévères punitions de retour à Palos ; les autres étaient envoûtés par ces îles paradisiaques et la beauté des sauvagesses, promesses d'ineffables bonheurs, ou au moins d'une vie meilleure que leur misère et leur peine de marins. Ils seront tous tués par les autochtones de la Nativité.

Après leurs retrouvailles, la *Niña* et la *Pinta* cabotèrent encore une dizaine de jours dans ces eaux inconnues. Il ne s'agissait plus de découvertes, mais de ramener le plus possible d'objets en or, car la récolte jusqu'à présent avait été fort maigre. Enfin, les deux navires mirent le cap vers l'Europe. La plus terrible des tempêtes qu'on ait subie depuis vingt ans les sépara. Longtemps après, quand Colomb, la raison chancelante, mettra les Pinzón sur la longue liste de ses ennemis imaginaires, il affirmera que Martín l'avait délibérément laissé derrière lui pour être le premier à annoncer leur réussite à Leurs Majestés et en tirer toute la gloire. Colomb parvint aux Açores portugaises où le gouverneur ne l'autorisa à demeurer que jusqu'à la prochaine accalmie. Accalmie qui ne dura guère, et la *Niña* fut contrainte de se réfugier à Lisbonne, la pire des escales pour un navire battant pavillon castillan. Mais c'était cela ou le naufrage. L'officier portugais qui monta à bord le premier ne fut autre que Bartolomeu Dias, le découvreur de Bonne-Espérance. Ce hardi marin avait été couvert d'honneurs et de charges. Il dirigeait les arsenaux, portait le titre de premier pilote de la grande nef royale, et avait intégré la junte des mathématiciens. Mais cela ne le comblait pas. Il n'avait qu'un rêve, reprendre la mer, pour découvrir ce qu'il y avait de l'autre côté de l'Afrique. Pour l'heure, il était fort embarrassé. Il connaissait bien Colomb – ces marins se connaissaient tous –, mais il devrait quand même lui confisquer ses livres, comme cela se faisait pour tout pavillon étranger pénétrant le Tage. Selon ce que m'en a raconté Colomb, l'entretien entre ces deux grands navigateurs fut très formel, tel celui d'un douanier et d'un voyageur. Je n'ai malheureusement pas pensé à questionner Dias à ce propos. À la Maison de la Mine et de Guinée, administration qui s'occupait des affaires maritimes, on ne fut pas long à comprendre que l'expédition castillane avait largement franchi la latitude de démarcation, bafouant ainsi le traité entre les deux royaumes. Le roi Jean II convoqua Colomb dans un de ses châteaux, une dizaine de lieues à l'intérieur des terres. Il reçut aimablement son ancien sujet, lui laissant entendre qu'il pourrait revenir un jour au Portugal si les choses tournaient mal pour lui en Castille. Puis il l'informa qu'il prenait possession des îles que Colomb avait découvertes puisqu'elles étaient de son côté de la frontière. Enfin, il ordonna à Dias de mettre tout en œuvre dans les arsenaux pour mettre à l'eau dans les plus brefs délais une flotte importante qui partirait sur les lieux. Ce qu'avaient espéré les Florentins de Lisbonne et de Séville semblait advenir : la chouette s'endormait, le faucon déployait ses ailes.

Sitôt franchies les portes de Barcelone, Colomb fut emmené jusqu'à la résidence royale pour être reçu en audience privée. Les carrioles contenant ses trophées l'y suivirent. Notre escorte partit pour ses cantonnements, les matelots vers le port. La foule des badauds se dispersa et je me retrouvai seul, perdu au milieu de cette ville que je ne connaissais pas.

— Amerigo, que fais-tu là planté au milieu de la rue ? On dirait la statue équestre du Goutteux sur la grande place de la Seigneurie.

Marco s'était extrait à grand-peine d'une chaise à porteurs, dont je plaignis aussitôt les valets. Par chance pour eux, le franciscain qui l'accompagnait était d'une grande maigreur. Surpris, je descendis de cheval et allai à sa rencontre. Nous nous congratulâmes puis il m'expliqua brièvement qu'il avait fait le voyage par la mer pour arriver la veille après une brève traversée. Il me présenta son compagnon :

— Je crois que tu connais le frère Antonio, me dit-il.

Un peu éberlué, j'affichai mon ignorance. Fra Antonio baissa alors humblement les yeux et dit :

— Nous nous sommes rencontrés jadis à Rome, où j'étais secrétaire du futur Innocent VII.

— Je suis désolé, je ne vous ai pas reconnu. La barbe vous a sacrément poussé. Il est vrai que vous étiez bien jeune à l'époque. Que faites-vous si loin de Florence ?

Machinalement, je jetai un coup d'œil sur ses pieds. Ils étaient chaussés d'élégants escarpins.

— Je suis devenu secrétaire du père Martyr d'Anghiera, chapelain de Sa Majesté Isabelle de Castille.

— Anghiera, lui, est milanais, intervint Marco, retrouvant le ton d'ironie caustique de sa jeunesse. Il y a aussi des prêtres napolitains, des chanoines romains...

Barcelone grouillait donc d'espions italiens pour le retour de Colomb ! Marco poursuivit :

— Ne restons pas là. Dans cette aimable cité, des oreilles traînent partout, à la solde de la Sainte Inquisition.

Nous nous réfugiâmes dans la succursale catalane des Médicis, qui semblait à l'abandon. Je leur racontai alors tout ce que m'avait confié Colomb sur son expédition et que j'avais recoupé avec les livres de bord. À leur tour, le moine et mon cousin m'expliquèrent les conséquences politiques de ce voyage. Le roi Jean de Portugal avait réagi avec virulence et armait à grand bruit une impressionnante escadre dont on pensait qu'elle allait prendre possession des îles découvertes, puis qu'une partie d'entre elle repartirait vers le sud-est pour y franchir enfin la porte vers les Indes ouvertes par Dias. De leur côté, les Rois Catholiques avaient dicté à leur affidé le pape Alexandre VI une bulle où il donnait à la Castille toutes les terres à découvrir suivant une longitude, cette fois, passant à cent lieues à l'est des Açores. L'ancien traité était aboli et la *mare clausum* du Portugal devenait sa prison. Même avec un Saint-Siège aussi disqualifié, une excommunication restait une arme dangereuse, qui pouvait servir de prétexte à une invasion du Portugal par la Castille et l'Aragon. Grâce aux multiples mariages entre cousins, les Rois Catholiques avaient tout loisir de revendiquer, sans trop de mauvaise foi, une certaine légitimité sur la Couronne du voisin. Par ailleurs, Isabelle et Ferdinand avaient bien choisi leur moment. Un moment qu'ils avaient peut-être préparé de longue date. Deux ans auparavant, contraints par une ancienne promesse, ils s'étaient résignés à ce que l'une de leurs filles épouse le prince héritier du Portugal. Or, durant les festivités, le jeune homme mourut des suites d'une chute de cheval. On a prétendu que ce n'était pas un accident. Depuis, Jean II s'était mis en tête de désigner comme successeur un de ses bâtards au grand mécontentement de son épouse et de son entourage. Oui, le moment était décidément bien venu pour provoquer un casus belli. La prise de Grenade avait mis en appétit ces deux loups très catholiques.

— Enfin, conclut Marco, la meilleure nouvelle : la reine a donné son accord pour que parte, dans les mois qui viennent, une formidable armada commandée par celui qu'elle sacre en ce moment grand amiral de la mer Océane. Les grands du royaume se sont trouvé soudain une vocation d'armateur. Et chaque florin que la guilde des Florentins de Séville a investi dans le premier voyage nous en rapporte déjà cent.

— J'en serai, de cette expédition, ne pus-je m'empêcher de m'exclamer. Colomb m'a promis qu'il me prendrait à ses côtés lors de sa prochaine navigation. J'y relèverai les positions, je dresserai cartes et portulans des terres découvertes, je rédigerai le récit de cette nouvelle odyssée. J'ai accepté, bien sûr. Comment refuser une telle proposition ? Comment consentir à rester sur la rive, alors que l'Histoire appareille ?

Marco et fra Antonio se regardèrent, gênés. Il y eut un silence. Enfin, mon cousin soupira.

— Je suis désolé de te décevoir, Amerigo. Mais toi, tu rentres à Florence. Les choses ont changé, là-bas. Fra

Antonio te racontera cela dans les détails. Pour résumer, une révolution populaire a renversé Pierre de Médicis, qui a dû s'enfuir. Fort de son surnom de Popolano, ton patron Lorenzo s'est rallié, de façon peut-être trop légère, aux insurgés. Partout en Toscane, et même ailleurs en Italie, tes amis juifs, craignant d'être, comme à l'accoutumée, les premières victimes de ce bouleversement, viennent réclamer la réalisation des lettres de change que tu leur as si généreusement distribuées. Le Popolano ne peut pas les honorer. Ses caisses sont vides. Si tu ne peux pas restituer à tes clients le trésor qu'ils t'ont confié, alors, oui, pars aux Indes avec Colomb. Mais n'en reviens jamais.

Tous mes espoirs s'effondraient d'un coup. Les larmes jaillirent de mes yeux. Je me mis à pleurer sans pouvoir réprimer mes sanglots. À trente-sept ans passés ! Le lendemain à l'aurore, j'embarquai sur une galère qui ne mit que quatre jours et quatre nuits pour rallier Séville. Jaime de Majorque m'y attendait. Informé par Marco avant son départ, il avait tout préparé, fondu l'or en lingots, déchâssé les pierres précieuses, vendu au prix coûtant ce que nous ne pouvions pas transporter. Tout avait été scrupuleusement relevé dans ses livres de comptes, au cent près, et entreposé dans les cales du navire de la guilde prêt à appareiller. Il insista pour m'accompagner, abandonnant ses quatre enfants, et malgré les dangers de la traversée. J'avais trop besoin d'un soutien à mes côtés pour l'en dissuader.

Nous eûmes de la chance ; le voyage se passa sans incident notable. À Livourne, notre cargaison fut transbordée sur une barcasse qui remonta l'Arno tirée par des chevaux et des bœufs le long du chemin de halage. Nous arrivâmes à Florence à la nuit tombée. La ville semblait morte. Nous accostâmes au pied de l'esplanade entourée par les palais Vespucci, avec, au fond, la chapelle familiale. Les lieux étaient déserts. Les caisses et les tonneaux furent déchargés. Je guidai les porteurs dans les petites rues, suivant un itinéraire que je connaissais bien pour l'avoir emprunté tant de fois jadis, le cœur et le désir battants, jusqu'à une certaine petite maison sous les remparts où Simonetta et moi nous nous aimâmes si peu de fois et où Toscanelli était mort, alors que j'étais en France. J'en avais encore les clés. Malgré sa rapacité, ma mère avait oublié cette propriété familiale, ou peut-être l'avait-elle jugée sans intérêt pour son fils préféré.

Les porteurs repartirent. Jaime et moi nous installâmes tant bien que mal dans cet endroit où les rats et les araignées étaient désormais les principaux locataires. À l'aurore, après une fort mauvaise nuit, je décidai de me rendre au palais Médicis pour demander audience au Popolano. Jaime m'en dissuada en m'expliquant que la première urgence était de rassurer les juifs, et de tenter de freiner leur ruée vers les banques, lettre de change en main, pour réclamer leur remboursement. Il avait raison. Celui qui s'occupait de leurs affaires à Florence, leur Médicis en quelque sorte, faisait donc métier d'orfèvre et tenait boutique de bijouterie à deux pas de chez moi.

Anibal Yehiel était un petit homme tout en rondeurs qui nous accueillit comme des clients qui voudraient lui acheter tout le contenu de sa boutique. Jaime lui expliqua le motif de notre visite dans une langue que je ne comprenais pas, ce qui m'exaspérait : l'orfèvre et mon assistant parlaient parfaitement le toscan. Le brave artisan changea subitement d'attitude et se métamorphosa en un homme chargé de lourdes responsabilités, un chef. Jaime lui donna les livres de comptes. Yehiel les feuilleta négligemment, s'arrêtant parfois à une page, puis releva les yeux pour me dire, affable mais distant :

— Monsieur Vespucci, merci. Vous êtes un honnête homme.

J'en rougis de plaisir. J'étais surtout soulagé, libéré. Il poursuivit :

— Même si vous avez été, disons... un peu lent à nous

rendre notre dû, nous ne vous réclamerons aucun dédommagement. De toute façon, vous comme nous, nous y avons beaucoup perdu. Mais, croyez-moi, nous trouverons un moyen de récompenser votre intégrité et votre courage qui ne sont pas monnaie courante, de nos jours.

— Je ne demande rien, répliquai-je. Je n'ai fait que mon métier, même si les circonstances m'ont obligé à prendre tant de retard. Je vous en demande pardon.

Jaime intervint et dit d'un ton guilleret :

— Savez-vous, docteur Yehiel, que, dans cette affaire, monsieur Vespucci a dû affronter le rabbi Abravanel ?

Yehiel me regarda avec une grande compassion qui fit rire Jaime. Il soupira, hocha la tête et murmura :

— Rabbi Abravanel, vraiment ? Comme je vous plains ! Pauvre, pauvre monsieur Vespucci...

Jaime m'expliqua que c'était une plaisanterie. Je ne la trouvais pas drôle. Les caisses contenant les biens que les juifs espagnols m'avaient confiés furent transférées chez Yehiel, dans la même matinée. Je pouvais maintenant me rendre au palais de la Seigneurie, rencontrer Lorenzo de Médicis, dit le Popolano, mon patron.

Les rues de ma ville ne se ressemblaient plus. Je croisais des groupes de jeunes gens, armés de gourdins, qui scandaient : « Mort aux riches, mort à la vermine dorée. Vive le peuple, vive l'égalité ! » Puis des processions de pénitents, le visage masqué par une cagoule noire et pointue. Certains, torse nu, se flagellaient le dos avec un nerf de bœuf, en implorant Dieu de leur pardonner je ne sais quel crime.

J'entrai dans le palais de la Seigneurie sans qu'on ne me demande rien. Pas un garde à l'entrée. Il me fallut du temps avant qu'on me dise où se trouvait Lorenzo de Médicis, le Popolano. Et je crus un instant qu'il s'était réfugié de l'autre côté du fleuve, fuyant par les galeries secrètes. Il n'en était rien. Je le dénichai dans un modeste cabinet assis dans un fauteuil, prostré, faisant mine de lire une feuille de papier, une bouteille de vin à moitié vide et un verre à moitié plein à côté. Son visage de Médicis, menton proéminent, face tordue comme s'il avait reçu un coup de poing, nez trop court et épaté, était marqué par la fatigue. À bientôt trente ans, il semblait en avoir dix de plus.

— Ah vous voila enfin, Vespucci ! Que venez-vous m'annoncer ? Que vous avez réussi à nous foutre jusqu'au cou dans la banqueroute ?

Je lui expliquai que j'étais revenu avec l'argent des juifs, qu'ils seraient tous remboursés, et que nous y gagnerons même d'intéressants bénéfices

— Eh bien, comme ça, au moins, répondit-il, ils arrêteront peut-être de me faire chier, ces emmerdeurs.

Ce langage-là ne lui fut certes pas enseigné par ses maîtres Ficin, Pic de La Mirandole, le Politien et Amerigo Vespucci. Nous bûmes un verre de vin, je lui racontai ce que je savais du voyage de Colomb. La lettre à Santángel lui avait été communiquée, comme à tout prince ou grand d'Europe, mais en vers et en toscan. Une ultime fantaisie du cousin Marco...

Je rentrai, le cœur un peu moins lourd. Ces gens qui m'avaient fait confiance n'avaient désormais plus rien à me reprocher, je pouvais repartir à Séville, juste à temps, avec un peu de chance, pour monter à bord de la nouvelle expédition de Colomb vers les Indes. Mais la chance m'avait oublié. Sitôt que j'ouvris la porte d'entrée, Jaime me tira par la manche à l'intérieur, sans ménagement.

— Qu'est-ce qui vous prend, Jaime ? Vous avez failli déchirer mon habit.

— Silence, patron ! Montez à l'étage, vite ! Et cachez-vous où vous le pouvez.

J'essayai de protester, mais il me poussa dans l'escalier. Je me retrouvai dans la chambre où mourut Toscanneli. Y rôdaient de vagues odeurs d'urine séchée. Dans la rue, une procession défilait. Ils psalmodiaient des chants annonçant l'apocalypse. Au bout de quelques minutes Jaime entra.

— Que se passe-t-il à la fin ? demandai-je.

— On vous recherche, patron. On a appris que vous étiez en ville.

— Mais... Quel crime ai-je commis ?

— Aucun, patron, sinon de vous appeler Vespucci. Il faut fuir. Votre bagage est prêt. Partons ! Yehiel nous attend.

Je le suivis, sans protester, hagard, la cervelle vide, jusqu'à la bijouterie. L'orfèvre, en vieux Florentin, avait une idée plus claire de la situation en ville que mon ami catalan. Deux mois auparavant, un prêche de Savonarole, plus enflammé encore que d'habitude contre les nantis voués aux flammes éternelles, provoqua ce soulèvement populaire qui fit fuir Pierre l'Infortuné. La foule demanda au moine de prendre la tête des émeutiers. Il s'y refusa, jugeant que cette révolution était prématurée, et se retira dans son monastère. Lorenzo sortit de l'ombre et, avec quelques membres du Grand Conseil qui n'avaient pas déguerpi, tenta de s'imposer comme chef de l'insurrection. Mais, Popolano ou pas, pour le peuple, il restait un Médicis. On le laissa toutefois présider au palais de la Seigneurie un Conseil fantoche. Cependant, dans la rue, des factions se dressaient les unes contre les autres, tandis qu'à Pise, Pierre et ses partisans, dont mon frère aîné, levaient une armée de mercenaires. C'est alors que Florence apprit mon arrivée, pourtant discrète, à Livourne...

— ... Avec l'argent des juifs, me racontait Yehiel, l'argent du diable, pour ces fanatiques. Argent qui ne peut, dans leur cervelle étroite, être utilisé que pour les réduire en esclavage. Il est grand temps de partir. Je ne donne pas deux heures à la populace pour surgir au bout de la rue, et faire de ma maison un feu de joie dans lequel nous rôtirons. Nous sommes, vous compris, mon ami, les derniers juifs restant à Florence. Tous ont fui cette nuit. Depuis le temps, nous sommes devenus pareils à ces animaux qui sentent venir la tempête, alors que pas un nuage ne flotte encore dans le ciel.

Nous nous vêtîmes tous trois de bures de moines mendiants, et nous sortîmes, sans le moindre bagage. Yehiel ferma soigneusement les volets de sa boutique et accrocha sur la porte un panneau où était écrit : « Fermé pour cause de fièvre populaire. » Je m'impatientai.

— Pourquoi perdre son temps à de tels enfantillages ?

— Non, mon ami, un sourire n'est jamais du temps perdu. Au contraire, c'est toujours ça de gagné sur la mort et la sottise humaine.

Nous franchîmes les remparts sans encombre, tant la confusion était grande. Les portes de la cité étaient ouvertes, pas la moindre sentinelle n'y était postée. Savonarole avait eu raison de se retirer dans son monastère. Cette révolution-là ne serait qu'un feu de paille. Au bout d'une heure de marche sur la route de Rome, nous prîmes un chemin de traverse menant à un bosquet de pins. Une voiture à quatre chevaux nous y attendait. Et mon bagage. Je me tournai, étonné, vers Jaime et le félicitai de sa prévoyance. Nous n'avions débarqué à Florence que deux nuits auparavant. J'abandonnai sans regret ma défroque de moine.

Deux jours plus tard, nous étions au pied du piton rocheux, au sommet duquel s'accrochait la cité fortifiée de Pitigliano, appelée aussi « la petite Jérusalem ». Je passais tout l'hiver dans ce nid d'aigle entièrement peuplé de juifs. J'y étais hébergé par un de mes anciens passagers de Séville, ou plus exactement par un de ses serviteurs qui avait décidé de quitter ses maîtres pour venir se consacrer ici à l'étude de la Bible. Ce n'était pas le plus joyeux des compagnons et j'enviais Jaime, hébergé dans la famille de notre ami bijoutier, qui ne reprocha jamais sa conversion à mon secrétaire, ce qui n'aurait pas été le cas de mon logeur. Celui-ci me permit d'accéder à la bibliothèque de leur école religieuse. Les quelques notions d'hébreu qu'avait tenté jadis de m'inculquer mon oncle chanoine s'étaient évaporées depuis longtemps. Parmi les ouvrages écrits dans les langues que je connaissais, je dénichai un exemplaire du *Devisement du monde* daté de 1324 par le copiste, année de la mort de son auteur, Marco Polo. Je l'avais lu, bien sûr, au temps de ma jeunesse, mais en feuilletant cet exemplaire, je constatai qu'il était surchargé de notes et d'estampilles ainsi que d'un bon nombre de feuillets de commentaires intercalés, en grec, en latin et en hébreu. On m'autorisa à l'emporter. Je demandai à Jaime de venir à la rescousse, pour me traduire les textes rédigés dans la langue d'Abraham.

C'était extraordinaire : tous ces commentaires, accumulés durant presque deux cents ans étaient de la plume de juifs habitant ou ayant visité les lieux évoqués par le voyageur vénitien. Ils donnaient des indications précises, non seulement sur la faune et la flore, les us et coutumes des autochtones, mais également sur les positions, latitudes et longitudes – à partir de la méridienne de Jérusalem – des différents lieux, ainsi que sur les distances entre eux. Cela demandait un gros travail, mais je voulais parvenir, à partir de ces renseignements, à lever une carte de l'Asie – ou des Indes comme on le dit encore couramment – bien moins spéculatives que celles qui existaient, y compris celles de Toscanelli, de Martellus et les miennes. Et puis il n'y avait pas grand-chose à faire d'autre, à Pitigliano, en hiver. Ce fut un labeur de bagnard et de bénédictin tout à la fois. Les unités de mesure variaient bien plus qu'un ciel de printemps. Et il nous fallut beaucoup de sueur pour élaborer des tables d'équivalence. Heureusement, Jaime était un excellent calculateur. Je ne suis pas manchot non plus dans ce genre d'exercice.

J'en vins peu à peu à cette conclusion : à moins que ces différents commentateurs du livre de Marco Polo et moi-même nous nous soyons lourdement trompés, les terres que Colomb venaient de découvrir étaient loin, mais très loin d'être les rivages orientaux des Indes. Des milliers de lieues les séparaient encore de l'île ultime évoquée par Polo, Cipango et ses fameux toits d'or. Sur la carte que j'avais ébauchée, il y avait entre elles un vide énorme, un blanc vertigineux.

— La plaisanterie a assez duré, dis-je alors à Jaime. Nous rentrons à Séville.

— C'est de la folie, patron ! Vous n'avez donc pas entendu ce que nous a dit maître Yehiel hier au soir ?

— Oui, je sais ! Les armées françaises ont franchi les Alpes... Pierre de Médicis qui était revenu à Florence en a été à nouveau chassé, Savonarole s'est décidé à prendre en main la République, le Popolano est une nouvelle fois allé se réfugier auprès du roi de France... Qu'ils se débrouillent entre eux ! Ça ne me concerne plus. J'ai réglé mes dettes. Et j'ai un gros morceau de papier blanc à dessiner. Reste si tu veux. Moi, je pars. Mais je t'en supplie, tutoie-moi, cesse de m'appeler patron. Nous sommes amis, non ?

— Comme ça, c'est mieux. Partons donc ! Je t'éviterai peut-être de commettre encore quelques bêtises. Je m'amuse tellement, en ta compagnie. Et puis, mes enfants me manquent.

— Moi, c'est le jambon !

Jaime éclata de rire.

— Prends garde, Amerigo ! Tu es en train de devenir pire qu'un marrane !

Nous fûmes obligés de passer par Florence. J'avais en effet dissimulé, dès mon arrivée, dans la chambre de mes amours défuntes, une très coquette somme, en cas d'urgence. Notre ami Yehiel, lui, s'était chargé d'expédier nos malles à Livourne, où un bateau nous attendait. Vêtus de nos frocs de moines, le visage dissimulé sous la cagoule, nous traversâmes la place de la Cathédrale. La foule était immense, entourant une gigantesque pyramide en flamme. On avait dressé, pour accéder à son sommet, une sorte de passerelle qui la surplombait presque, vers laquelle on montait un à un par un étroit escalier. Arrivé en haut, on jetait dans le brasier des objets hétéroclites.

— Allons voir ça de plus près, dis-je à Jaime, qui protesta, mais me suivit.

Là-haut, à l'extrémité de la passerelle plongeant sur la pyramide de flammes, je reconnus Botticelli. Il brandit au-dessus de sa tête une longue peinture rectangulaire, pour bien la montrer à la foule, qui le hua et lui enjoignit de détruire cette œuvre de Satan. Alors, il lança Simonetta, nue, dans le bûcher des vanités.

La guilde des Florentins de Séville n'existait plus. L'invasion de l'Italie par la France, la prise de pouvoir de Savonarole. la débâcle des Médicis l'avaient balayée. Ne restait plus qu'une maison de commerce toscane à l'enseigne de : « Juanoto Berardi et fils, Florence, Séville, Lisbonne ».

Marco avait rasé sa barbe, laissant apparaître un visage bouffi et couperosé. Il marchait péniblement, le souffle court. Comme je m'inquiétais de sa santé, il me répondit par cette pirouette : « Quand les affaires vont, tout va. » Et les affaires allaient fort bien. Les succursales sévillanes des deux clans Médicis étaient fermées, et leur argent, tel un ruisseau disparaissant sous un sol trop sec, avait dû rejaillir loin ailleurs, à Vienne, à Londres ou à Paris. Mon cousin me proposa de devenir son fondé de pouvoir, mais exclusivement en Castille. Il gardait pour lui et son associé le négoce portugais et celui des Canaries. Je crois aujourd'hui que, pris de scrupules, il ne voulait pas me mêler au trafic d'esclaves africains auquel il participait pour le compte de Lisbonne, ni à celui des autochtones des anciennes îles Fortunées, qui s'achèvera par un massacre général de cet étrange peuple, les Guanches, qu'on disait descendants des Atlantes.

Je me consacrais exclusivement à l'armement et au fret des navires en partance vers ces Indes occidentales dont Colomb était le vice-roi et le colonisateur. Pendant que j'étais réfugié dans la « petite Jérusalem » il était reparti vers le couchant, à la tête d'une escadre de dix-sept navires transportant plus de deux mille personnes, marins, soldats, gentilshommes, aventuriers, vagabonds, des nouveaux-chrétiens, des familles entières, dont les parents de ce Las Casas, qui se fera bien plus tard mon accusateur et des missionnaires. Parmi ces derniers, mon remplaçant à la cosmographie, le père Marchena, supérieur du couvent de la Rábida, proche de Palos, et qui aurait été l'un des premiers soutiens de Colomb auprès de la reine Isabelle. Ce franciscain, je l'affirme sans acrimonie, n'avait aucune compétence dans la physique du monde, comme je pourrais le constater en retrouvant à la Casa de Contratación quelques rares écrits de sa plume. Il y renchérissait même, avec une grande complaisance, sur l'Amiral et sa conviction qu'il avait découvert les confins de l'empire du Cathay et de Cipangu. Sans oublier les quatre fleuves coulant du Paradis.

Mais l'or n'arrivait toujours pas, ou en très faible quantité, malgré les lettres de l'Amiral répétant à l'envi que ces îles en étaient gorgées. En revanche, les navires qui revenaient maintenant régulièrement de la colonie fondée par Colomb déchargeaient sur les quais, non de Palos, que les autorités tenaient en grande méfiance, ni de Séville, car les tonnages de plus en plus gros ne permettaient plus de remonter le Guadalquivir, mais de son avant-port de Cadix, des cargaisons entières de ces végétaux dont Colomb avait rapporté quelques échantillons lors de sa première traversée : on les connaît depuis sous le nom de tomates, patates, piments, maïs, un excellent fourrage, ananas, que le roi Ferdinand appréciait particulièrement, et le *tobaco,* feuilles séchées que l'on brûle pour en aspirer la fumée par la bouche ou, plus rarement, par les narines, soit dans un petit fourneau, soit enroulées, bien serrées, sur elles-mêmes. Marco en faisait grand cas, m'affirmant que cela apaisait ses douleurs. De sorte que les entrepôts de Cadix commençaient à ressembler à un gigantesque étal de maraîcher. Leurs Majestés eussent préféré que ce fût la devanture d'un orfèvre. Des Indiens étaient également débarqués, du moins ceux qui avaient survécu à la traversée. Les grands et les gens fortunés se les arrachaient au prix fort, pour les exhiber et rehausser leur prestige, un peu à la manière dont les riches Florentins accrochent à leurs cimaises les œuvres de Botticelli ou d'Uccello. Mais bientôt la reine ordonna à l'Amiral de cesser l'envoi de sauvages. Non par compassion ni charité chrétienne pour ces malheureux, comme l'ont répété ses hagiographes, mais parce que son confesseur Torquemada lui avait insufflé l'idée, après l'expulsion des juifs, qu'il faudrait restaurer, dans les Espagnes, une « pureté de sang » qui n'avait jamais existé. Il est vrai que les dames de la cour appréciaient fort ces sauvages bien bâtis et les messieurs, la joliesse des sauvagesses.

De mon côté, j'avais passé autant de temps sur les quais de Cadix que dans les terres du duc de Medina Sidonia à jouer au berger et au palefrenier. Colomb réclamait chevaux, ânes et moutons pour son vice-royaume, protestant qu'on ne lui avait fourni jusqu'à présent qu'un troupeau de mauvaise qualité qui crevait comme des mouches. Il demandait aussi du blé, du vin, du miel, des amandes, du riz. Je n'étais pas forcément la personne la mieux qualifiée pour ce travail, mais la Couronne était sûre que je n'en profiterais pas pour me remplir les poches. Pour me conseiller et m'assister, j'avais engagé un petit propriétaire de Huelva qui avait été spolié par le même duc de Medina Sidonia, ou du moins un de ses intendants. Avec lui, je ne risquais pas de me faire berner sur la marchandise.

Un jour du début mai 1494, trois mois après mon retour, je reçus un message de Luis de Santángel. Le trésorier des

Rois Catholiques m'ordonnait de venir le rejoindre à Salamanque où la cour résidait alors. Jaime et moi nous rendîmes sans attendre dans la cité de la prestigieuse université castillane. Je me demande encore aujourd'hui comment on peut arriver à étudier quoi que ce soit dans un tel chaudron, une telle fournaise. Il paraît qu'en hiver le froid y est terrible. Je ne suis pas allé vérifier.

Luis de Santángel était un bel homme affable, vêtu de sobres habits noirs de clerc, destinés peut-être à faire oublier son immense fortune. « ... Et aussi son statut de tout frais converti », me dit Jaime. Le ministre n'avait pas fait venir le négociant et financier que j'étais encore, mais le cosmographe. Il me dit en préambule :

— Monsieur Berardi et l'Amiral m'ont vivement loué vos talents et vos connaissances. Ptolémée et Regiomontanus n'auraient aucun secret pour vous.

Cela ne m'étonnait pas du cousin Marco de vanter ainsi les mérites de son fondé de pouvoir, mais j'étais très flatté que Colomb eût parlé de moi en ces termes. Santángel avait besoin de mes lumières à propos de rudes négociations qui se prolongeaient depuis de longues semaines entre la Castille et le Portugal dans une petite cité à une cinquantaine de lieues de là : Tordesillas. Les débats n'avaient d'autre objet que le partage du monde. Rien que cela.

Avant même le deuxième départ de Colomb, le pape Alexandre VI avait fulminé, non pas une, mais trois bulles successives, dictées par Ferdinand d'Aragon, qui faisaient fi des traités précédents, et donnaient la part du lion aux Rois Catholiques. Jean II lança alors une armada à la poursuite des dix-sept navires de Colomb. C'était de l'esbroufe. Il s'agissait seulement de montrer sa détermination. Car si, sur mer, le Portugal ne craignait personne, en revanche sa frontière terrestre avec la Castille ne pouvait résister longtemps sous l'assaut conjugué des armées d'Isabelle et Ferdinand. Sa flotte rentra à Lisbonne, le faucon se posa, la chouette ouvrit l'œil. Avec l'appui de ses séculaires alliés anglais, Jean II demanda à sa « chère sœur » Isabelle que s'engagent des négociations, de royaume à royaume, sans que ce pape trop partial y intervienne. La chance vint à son secours : les armées françaises pénétrèrent en Italie, le roi Charles VIII revendiquant la couronne de Naples, sur laquelle Ferdinand avait également des prétentions, tout aussi légitimes, ou illégitimes. Malgré l'envie que le redoutable couple royal en eût, il ne pouvait se battre sur deux fronts à la fois, d'autant que leurs provinces de Catalogne et d'Andalousie frémissaient de quelques velléités d'indépendance. Je n'en finirais pas d'exposer les tenants et les aboutissants de ces conflits. Bref, Isabelle céda et écrivit à son « cher frère » pour lui signifier qu'elle acceptait de négocier avec lui, mais en Castille. Jean lui répondit qu'il y consentait, si toutefois la rencontre se déroulait à moins de cinquante lieues de la frontière. Ce fut donc Tordesillas, où d'ailleurs aucun des deux monarques ne se rendit jamais.

Les négociations piétinèrent de longues semaines, les Portugais ne voulant pas abandonner le partage latitudinal, les Castillans s'en tenant à la méridienne d'Alexandre VI, à cent lieues à l'ouest des Açores. J'avais été assez longtemps aux côtés du roi Louis XI pour comprendre que ce n'était qu'une manière de jauger la détermination de l'adversaire. Puis, brusquement, les Portugais cédèrent et abandonnèrent la latitude frontière d'Alcáçovas. Ils demandèrent en échange que la future démarcation, longitudinale, celle-là, fût repoussée très loin vers l'ouest.

— C'est pour cela que je vous ai fait venir, me dit Santángel. Il y a dans la délégation portugaise un gentilhomme, Duarte Pacheco Pereira, un véritable puits de science, mathématicien, navigateur hors pair, qui est allé jusqu'aux îles équinoxiales de São Tomé-et-Príncipe pour en calculer la position, qui connaît les rivages africains bien mieux que je ne connais les trous dans les finances royales, et dont chaque argument laisse muets nos négociateurs. Il est vrai... Il est vrai que, depuis peu, la Castille a dû se priver de ses meilleurs astrologues et géographes. N'est-ce pas, monsieur de Majorque ?

Le regard complice qu'échangèrent le ministre et mon secrétaire me fit deviner que Jaime ne s'était pas trompé sur les origines de Santángel, qui poursuivit :

— Je suis désolé, monsieur Vespucci, mais vous ne pourrez pas rencontrer Pacheco, car Tordesillas est interdite aux étrangers durant tout le temps de la négociation. Sa Majesté Isabelle a même exigé que les membres des deux parties prouvent qu'ils étaient de famille chrétienne depuis au moins quatre générations.

— Quatre générations ? Je crois pouvoir remonter jusque-là, mais guère plus, Votre Excellence, répliquai-je, ou plutôt répliqua ma fichue manie de l'ironie sans discernement. Mais je ne vois toujours pas en quoi je puis vous être utile.

— Pacheco réclame que ladite méridienne soit repoussée à quatre cents lieues à l'ouest des Açores. Il argue pour cela d'histoires extrêmement compliquées de vents, de courants, de larges détours vers le couchant que les navires portugais devraient accomplir avant d'atteindre les côtes de l'Afrique australe. Si la méridienne était maintenue à cent lieues, prétend-il, ils seraient inéluctablement obligés de franchir la ligne, provoquant ainsi, sans le vouloir, de graves incidents entre les deux royaumes. Le tout agrémenté de chiffres qu'aucun de ces ânes de la délégation castillane n'est capable de comprendre. Le docteur Abraham Zacuto l'aurait pu. Mais il est au Portugal, désormais. Acceptez de me débroussailler tout cela, et croyez-moi, je saurai m'en rappeler. Je ne suis pas un ingrat. Je vous laisse une semaine pour me donner votre rapport sur ce dossier. Des appartements sont à votre disposition dans les murs de l'université, ainsi que sa bibliothèque.

J'acceptais, bien sûr, non quc jc mc fisse encore des illusions sur la gratitude des Grands, mais j'étais dévoré par la curiosité.

Ils voulaient se partager le monde comme on coupe un melon. Mais ce fruit était tellement gigantesque que cent ou quatre cents lieues ne seraient qu'une tranche réduite à une mince pellicule. Pacheco expliquait que pour atteindre le golfe de Guinée, puis la ligne équatoriale et enfin les parages du cap de Bonne-Espérance, il fallait prendre longtemps des vents portants vers le sud-ouest avant d'en trouver d'autres soufflant vers le sud-est. Il nommait « volte » ce long détour, et prétendait qu'on devait, selon la saison, en exécuter jusqu'à trois pour atteindre l'extrémité sud de l'Afrique. J'avais étudié, il est vrai de façon livresque, les vents et les courants de la mer Océane, du moins les rares éléments qu'en avait laissé filtrer Lisbonne, et ceux qu'avaient révélés d'autres navigateurs, flamands ou italiens, avant que fût décrétée par Jean II la *mare clausum.* Le diplomate portugais connaissait très évidemment son sujet sur le bout des doigts, tant en théorie qu'en pratique, mais il compliquait son exposé à plaisir, donnant les distances tantôt en degrés, tantôt en lieues marines, tantôt selon le méridien de Lisbonne, tantôt celui de Séville, tantôt même celui de Rome. Je m'amusai follement à l'exercice de conversion, mais les « ânes » de Santángel avaient dû s'y arracher plus d'un cheveu cernant leur tonsure. Pacheco assenait tout cela à la manière d'un professeur de rhétorique qui accable ses étudiants sous des hypothèses transformées en vérités premières ou en syllogismes. Je fus convaincu en tout cas, qu'entre la découverte du cap de Bonne-Espérance et le premier départ de Colomb, les caravelles portugaises n'étaient pas restées à quai. Elles avaient navigué très loin, dans le plus grand secret, emportant avec elles la junte des mathématiciens, dont Pacheco.

Deux choses toutefois m'intriguaient. D'abord l'excessive durée de navigation sans escale que nécessitaient ces voltes. Je n'avais alors aucune expérience de navigation hauturière, mais il me semblait qu'il aurait fallu emporter de considérables réserves d'eau et de nourriture, pour ne pas risquer de mourir de soif et de faim. Le deuxième point était peut-être lié au premier. Les quatre cents lieues réclamées par Pacheco englobaient très largement les terres que les Pinzón m'avaient dit avoir découvertes. La tranche de melon réclamée par le délégué portugais, si fine fût-elle, devait posséder quelques pépins. Je ne mentionnais pas ces deux réserves dans le bref rapport que je rédigeai, ou plutôt la « traduction » en langage vulgaire de l'exposé du savant explorateur portugais. Santángel lut avec attention les trois ou quatre feuilles que je lui remis, tout en tétant le tuyau de son fourneau à tabac éteint.

— Parfait, dit-il enfin, remarquable travail de concision et de clarté. J'aime beaucoup votre parabole du melon. Vous devriez vous faire littérateur. Le style est là. Mais surtout, ça confirme certaines de mes hypothèses.

Il se leva, battit le briquet comme s'il allait rallumer son fourneau, mais il s'approcha de la cheminée et mit le feu à mon rapport. J'eus un geste de protestation.

— Il faut que tout cela reste entre nous, monsieur Vespucci, dit-il de sa voix toujours aussi posée. Nous allons être amenés à travailler encore ensemble. Et pas seulement pour des chevaux et des brebis à expédier à Colomb. Ah, celui-là, et ses sempiternelles récriminations ! Il réclame des gens de métier, maintenant... des boulangers, des menuisiers des jardiniers, des vignerons, tous excellents artisans, et honnêtes en plus. Où veut-il que je les trouve ? Monsieur Vespucci, si vous étiez, par exemple, un remarquable tailleur bien approvisionné, père de famille, seriez-vous prêt à tout quitter pour partir dans des îles remplies de sauvages mangeurs d'hommes ?

— Je ne sais pas, Votre Excellence, je n'ai jamais mis un fil dans le chas d'une aiguille.

Il sourit à mon insolence, puis :

— Votre opinion ? Combien de lieues peut-on accepter au large des Açores ?

— Abandonnez-lui ses quatre cents lieues. C'est infime dans cette immensité.

— Je comprends pourquoi vous n'avez pas fait carrière dans la diplomatie. Si nous cédons, nous perdons la face. Nous couperons donc la poire en deux. Ou le melon, puisque vous préférez cet autre fruit. Deux cents cinquante... Ça vous semble raisonnable ?

Cela incluait encore dans le domaine portugais les « pépins » des Pinzón.

Finalement, les négociateurs tomberont d'accord sur deux cent cinquante-sept lieues. Astrologues et numérologues castillans proposeront eux-mêmes ce petit supplément à la partie adverse, jugeant que ce chiffre leur était plus favorable. Santángel nous raccompagna jusqu'à sa porte en me promettant que nous nous reverrions. Quand nous fûmes dehors, je demandai à Jaime :

— Qu'est-ce qu'il a voulu dire avec ses « hypothèses qui se confirment » ?

— Je te l'avais dit, c'est un converti, encore plus mal converti que moi, un nouveau-chrétien.

— Je ne vois pas le rapport. Toi et tes idées fixes... Tu me fais penser à un de mes cousins florentins qui préférait les garçons. Lui, il voyait des sodomites partout.

— Les gens qui sont obligés de se cacher se reconnaissent vite entre eux et se comprennent sans avoir besoin de parler. Santángel croit avoir trouvé de l'autre côté de la mer, pour lui et pour les siens, pour moi aussi, une nouvelle terre promise.

Nous rentrâmes à Séville. À peine avais-je ouvert la porte des Berardi, que la maîtresse de maison se jeta dans mes bras et sanglota contre mon épaule. Marco était mort la veille au soir, durant le souper, brutalement, s'effondrant le visage dans son assiette une fois encore trop bien remplie. Il était arrivé à ses fins. Délibérément, méthodiquement, malgré les conseils de ses amis, malgré les recommandations des médecins, malgré les supplications de sa femme, il s'était tué par le vin et la mangeaille, cédant à son vertige, mais volant plus longtemps avant de s'écraser en bas.

Son testament mettait définitivement les siens à l'abri des caprices du commerce et de la finance. Madame Berardi était de petite noblesse andalouse. Grâce à cela, il avait pu acquérir de riches terres à blé et de grands troupeaux de moutons qui assureraient à ses enfants une rente aussi régulière que considérable. Il léguait son négoce et ses biens portugais aux enfants de son père adoptif. Quant à son *ami fidèle Amerigo Vespucci, il prendra en charge et en juste propriété tout ce qui concerne les affaires de navigation et de commerce entre le royaume de Castille, les Canaries, anciennement îles Fortunées, et les nouvelles terres que l'on dit des Indes.* Il me laissait également sa maison de Séville, sa veuve et ses enfants se retirant à Huelva. Dans aucun de ces documents, il ne dévoilait sa véritable identité. Jusqu'à aujourd'hui, je reste le seul à savoir que Juanoto Berardi avait été l'un des membres les plus éminents de la jadis très honorable famille Vespucci de Florence.

Mon premier soin fut de me débarrasser des concessions canariennes, moulin à sucre, traite d'esclaves, plantes tinctoriales et... amandiers. Elles étaient d'un excellent rapport, mais provoquaient de permanentes chicanes avec les gouverneurs, capitaines généraux et autres corrégidors de ces îles, tous plus corrompus les uns que les autres. Chicanes dont s'était toujours délecté le cousin Marco, mais qui n'étaient pas dans mes goûts. Je cessai également tout commerce avec Florence. Savonarole, désormais, y gouvernait seul, avec le soutien de l'occupant français, ce qu'il appelait la République chrétienne et religieuse.

Toutes les activités de ce qui restait l'enseigne Berardi, car je n'avais pas encore osé y lier le nom de Vespucci, étaient à présent concentrées sur le trafic avec Hispaniola, les Indes de Colomb. Je possédais six caravelles, en copropriété avec les deux frères Pinzón survivants, Vicente et

Francisco. Jamais le cousin Marco n'avait eu à leur reprocher la moindre indélicatesse. Moi non plus d'ailleurs. Il n'est rien de plus intègre que des pirates repentis. Ainsi s'acheva l'année 1494 qui m'avait vu errer de Pitigliano à Florence, de Florence à Séville, de Séville à Salamanque, sans oublier Cadix.

Le 3 mars 1495, en fin de matinée, Vicente Pinzón surgit dans mon bureau, l'air hagard. Il m'annonça, presque en pleurant, que quatre de nos bateaux, en partance de Cadix vers Hispaniola, avaient été drossés sur la côte par un violent coup de vent. La cargaison et les navires étaient perdus.

— Et l'équipage ? demandai-je sans réfléchir.

— Un vrai miracle ! Ils ont tous réussi à rejoindre la terre ferme.

C'est grâce à cette question spontanée, me confiera plus tard Vicente, qu'il me prit en amitié. Jusqu'alors, en bon marin, il n'avait eu que méfiance pour le marchand que j'étais. Le lendemain de cette catastrophe, Jaime referma bruyamment un gros livre de comptes et déclara, tel un médecin diagnostiquant un bénin coup de froid :

— Tu es ruiné, Amerigo. Tu n'as plus qu'à mettre la clé sous la porte. Si tu avais suivi mes conseils au lieu de brader les Canaries...

Je sentis monter en moi un immense soulagement. Cet héritage, ces marchandages, ces livraisons en retard et ces factures impayées par le Trésor m'avaient tellement pesé ces derniers mois. Je réfléchis un instant et dis :

— Eh bien, il ne me reste plus qu'à mesurer jusqu'où ira la gratitude de son Excellence Luis de Santángel. Cela tombe bien. Il est à Séville en ce moment.

L'intendant des Rois Catholiques me fit attendre juste ce qu'il fallait pour me montrer qu'il était fort occupé, mais qu'il se souciait malgré tout de mon sort. Il se déclara très affligé du naufrage, et pour cause : toute la cargaison avait été achetée par la Couronne. Puis il eut quelques mots compatissants à propos de la faillite de la maison Berardi à Séville, dont je venais de l'informer.

— J'aurais, éventuellement, à vous proposer une fonction mieux en accord avec ce que je crois être vos goûts et vos aptitudes que le transport de viande sur pied et de ballots de farine. Avez-vous entendu parler de ces entrepôts de Lisbonne que les Portugais nomment la Maison de la Guinée et de la Mine ?

— Certes, votre Excellence, mais ce ne sont pas que des entrepôts, à ce qu'on raconte. Cette maison abrite aussi de très savants docteurs, dont monsieur Duarte Pacheco Pereira, qui y étudient le ciel austral, le profil des côtes, le régime des vents et des courants... J'aimerais être une souris pour me faufiler au-dessous de leurs portes trop bien closes et grignoter un des travaux de cet aréopage.

— Et vous plairait-il de devenir cet aréopage à vous tout seul, pour le service du royaume d'Aragon ?

Je répondis machinalement que ce serait pour moi le plus grand des honneurs, tout en me demandant pourquoi je serais au service de Ferdinand et non pas d'Isabelle. Après tout, je résidais dans le royaume de cette dernière. Comme s'il lisait dans mes pensées – ce qui n'aurait pas demandé des dons divinatoires exceptionnels, puisqu'elles allaient dans le sens de ses propos –, Santángel poursuivit :

— Sa Majesté Ferdinand aurait aimé fonder quelque chose sur le modèle de la Maison de Guinée portugaise. Mais, c'est impossible. Les terres nouvelles, Hispaniola donc, ou les Indes, si vous voulez, sont sous la juridiction du royaume de Castille... Et de l'Amiral, hélas ! Leurs Majestés sont évidemment parfaitement unies dans leur vie comme dans leur gouvernement, mais une institution commune aux deux royaumes risquerait de susciter bien de la grogne et des intrigues. Nous en avons déjà plus que notre content. Ça ne pourra donc être qu'un individu, une fonction. Libre à vous ensuite d'engager des secrétaires ou des assistants, à condition qu'ils soient aussi bons chrétiens que vous et moi. Qu'en pensez-vous ?

— J'accepte, bien sûr, et avec joie ! Quant aux affaires de Castille et d'Aragon... Je ne suis qu'un étranger. Si quelqu'un me demande mon opinion là-dessus, je préfère passer pour un âne et répondre que je ne comprends rien à ces choses-là.

— Voilà qui est d'une grande sagesse ! Mais... Peut-être auriez-vous préféré entrer au service de Sa Majesté Isabelle ?

— Je ne comprends rien à ces choses-là !

Mais j'en comprenais au moins une : la reine de Castille et surtout son confesseur Torquemada se refusaient à aider des « philosophes » ou des « humanistes » dont les forcément hérétiques travaux auraient pu contredire la lettre des Saintes Écritures. Que Job cesse de questionner le Créateur et reste sur son fumier ! Santángel et moi cherchâmes alors une appellation convenant à ma future charge. « Mathématicien du roi », comme en possédaient les princes allemands ? Ça aurait fait chansonner : Ferdinand avait autant d'affinités avec Euclide qu'avec son cher cousin Charles VIII de France. « Astrologue du roi » ? Ça sentait trop le soufre et la superstition. Je proposai alors « cosmographe ». Il s'exclama :

— Très joli ! *Regis cosmographicus !* Superbe ! Personne ne comprendra ce que ça veut dire, à commencer par Sa Majesté elle-même.

J'allais sortir quand il m'interpella :

— Vespucci ! J'oubliais... Votre pension... Je ferai de mon mieux, mais ne comptez pas sur elle pour rouler en carrosse d'or. Après tout, un *cosmographicus* ne saurait se nourrir que de chiffres et de hautes pensées.

Je fus reçu en audience deux semaines plus tard, à Valence, par le roi Ferdinand d'Aragon et de Sicile. Je ne me livrerai pas ici à des considérations sur son apparence ou son caractère, parce que Sa Majesté règne encore ; non que je redoute ses foudres, puisque ce livre ne sortira pas de ces murs avant ma mort, mais parce que je ne suis pas, pour ma part, un ingrat. Sans lui, sans sa protection et son aide, je n'aurais jamais vécu ce que j'ai vécu, découvert ce que j'ai découvert ni agi à ma guise dans ce qui avait toujours été ma passion, la réalité du monde physique. L'entretien fut bref, très protocolaire. Ensuite, je n'eus plus que rarement l'occasion de parler avec lui en tête à tête. Je me satisfis bien vite de cette situation et évitai de frayer avec tous ces importants personnages d'Espagne, sauf quand ma fonction m'y obligeait. Je demeurais et je demeure un étranger, qui a la réputation justifiée de ne pas se mêler des affaires des autres, de n'appartenir à aucune faction, de ne pas courir après les honneurs et les bénéfices, en somme de rester à ma place ; une place qui me convient, car elle me confère le bien le plus précieux : la liberté.

Colomb, lui, ne sut jamais se comporter ainsi, pour son malheur. Sur ordre de la reine Isabelle, mais à la demande du roi Ferdinand, j'avais la primeur des lettres qu'il leur envoyait d'Hispaniola et que me remettaient capitaines et pilotes de retour de ce qu'on commençait à appeler les « Indes occidentales », faute de mieux. Les marins me confiaient également leurs propres documents, livres de bord et ébauches de portulans.

J'avais ouvert les locaux du « cosmographe du roi » dans un des anciens entrepôts d'accastillage de la défunte maison de commerce Berardi, à Cadix. Ce grand port était un rocher de trois lieues de long relié à la terre ferme par une digue protégeait une baie en eaux profondes qui pouvait accueillir en toute sécurité d'importantes flottes de navires de plus en plus gros tonnage, et que l'on bâtissait dans ses arsenaux. Tout ce qui provenait de la mer Océane devait y jeter l'ancre. Je m'y installai à demeure, face à la mer, ne revenant à Séville qu'au début de l'automne, où je restai jusqu'au printemps, pour le retour des bateaux. Jaime et ses quatre enfants habitaient désormais chez moi, toujours à Séville, avec une seule gouvernante qui ne s'occupait pas seulement des orphelins mais aussi du veuf, et tenait la maison. J'avais fait retrouver un travail de comptable à mon ami et secrétaire chez un ancien concurrent. À Cadix, le descendant du fameux cartographe Cresques m'aurait été d'une parfaite inutilité. Par ailleurs, en cette fin d'année 1495, ma pension de cosmographe du roi ne m'arrivait toujours pas.

La venue des Flandres d'un petit jeune homme de ma famille, orphelin d'un de mes frères, améliora un peu ma situation financière. Giovanni apportait avec lui son modeste héritage. Même s'il avait débarqué les poches vides, je n'aurais pas fermé ma porte à l'enfant que m'avait donné Simonetta. Il logea lui aussi dans la maison de Séville, donnant des leçons d'italien, de flamand et de français dans les riches familles marchandes de la région, à qui je vendais, pour améliorer l'ordinaire de ma maisonnée, de belles mappemondes chargées d'animaux fabuleux, d'arbres géants et de sauvages emplumés.

Outre la mise au propre des écrits des navigateurs, du moins tout ce qui concernait ma mission, positions des terres, vents et courants, je m'étais mis en tête de fonder une école de navigation astronomique. Vicente Pinzón, bien malgré lui, m'en avait inspiré l'idée. Peu après mon installation dans l'ancien entrepôt, il était venu me visiter, un peu gêné aux entournures. Il finit par me demander de l'aider à améliorer son maniement des instruments nautiques. J'acceptai et m'aperçus tout de suite qu'il n'avait jamais manipulé ce genre d'appareil. Il ne lui fallut que trois leçons à peine pour en jouer comme un musicien de son instrument. Peu encombré de questionnements métaphysiques, il avait compris d'emblée que ce n'était que des outils destinés à faciliter la tâche à son instinct et son expérience. Croyant que j'étais dans le plus total dénuement, il me proposa, avec son franc-parler, de me payer mes services. Je refusai, bien sûr. Il regarda alors ma résidence d'été, ouverte au vent de la mer et dit :

— Tu ne peux quand même pas vivre dans cette bauge ! Je vais t'envoyer de Palos une servante que je paie à ne rien faire. Elle s'occupera de ton ménage, de ton linge, et du reste. Elle est très propre et plutôt jolie. Il n'est pas bon qu'un homme vive seul, disent les Écritures.

— Amen, répondis-je.

Je lui suggérai de parler de ces cours de navigation astronomique à ceux de ses compagnons marins qui le voudraient. J'eus bientôt une dizaine d'élèves naturellement doués, qui devinrent tous mes amis et dont certains firent des prodiges, en mer et sur les cartes.

Colomb était le seul à ne pas me livrer d'informations précises sur les terres nouvelles dont il était le maître. Aucun des rapports et des lettres aux rois, ainsi qu'à divers importants personnages, contributeurs financiers à cette deuxième expédition, ne concernait ma fonction. Pas un relevé de position du moindre petit îlot découvert ; il en énumérait à foison, les baptisant de prénoms princiers, Isabela, Ferdinanda, Juana, ou de désignations religieuses, Santa María de Guadalupe, Trinidad... Aucun tracé de côte, aucun croquis ; pourtant ni lui ni son frère Bartolomé qui l'accompagnait n'étaient d'excellents cartographes : quand ils résidaient à Lisbonne, ils avaient eu pour maître le grand Martin Behaim, lui-même ancien élève de Regiomontanus. À lire l'Amiral, son unique préoccupation était d'installer sa colonie, de construire des bâtiments administratifs, d'y pratiquer l'élevage et l'agriculture, tout en écrasant les indigènes en révolte qui, d'« inoffensifs, couards et bestiaux », étaient devenus de cruels guerriers mangeurs d'hommes, n'avouant même pas sous la torture où se cachaient leurs fabuleuses mines d'or. De l'empire du Cathay, il n'était plus question. Nous n'avions plus affaire à ce hardi marin qui avait forcé le premier le destin, au vu et au su du monde, et osé en pleine lumière traverser la mer Océane. Il s'agissait du vice-roi des Indes, du grand amiral, seigneur suzerain en son domaine. Et moi, qu'étais-je, avec mes quelques chiffres et les quelques lignes irrégulières que je voulais dessiner ? Je ne cherchais que la vérité, la réalité des choses. Lui, cette vérité, il voulait la garder pour lui seul, et cette réalité, il voulait en vain la faire plier sous ses rêves.

Heureusement, Vicente Pinzón, réduit à l'inactivité, non seulement par le naufrage de nos quatre navires, mais également par la disgrâce dans laquelle l'avait fait tomber l'Amiral auprès d'Isabelle, connaissait presque tous les marins, du capitaine au mousse, dont beaucoup avaient navigué sous ses ordres ou ceux de ses frères. Il allait collecter auprès d'eux, pour me les remettre, anecdotes, descriptions orales – le plus grand nombre ne savait pas écrire –, croquis d'une côte en vue cavalière, souvent naïfs, ébauches de portulans, maladroits mais scrupuleux. Quant aux récits sur les autochtones, j'en avais plus que mon compte. L'Homme est le principal souci de l'Homme, et j'avais bien du mal moi-même à ne pas me laisser distraire de mes recherches que je voulais les plus désincarnées possible.

Pinzón me présentait souvent des pilotes et des capitaines, dont certains devinrent mes « élèves ». Au début, ils se montraient intimidés et réservés face au personnage officiel que j'étais devenu. J'en profitais pour exiger d'eux que, dans notre conversation, il ne soit question ni d'Indiens, ni d'un quelconque officier supérieur, ni surtout de l'Amiral, soit pour en faire l'éloge, soit pour le blâmer, ce qui était plus fréquemment le cas. Après cet entretien, je les conviais dans la moins mauvaise des auberges du port, où j'avais pris mes habitudes. Je n'avais pas grand-peine, après quelques cruchons, à les mettre en confiance : ils ne demandaient qu'à me tutoyer, à m'appeler Ameriyo ou Morigo, selon le niveau de leur éducation, et à me meurtrir le dos et les épaules de leurs bourrades et de leurs embrassades. Ils devenaient alors les plus agréables compagnons du monde. Je ne me fâchais seulement que quand l'un d'entre eux me lançait : « Toi au moins, Morigo, t'es pas comme l'Amiral. » Mais la plupart du temps, leurs taquineries, trop lourdes et trop épaisses pour le fils de Nastagio Vespucci, portaient sur la servante que m'avait offerte Vicente. Nommons-la elle aussi María, mais avec l'accent andalou. Cette jolie brunette de vingt ans, qui aurait pu être mauresque, se glissa dans mon lit dès le premier soir, avec une spontanéité qui me persuada, un coq reste un coq, que ce n'était ni sur ordre, ni sous la contrainte, ni par vénalité. Puis, elle s'attacha à moi plus que de raison, mes manières étant passablement moins rudes que celles de ses anciens amants. J'aurais pu m'en attendrir, mais depuis la mort de Simonetta, si longtemps auparavant, mon cœur était désespérément sec.

Peu à peu, les nombreux éléments qu'on me rapportait sur les Indes occidentales commençaient à prendre forme, tels les minuscules morceaux assemblés d'une mosaïque laissant deviner le motif général. C'était un archipel, et non les confins de l'Asie, comme le prétendait par moments l'Amiral. Parfois, il affirmait au contraire qu'il s'agissait des mille îles aux épices que Marco Polo appelait Mangi. Mais pas un grain de poivre, pas une noix muscade ne sortit de ses cales. Pourquoi s'obstinait-il à proclamer qu'il avait « retrouvé » par un autre chemin des contrées connues, au moins par ouï-dire, parfois depuis Hérodote ? N'y avait-il pas plus de mérite, plus de gloire à avoir « découvert » des nouvelles terres, et un nouveau chemin ?

Le 11 juin 1496, trois vaisseaux, dont l'un d'eux arborait les armes de l'Amiral, mouillèrent au large de la baie de Cadix. Christophe Colomb était de retour sans que rien ne l'eût laissé présager. L'alcade, le regidor et le capitaine du port vinrent me voir en grande hâte. Les deux premiers étaient affolés : tout le monde savait ici qu'ils se payaient largement sur la bête, en l'occurrence les cargaisons des Indes ; le capitaine n'avait pas non plus une grande réputation d'intégrité, mais il avait le mérite à mes yeux de ne pas m'entraver dans ma tâche. Ils considéraient ma charge de « cosmographe du roi » comme un titre de noblesse, qui me rendait supérieur à eux, en influence. Ils étaient pourtant hidalgos, leurs charges les y obligeaient, mais de petite naissance.

— Messieurs, rassurez-vous, leur dis-je, le seigneur amiral n'est pas revenu pour examiner vos livres.

— Il ne s'agit pas de cela, protesta mollement le regidor. C'est que nous ne savons pas comment accueillir dignement le vice-roi des Indes. Depuis que le marquisat et le duché de Cadix sont tombés en déshérence...

— En plus, coupa l'alcade, les Grands sont tous en ce moment à Burgos, où Leurs Majestés résident.

Me voilà devenu ordonnateur du protocole et des cérémonies de la maison du roi Colomb, songeai-je, amusé. Je demandai au capitaine, en essayant de ne pas pouffer – mon oncle chanoine m'avait appris qu'il était très impoli de rire de ses propres plaisanteries :

— Dans combien de temps Sa Seigneurie l'Amiral foulera de son auguste pied la terre d'Andalousie ?

— Trois heures à peu près. Les pilotes doivent être déjà à bord. Les vaisseaux seront remorqués, car il n'y a pas un souffle de vent.

— Ça vous laisse le temps, messieurs, de rameuter tous les notables de Cadix dans leurs plus beaux atours. Encore que je doute que cela soit la préoccupation première de son archi-Excellence vice-roi des Indes.

Le regidor et l'alcade s'en furent. Seul le capitaine resta encore un instant pour me demander s'il devait inspecter les navires. Je lui répondis de faire son métier.

La nef amirale s'amarra au quai du plus profond des bassins à flot. La petite « haute » société de Cadix s'était mise au premier rang, et les familles de matelots, qui espéraient que leurs hommes fussent à bord, reléguées loin derrière. Alors que la passerelle s'abaissait, une fanfare éclata. Ces imbéciles avaient fait venir un orchestre !

Colomb apparut à la coupée. Il marchait très lentement, d'un pas hésitant le long de la passerelle, s'appuyant lourdement sur le cordage servant de rampe. Au milieu, il chancela, mais d'un geste agacé il refusa l'aide de l'officier qui le suivait. Derrière, deux matelots portaient un fauteuil dont les bras avaient été remplacés par des brancards. Colomb s'y effondra, une fois qu'il fut arrivé sur le quai. Le capitaine du port et ses douaniers s'avancèrent pour lui demander l'autorisation d'inspecter les navires. Colomb lui désigna l'officier secourable qui était à ses côtés. Celui-ci leur donna son accord. Cependant, j'avais chuchoté à l'oreille de l'alcade de faire cesser la musique, sous prétexte qu'elle pourrait importuner l'Amiral, visiblement souffrant. Ce fut fait. La foule poussa un grand « Ah ! » de soulagement. Quand Colomb dans son fauteuil s'avança vers la rangée de notables, je me mis un peu en retrait, n'ayant aucune envie que celui qui fut, trois ans auparavant, mon compagnon de voyage à travers l'Espagne, me prenne pour l'un d'eux.

— Messieurs, et vous aussi mesdames, dit-il d'une voix un peu tremblante, soyez remerciés de votre bon accueil. Il m'honore. Mais... Quelqu'un pourrait-il me donner une boisson fraîche ? De l'eau suffirait.

— Tout est prévu, monseigneur, répondit l'alcade. Faites place, vous autres.

La foule s'écarta devant le cortège de notables qui suivait le fauteuil de l'Amiral et l'officier secourable. Sous l'ancienne criée, devenue un simple et vaste auvent où étaient entreposées en urgence en cas de mauvais temps les marchandises venues d'Hispaniola, s'étalaient sur un tréteau gâteaux, confiseries, fruits frais, boissons diverses. Naturellement, seuls nous autres notables y avions accès. Colomb avala d'un trait un verre d'eau, puis le jus de deux oranges pressées. Il toussota. Le silence se fit.

— Où vous cachez-vous, monsieur Vespucci ? dit-il d'une voix plus assurée. Vous n'avez aucune raison pour cela. Je voudrais saluer la seule personne honnête et droite dans cette belle assemblée de forbans, de voleurs, d'intrigants et de comploteurs concourant à ma perte.

Je m'avançai, fort embarrassé par cette diatribe. J'avais décidé de me comporter avec lui comme lors de notre voyage à travers l'Espagne, c'est-à-dire sans familiarité, mais d'égal à égal. Je ne savais plus si j'en serais capable. Il me tendit une main franche.

— Amiral, c'est une grande joie de vous revoir.

— Amiral... amiral..., répondit-il. Je ne suis pas bien sûr de le rester longtemps. Figurez-vous que mes ennemis ont réussi à instiller à la reine des soupçons iniques sur mon compte. Je garderais tout l'or du Cathay pour moi, je traiterais ses hidalgos plus bas que terre, j'abuserais de mes pouvoirs, et que sais-je encore ? Sa Majesté a d'ailleurs envoyé à Hispaniola, pour me surveiller, le commandant Juan de Aguado, un exquis gentilhomme – il me désigna l'officier secourable –, qui a eu la mansuétude de ne pas me mettre les fers aux pieds pour me ramener en Castille.

— Seigneur amiral, chuchota Aguado, vous m'aviez promis de n'évoquer ce sujet que devant Leurs Majestés.

Colomb se tut, croisa les bras. On eût dit un enfant boudeur. J'étais de plus en plus gêné. Pour rompre le silence, je demandai, sottement :

— Votre santé ? Vous m'avez l'air fatigué, amiral.

— Bah ! C'est une sorte de malaria, que j'ai prise à Saint-Georges-de-la-Mine, en Guinée, il y a de cela une quinzaine d'années. Elle revient de temps en temps, surtout quand on me crée des contrariétés. Je dois vous quitter maintenant, je me sens très las. Et demain, à l'aube, je reprends la route de Burgos pour y être reçu par Leurs Majestés. Mon cher, je ne vous demande pas de m'y accompagner. Vos occupations de cosmographe du roi doivent vous prendre trop de temps. Je vous promets de vous envoyer quelques petites choses qui pourraient vous intéresser. Qui sait ? Si Dieu le veut, peut-être serons-nous amenés un jour à travailler ensemble.

Ce fut tout. Je ne recevrais jamais ces « quelques petites choses », et je ne travaillerais jamais avec Colomb.

Le lendemain, Vicente Pinzón vint me voir. Il s'était abstenu d'accueillir l'Amiral, tant la rancune qu'il gardait envers lui était grande. Il était accompagné d'un marin, qu'il me présenta sous le nom de Juan de La Cosa, pilote et maître cartographe à bord de la *Niña.* Celui-ci venait de débarquer. Cet homme d'une trentaine d'années avait plutôt l'allure d'un pirate que d'un studieux dessinateur. Originaire de Cantabrie, il était presque né sur le pont d'un bateau. De passage à Palos, il s'était acoquiné, ou associé si on préfère, avec les Pinzón. Ce fut lui qui arma la nef capitane du premier voyage de Colomb, dont il devint le pilote. Lui aussi avait quelques raisons d'en vouloir à Colomb, puisque celui-ci l'avait accusé devant la reine Isabelle d'être responsable de la perte de la *Santa María.* Mais le vice-roi ne pouvait se passer de marins de sa trempe et l'enrôla pour sa deuxième expédition. Je le saluai chaleureusement : enfin, j'allais en savoir plus sur les terres dont il revenait dans le sillage de l'Amiral.

La Cosa déroula sur ma table un grand rectangle de mauvais papier attaqué par l'eau de mer. Le dessin représentait les côtes d'une île longue et étroite selon l'échelle qu'il en donnait, et qu'il avait titrée « Juana ». Il y avait déjà ajouté, heureusement d'un fusain léger, des arbres, des oiseaux et des Indiens.

— C'est bien, dis-je gentiment pour ne pas le blesser, mais vous devriez donner longitudes et latitudes. L'important n'est pas qu'une carte soit jolie, il faut qu'elle soit précise.

— Ce n'est pas une leçon que l'ami Juan de La Cosa vient te demander, intervint Vicente. Écoute plutôt son histoire.

L'an passé, Colomb était parti d'Isabela avec trois caravelles pour explorer la terre voisine. Les Indiens lui avaient raconté qu'il pourrait y trouver de l'or en grande quantité. Ils en avaient longé le rivage vers le nord-ouest, puis avaient rebroussé chemin pour la contourner par sa pointe sud-est et suivi la côte opposée qu'ils remontèrent sur à peu près la même distance que le long de l'autre versant. À ce point, l'Amiral avait fait jeter l'ancre, réuni les trois équipages sur la *Niña* et leur avait fait prêter serment devant le subrécargue faisant office de magistrat qu'ils affirmeraient que Juana était l'avancée d'une grande terre ferme et non une île. Ceux qui diraient le contraire devraient payer une amende de mille maravédis.

— Ce genre de serments est assez courant, à bord, m'expliqua Pinzón. Ils servent à redonner une bonne entente après un incident, une bagarre, une erreur de navigation, voire une mutinerie. Comme ça, ça reste entre nous, et les terriens ne viennent pas s'en mêler. Mais là, c'est la première fois que j'entends une chose pareille ! Qu'est-ce que les matelots en ont à foutre que ce soit une île ou une terre ferme ?

— Je suis sûr que c'était une île, renchérit La Cosa. Et les camarades aussi. On sent ça à des riens, des courants, quelque chose dans l'air. Je ne sais peut-être pas dessiner une carte, monsieur le cosmographe, mais j'ai du flair.

Pinzón s'emporta contre Colomb, qui les aurait tous roulés dans la farine, avec ses fumeuses histoires de Cathay et de Cipangu ; son titre de vice-roi lui était monté à la tête. Le pilote alla même jusqu'à prononcer les mots de menteur et de charlatan. Je le calmai en lui déclarant que c'était désormais le rôle du cosmographe du roi de décider des suites à donner à cette affaire, et qu'ils avaient bien fait de me consulter. Avant qu'ils me quittent, je recrutai La Cosa dans mon école de navigation astronomique.

Je ne décidai rien. Colomb était visiblement tombé dans

une semi-disgrâce, surtout auprès de Ferdinand, comme me l'avait déjà fait comprendre Santángel l'an passé. Il semblait maintenant perdre la confiance d'Isabelle, ainsi que le montrait son retour impromptu en compagnie ou sous surveillance de l'officier secourable, dont j'avais déjà oublié le nom. Je n'étais pas homme à hurler avec les loups. J'avais, de plus, estime et admiration pour l'Amiral. Mais je craignais – sa malaria y était peut-être pour quelque chose – que cet homme parfois excentrique fût en train de passer de l'autre côté de la raison. Je décidai alors de forcer le destin et de tout mettre en œuvre pour aller voir sur place ces terres qui me hantaient jusque dans mon sommeil. Mon tour était venu.

Le 10 mai 1497, quatre caravelles dites de découverte quittèrent le port de Cadix vers le couchant, avec cent quatre-vingts hommes répartis à bord de chacune d'elles, plus un passager, le cosmographe du roi Ferdinand II d'Aragon.

Neuf mois auparavant, quelques semaines après le retour de Colomb, j'avais envoyé à Luis de Santángel un rapport précis sur Hispaniola, fondé sur les témoignages et les documents collectés auprès des marins revenus avec lui. Je ne pouvais passer sous silence l'étrange serment de Juana et le refus de l'Amiral de pousser l'exploration de cette terre jusqu'à son terme. Je pris soin toutefois de ne pas l'accabler, en affirmant que cette dérobade pouvait être justifiée par son état de santé.

Je savais que le trésorier des Rois Catholiques ne ferait rien qui nuise à Colomb, ayant trop œuvré, tant financièrement que par ses démarches auprès de Leurs Majestés, à la réussite de l'entreprise. Si l'Amiral tombait, Santángel pourrait bien tomber avec lui, d'autant que son statut de nouveau-chrétien déplaisait de plus en plus à la reine Isabelle et à son confesseur. Un mois après, en guise de réponse, il me fit informer qu'il résidait à Séville, et qu'il m'y recevrait. Pas une fois, durant cet entretien, il n'évoqua Colomb. Le ministre me dit en préambule que les monarques se préoccupaient surtout du conflit qu'ils avaient avec la France, à propos du royaume de Naples et du comté de Roussillon. Puis il m'annonça ce que je voulais entendre : le roi d'Aragon ordonnait à son cosmographe « de prendre part à une expédition maritime jusqu'aux rivages des Indes occidentales pour y découvrir terres et îles nouvelles sous la seule réserve de ne pas s'y livrer au négoce ni à d'autres activités qui pourraient nuire aux intérêts du royaume de Castille, les terres découvertes restant propriété dudit royaume ».

Le capitaine des troupes embarquées serait de la maison d'Aragon. Pour le reste, me dit Santángel, que je me débrouille avec mes « amis forbans », manière de me montrer qu'il gardait toujours un œil sur moi, et de me faire comprendre qu'il avait pris entièrement en charge les affaires de la mer Océane, sous l'égide toutefois du duc de Medina Sidonia, seigneur d'Andalousie. Ferdinand avait puisé dans sa cassette personnelle pour financer l'armement. Il n'en attendait aucun retour ni remboursement. Au fond, il agissait ainsi à la manière des Médicis, des Sforza ou des Este, achetant les services d'un grand peintre, afin de rehausser leur prestige. Mais c'étaient des terres nouvelles que le roi désirait accrocher à ses cimaises. Et puis, peut-être était-il un peu las de rester dans le sillage de son épouse. Par ses sous-entendus, le ministre soulignait que lui seul était à l'origine de cette expédition, et donc que je lui en étais redevable. J'avais pour ma part la très nette impression que lui, et peut-être le roi voulaient en ma personne contrebalancer les trop grands pouvoirs qu'Isabelle avait donnés au vice-roi des Indes, jouant ainsi Vespucci contre Colomb. *Divide et impera*, divise et règne, disaient les anciens Romains. Mais nul ne parviendra jamais à mettre un coin entre l'amiral et le cosmographe : Colomb et Vespucci ne pouvaient se combattre, car ils n'avaient pas les mêmes rêves.

Santángel me donna quelques autres recommandations, orales, comme celle d'éviter Hispaniola et sa capitale Isabela. J'avais également pour consigne d'arborer en permanence les deux pavillons aragonais et castillan, pour ne pas mécontenter les sujets de ce qui restait encore deux royaumes distincts.

Quand je lui appris la nouvelle, Vicente Pinzón me serra dans ses bras et me tambourina vigoureusement les omoplates, à la manière exubérante des Andalous. Nous partîmes au plus tôt, en compagnie de La Cosa, l'ancien maître cartographe de la *Niña*, devenu mon disciple, et Francisco, le jeune frère de Vicente, chercher nos navires à Palos. Nous ramenâmes à Cadix les deux caravelles épargnées par le naufrage qui causa ma faillite. J'avais oublié que j'en possédais encore quelques parts. L'autre moitié de la flottille appartenait à La Cosa, et en partie à l'un de leurs compatriotes, Juan Díaz de Solís, une trentaine d'années dont quelques-unes au service du Portugal. Et surtout de lui-même. Après quelques mois de chantier et d'essais au large, les quatre caravelles, comme neuves, étaient prêtes à appareiller. Elles n'avaient gardé que leur nom de baptême, la *Joyeuse*, la *Gracieuse*, la *Mignonne* et l'*Effrontée*, malgré les recommandations venues d'en haut exigeant de tous les armateurs des dénominations plus chrétiennes.

L'escouade de soldats arriva de Saragosse à la fin du mois d'avril. Son capitaine, Pedro de Soria, officier de la maison royale, était de très vieille famille aragonaise et le fit bien sentir aux roturiers que nous étions. Vicente, en tant que principal armateur et chef d'escadre, décida de mettre avec lui les choses au point avant de partir, assuré de mon soutien et de mon autorité conférée par mon titre de cosmographe du roi.

Il voulait que la répartition des rôles soit la même que dans les missions d'exploration portugaises. En mer, et dans tous les domaines de la navigation, y compris le choix du mouillage ou de l'accostage, le premier pilote, qu'on appelait aussi le « patron », était le seul maître, sous le contrôle toutefois des pilotes des autres navires. À terre, en revanche, le capitaine des troupes embarquées aurait tous les pouvoirs, rencontrerait les indigènes et tenterait d'avoir avec eux les rapports les plus pacifiques possible. Il ne déciderait de la bataille qu'en toute dernière extrémité.

— Eh bien, monsieur le professeur, me dit Pedro de Soria en feignant un bâillement, j'espère que vous nous dénicherez autre chose que des îles désertes. Sinon, quel ennui !

Je fronçai les sourcils et rappelai les instructions du roi de ne pas se livrer à des échanges commerciaux, en particulier celui de l'or. Nous emportions diverses babioles, clochettes, verroteries, billes, miroirs, mais qui ne serviraient qu'à payer aux autochtones vivres, eaux et bois, ainsi que leur aide. Ce serait au subrécargue, au commis que l'on appelait ici le notaire, et au Portugal le greffier, de juger si ce que chacun d'entre nous, sans distinction de grade, rapporterait avec lui serait ou non susceptible d'être considéré comme de la contrebande. Pedro de Soria approuva d'un hochement de tête d'une raideur toute militaire. Ce qui me rassura : il n'était pas homme à désobéir à son roi.

Je n'étais qu'un passager. Accoudé à la rambarde du château arrière de la *Joyeuse*, je voyais la terre andalouse s'éloigner et je savourais ces moments de solitude. Sous mes pieds, ma cabine, un réduit que je partageais avec le capitaine d'armes. Le malheureux n'avait pas supporté les premiers mouvements du bateau et avait préféré aller se coucher sur sa paillasse. Ses vingt hommes entassés dans la cale ne devaient pas valoir mieux, pauvres diables arrachés aux profondeurs de la Mancha et de la Saragosse. La troupe ne pourrait sortir de son espace confiné que quand le pilote l'autoriserait. Vicente Pinzón était à la timonerie, dressé derrière le garde-corps, l'œil fixé sur la voilure, donnant des ordres brefs à son maître voilier ou demandant, d'un geste de la main, à son timonier d'appuyer sa barre tantôt à droite tantôt à gauche.

J'épargne au lecteur le jargon des marins, mais s'il veut assouvir sa curiosité, qu'il se reporte au lexique que j'ajouterai, si j'en ai le courage, en fin d'ouvrage, de ces mots pittoresques, métaphoriques, très crus le plus souvent, poétiques parfois, désignant jusqu'au moindre petit bout de ficelle.

Les trois autres caravelles suivaient la *Joyeuse* à distance raisonnable, et semblaient, vues du château arrière, n'être que voiles. Les quatre unités de notre escadre étaient parfaitement identiques, sauf l'*Effrontée*, pilotée par Juan Díaz de Solís, d'un plus gros tonnage, car transportant la plus grande partie des réserves. Vingt marins par bateau, vingt soldats, y compris leurs sergents et leur capitaine.

Nous ne mîmes que quatre jours et trois nuits pour atteindre la Grande Canarie. « Deux de moins que Colomb », dit Vicente Pinzón, tout fiérot. Comme je lui fis remarquer que, lors de son premier voyage, l'Amiral avait été retardé par des avaries graves, le gouvernail de la *Pinta*, menée par feu son frère Martin, ayant sauté par deux fois, il se vexa et ne m'adressa plus la parole de tout le repas. Sitôt qu'il avait posé le pied sur le pont de son navire, le *piloto mayor* de notre flottille avait radicalement changé d'attitude. Cet homme, d'ordinaire si chaleureux, était devenu distant et ne souffrait aucune contradiction.

Ce soir-là, nous mouillions au large du port de Las Palmas, où nous ne débarquerions qu'au lendemain à l'aube. La nuit était splendide. Nous soupions sur le château arrière ; le vacarme des jours précédents, auquel nous nous étions habitués et que nous n'entendions plus, avait laissé la place non au silence mais à la petite musique du bois qui grinçait et de l'eau clapotant sur les flancs de la *Joyeuse*. C'est pourquoi j'avais estimé, bien à tort, que je pouvais renouer des relations normales avec Vicente. Je me le tins pour dit, et ne me mêlais pas de la conversation entre le pilote et le capitaine Pedro de Soria, qui avait retrouvé toute sa santé, conversation qui avait pour seul objet l'Amiral et vice-roi des Indes, dont les oreilles devaient siffler très fort, quelque part en Castille, suivant la reine dans ses déplacements pour tenter de lui arracher un nouveau voyage.

À la fin du repas, je demandai au *piloto mayor*, de façon très protocolaire, l'autorisation de me livrer à quelques observations astronomiques et l'invitai à y prendre part. Pinzón me concéda l'autorisation, mais déclina mon invite. La journée de demain serait pour lui laborieuse. Il alla se coucher dans la cabine jouxtant la nôtre, et qu'il partageait avec le subrécargue. Soria, en revanche, me dit qu'il était curieux de voir comment je procédais.

J'étais impatient d'étrenner mes instruments tout neufs, en cuivre et en laiton, fabriqués à Nuremberg par le fameux Martin Behaim, qui s'était installé au Portugal, où il était devenu un des membres les plus éminents de la junte des mathématiciens de Lisbonne. Je n'avais pu les utiliser durant la traversée, les voiles me bouchant le ciel et les mouvements du navire m'interdisant tout relevé à peu près fiable. J'expliquai au capitaine la façon dont je procédais pour calculer une longitude le plus précisément possible. La méthode que je préconisais pour connaître la distance qui nous séparait de notre méridien d'origine, en l'occurrence celui de Séville, était bien plus compliquée que celle employée d'ordinaire par les marins, qui consistait à calculer le seul rapport entre le nombre d'heures écoulées depuis le départ et la vitesse estimée du navire. De mon côté, j'observais les oppositions d'une planète vis-à-vis d'une autre, et surtout le mouvement de la Lune vis-à-vis de ces planètes. Puis, je comparais ces données avec les différents almanachs, éphémérides et autres tables astronomiques que j'avais pris soin d'emporter avec moi. Il me fallait encore me livrer à quelques calculs, car ces documents utilisaient chacun un méridien de base différent. Au terme de l'opération, ma marge d'erreur n'était que de trois ou quatre degrés. Mais, m'avait fait naguère remarquer le pilote de la *Gracieuse*, Juan de La Cosa, c'est déjà beaucoup trop pour un navire à l'approche d'un écueil ou d'un haut-fond.

— Je vous suis, je vous suis, murmurait Soria avec un peu d'impatience dans la voix. J'ai hâte de vous voir à l'œuvre.

Alors, je levai le nez, l'octant et l'astrolabe dans les étoiles. Je m'obligeais à renouveler trois ou quatre fois mes observations, que je reportais ensuite dans mon cahier, pour tenter de rectifier le léger mouvement du navire. Le temps passait, la nuit s'avançait sans que je m'en aperçoive. Enfin, la fatigue tomba d'un coup sur mes épaules. Je me retournai. Le capitaine, étendu à même le plancher, s'était endormi. Il ronflotait et un sourire enfantin se devinait sous la barbe du hautain hidalgo.

Durant les huit jours de notre escale à Las Palmas, je piaffais d'impatience de pouvoir repartir. Je n'avais pu me dérober à l'invitation du gouverneur de résider dans son palais, bâtisse hors de proportion avec la petite capitale des Canaries, le plus souvent faite de masures en planches. Ecclésiastiques, fonctionnaires, et militaires suintaient la corruption et la sottise par tous les pores de leur peau. Le capitaine Soria qui, en tant qu'autre représentant officiel de la Couronne, partageait avec moi leur hospitalité, leur témoignait un mépris cinglant qui me faisait jubiler intérieurement. Je n'osais l'imiter, sans doute parce qu'il me restait encore un peu du vernis de la civilité florentine. Et puis, je demeurais un étranger, même ici. Je refusai leur invitation à aller visiter les « curiosités volcaniques » de la montagne, qui auraient dû intéresser « un philosophe de la nature » tel que moi. Une mauvaise chute est vite arrivée. Alors, adieu les îles ! Une bonne partie de la journée, le capitaine et moi déambulions le long de la grève, échangeant souvenirs et anecdotes de notre passé, en prenant bien garde que nos propos restent anodins. Nous croisions quelquefois un de ses soldats endormis sur le sable, seul ou au côté d'une fille, et récupérant d'une nuit agitée. Ses hommes étaient cantonnés à la forteresse, mais à l'exception d'un appel le matin et le soir, ils avaient quartier libre. Il n'y eut pas de désertion. Un soir, le capitaine m'emmena dans le bordel réservé aux officiers et aux notables. Nous y retrouvâmes les quatre sergents qui lui tenaient lieu d'état-major. Enfin, nous fûmes rappelés à bord, l'appareillage étant fixé le lendemain à l'aube. Vicente Pinzón convoqua les trois autres pilotes sur le château arrière de la *Joyeuse.* Tout guilleret, le *piloto mayor* nous annonça :

— Messieurs, s'il plaît à Dieu, notre prochaine escale sera Isabela, capitale d'Hispaniola.

Il était dans mon rôle d'objecter que les instructions qu'on m'avait données, oralement hélas, étaient de s'abstenir, sauf cas de force majeure, de pénétrer dans le pré carré du vice-roi des Indes, et d'éviter tout contact avec ses administrés.

— Ah oui ? répondit Vicente, et acheter des interprètes pour communiquer avec les autres Indiens que nous rencontrerons, n'est-ce pas un cas de force majeure ?

Je n'y avais pas pensé. Le capitaine d'armes, qui apparemment avait reçu les mêmes recommandations que moi, intervint et déclara que ses troupes et lui ne descendraient pas à terre tout le temps de l'escale, qu'il espérait la plus courte possible.

— Les équipages y demeureront aussi, conclut Vicente. Seul le pilote de l'*Effrontée* et son « notaire » descendront pour cet achat. Nous repartirons, au pire, au bout de vingt-quatre heures.

Le lendemain, peu avant le lever du soleil, tous furent réunis sur la *Joyeuse,* où le capitaine Pedro de Soria, qui était de l'ordre de Santiago et avait donc reçu, jadis, la petite tonsure, célébra l'office religieux. Les conditions de vie à bord étaient telles qu'elles ne nous permettaient pas de faire nos dévotions aussi régulièrement qu'un bon chrétien aurait dû les faire. La plupart du temps, chacun communiait seul, expression paradoxale j'en conviens, les marins vouant un culte presque idolâtre à quelque saint, Antoine de Padoue, que les Portugais appellent Antoine de Lisbonne, ayant leur préférence.

Colomb, ainsi que de nombreux autres capitaines ou pilotes, puis moi-même ont pris la petite tonsure des frères mineurs, sans toutefois prononcer nos vœux, ce qui nous permet de servir la messe et nous évite de nous encombrer, à bord, d'un aumônier surnuméraire, source de plus d'ennuis que d'agréments. Dieu reconnaîtra les siens.

Une heure après l'office, nous levions l'ancre et les voiles. La traversée dura trente-sept jours, moins que lors des deux voyages de Colomb, ce qui rendit les quatre pilotes ivres de joie et de fierté. Je me gardai bien de leur faire remarquer qu'on va toujours plus vite quand on sait où l'on va que quand on l'ignore, et que Colomb étant parti la première fois en août, la deuxième en septembre, le régime des vents n'était pas forcément le même qu'à la mi-mai, date de notre appareillage. Cette envie qu'ils avaient de surpasser l'Amiral me profita, car le *piloto mayor* mesurait le temps et la vitesse de ses navires bien plus qu'il ne lui était nécessaire, et je m'étonnais que sa méthode grossière de mesure s'accordât plus ou moins avec celle de mes patients calculs et de mes beaux instruments.

Hispaniola leva lentement, majestueusement, de derrière l'horizon, ses montagnes d'un vert profond. Je compris mieux Colomb. Quand, après ces désespérants chapelets d'îlots qui avaient défilé sous ses yeux, il avait vu apparaître cette terre immense et luxuriante, il n'avait pu douter d'avoir enfin atteint son but, son grand rêve : le rivage des Indes. Et quelle désillusion quand il constata que ce n'était qu'une île, une île qui aurait certes pu contenir la Sicile, la Sardaigne et la Corse, mais une île quand même. Sans l'approuver, je compris aussi pourquoi il se refusa à aller jusqu'au bout de Juana, et exigea de ses hommes l'absurde serment que c'était une grande terre ferme : comme un cheval se dérobant devant l'obstacle, ses rêves se dérobaient devant la réalité.

Nous mouillâmes au milieu de la baie d'Isabela. Vicente Pinzón trouvait absurde le choix d'un port en cet endroit orienté nord-nord-est que rien ne protégeait des colères de la mer Océane. L'avenir lui donnera raison et la capitale d'Hispaniola sera bientôt ravagée par une violente tempête tropicale. La chaloupe de l'*Effrontée* emporta vers le port, qui avait déjà son église et son palais du vice-roi en pierre, Juan Díaz de Solís et son commis, son « notaire ». Cependant, Juan de La Cosa monta à bord de la nef capitane. Il venait me proposer de m'héberger sur sa caravelle où je bénéficierais d'une cabine pour moi seul et où je pourrais donc travailler à mon aise. J'acceptai volontiers, après avoir obtenu l'accord de Vicente. Si j'avais demandé, à Cadix, de loger sur la *Joyeuse* avec Pedro de Soria, c'était pour me mettre sur le même pied que l'autre représentant de la Couronne. Mais le temps des préséances était désormais à mille lieues ou presque derrière nous. La Cosa avait sa petite idée derrière la tête : être à mes côtés quand je constaterais de mes yeux et de mes calculs que Juana était bel et bien une île.

Au soir, Díaz de Solís revint, ramenant avec lui huit interprètes qu'il avait achetés à la Mission. Parmi eux, quatre Indiens à la peau cuivrée, au cheveu très noir et coupé court, vêtus de la même longue tunique blanche en toile grossière qui leur couvrait tout le corps des chevilles jusqu'au cou, d'où pendait un gros crucifix en bois. Le deuxième groupe était composé de deux juifs déportés, dûment convertis par les franciscains d'Hispaniola, et de deux anciens prisonniers maures de Tunis, également devenus d'excellents chrétiens. Ces quatre-là, vêtus du pantalon court et de la blouse du matelot, auraient pu nous être utiles si on parlait arabe ou hébreu à la cour du Grand Khan. Et si nous avions trouvé la cour du Grand Khan. En tant que savant docteur de l'expédition, j'eus droit à deux Indiens, à un juif et à un Maure, non pas pour étudier la langue de Moïse ou de Mahomet, mais celle des autochtones dont Samuel et Ali – ainsi se prénommaient-ils avant leur baptême – étaient censés posséder des notions.

Samuel était originaire de Malaga où il avait exercé la profession de savetier. En 1492, à vingt-trois ou vingt-quatre ans, il ignora tout, du fond de son échoppe, du décret d'expulsion. Il fut dénoncé, peut-être par un client qui n'était pas satisfait d'un ressemelage, et se retrouva au cachot, puis dans les cales de la deuxième expédition de Colomb, avec d'autres déportés. Durant la suite de notre voyage, Samuel me demandera l'autorisation de servir d'aide au maître charpentier. Quelques années plus tard, j'eus la surprise de le rencontrer au Brésil. Il y fabriquait les meubles et les cabanes de la petite colonie.

Le sort d'Ali fut bien moins enviable. Guerrier d'un navire corsaire du roi de Tunis, il avait été capturé au large de Gibraltar par une galère du duc de Medina Sidonia et réduit en esclavage. Sachant que Colomb cherchait des interprètes, le duc le lui offrit. Mais le pauvre Ali n'était pas doué pour les langues et ne parlait qu'un mauvais castillan. Aussi, les franciscains d'Hispaniola venaient de le vendre à bas prix à Díaz de Solís, comme des palefreniers se débarrassant d'une vieille rosse. Quand nous affronterons, une douzaine de mois plus tard, une tribu indigène, Ali se portera volontaire pour participer au combat, espérant qu'un coup d'éclat lui vaudrait la liberté. Hélas, dans sa fougue, il partira trop en avant et sera notre seul tué.

Avant de lever l'ancre, nous eûmes une dernière réunion où j'expliquais quelle route nous allions prendre et ce que j'espérais découvrir. De tous les éléments que j'avais pu rassembler et du témoignage de mes compagnons, j'avais déduit que Juana, qu'elle fût ou non une île, Hispaniola et les archipels relevés plus à l'est par Colomb formaient, sur le modèle de la Crète et de Rhodes fermant la mer Égée, le rivage septentrional, rivage certes morcelé et percé de nombreux détroits, d'une autre mer, dont j'ignorais l'étendue. Je proposai donc qu'on la traverse d'est en ouest pour tenter d'atteindre le rivage d'en face. Avant cela, nous referions nos réserves dans une île proche dont Juan de La Cosa m'avait dit grand bien et à laquelle Colomb avait laissé son nom indigène, Jamaica. Mais si ces réserves n'étaient pas suffisantes pour cette navigation dans l'inconnu, nous rebrousserions chemin une fois qu'elles seraient à moitié épuisées, referions escale à Jamaica et partirions vers le sud à la recherche des terres que les frères Pinzón avaient découvertes une dizaine d'années auparavant. Mon exposé eut l'heur de plaire à mon auditoire. Seul Juan de La Cosa groumait un peu : il ne pourrait ainsi prouver qu'il avait eu raison contre Colomb et que Juana était bien une île.

Il nous fallut moins de temps pour traverser cette mer nouvelle que longer Hispaniola, vers l'ouest, traverser le goulet la séparant de Juana et atteindre Jamaica. Il faut dire qu'Éole et la ronde Séléné nous étaient favorables, car nous pouvions naviguer de nuit sans craindre l'écueil ou le haut-fond. Et c'est sous la lune que nous vîmes se déployer au loin une longue et mince barre noire qui hérissait tout l'horizon. Parfois, nous parvenaient des bouffées d'humus et d'herbe foulée. Nous mîmes en panne, ne laissant qu'un *papafigo* à demi cargué en haut de la misaine au cas où un coup de vent inattendu nous obligerait à manœuvrer rapidement ; les ancres flottantes furent jetées.

Je ne pus dormir cette nuit-là. Je manipulais mes instruments, calculant mille et une fois notre position, grattais frénétiquement le papier, tentais de répertorier, au sud, ces myriades d'étoiles et de constellations que n'avaient jamais contemplées Hipparque, Ptolémée et Lampagas d'Acétylène. Là-haut, dans son nid-de-pie, la vigie ronflait, l'âme en paix.

Sous ces latitudes, le jour se lève avec autant de brutalité que la nuit tombe, dans le même flamboiement d'or, d'opale et de braise. Je ne me retournai pas pour contempler le spectacle du soleil s'éveillant, dans mon dos. Toute mon attention se portait sur l'épaisse ligne irrégulière qui bouchait tout le couchant et qui, peu à peu, s'éclaircissait, se verdissait.

— Ça, si ce n'est pas une grande terre ferme, eh bien, c'est que l'Espagne est une île.

Juan de La Cosa s'était accoudé à mes côtés sur la rambarde.

— Comment le sais-tu ? lui répondis-je.

Je pensais exactement la même chose. Il se tapota le nez du bout de l'index.

— Le flair, Morigo, le flair... Permets-moi de te donner un conseil : va dormir. La journée promet d'être riche en événements et il serait dommage que tu la passes dans la somnolence. Quand il sera temps, j'enverrai un interprète te secouer les puces.

La Cosa avait raison, comme toujours. J'obéis donc, non sans avoir auparavant rangé mes papiers, replié mon écritoire et remis mes précieux instruments dans leurs coffrets finement marquetés, à l'intérieur tapissé de velours rouge. Vers dix heures du matin, Samuel vint me réveiller, avec toutefois autrement plus d'égards pour mes puces que Juan me l'avait promis.

Les caravelles avaient jeté l'ancre au large d'une côte bordée de sable blanc et couverte de palmiers gravissant une colline. L'endroit semblait dangereux, la mer se brisant sur de nombreux récifs. Les chaloupes furent mises à l'eau, remplies de soldats en armes. Une centaine d'hommes entièrement nus apparut, s'agitant en tous sens. Puis soudain, alors que les chaloupes s'apprêtaient à s'échouer sur le sable, les indigènes partirent tous se réfugier en haut de la colline. Ils montraient ainsi qu'ils avaient peur de nous, à cause, je crois, de nos vêtements et que nous avions un aspect...

... J'ai le sentiment d'avoir déjà écrit cette phrase. Ma plume, soudain, se fait très lourde. Une vague nausée rôde dans ma gorge. C'est assez pour aujourd'hui. Demain, peut-être, « l'ineffable plaisir d'écrire » évoqué au début de ce livre me reviendra...

... Non ! Pas demain. Une semaine s'est écoulée depuis la dernière fois que je suis entré dans mon atelier, revêtir à nouveau ma blouse crasseuse et coiffer mon bonnet. Une semaine qui paraît avoir été une longue nuit. Je me suis soûlé comme le pire des ivrognes, Pour la première fois de ma vie, j'ai levé la main sur ma compagne, mais par bonheur cette main ne retomba pas sur son doux visage. Et j'ai erré dans les rues de Séville, toujours pris de boisson, soliloquant et gesticulant tel un vieux fou. Ce matin, dans ce moment d'étrange lucidité, oscillant entre le sommeil et l'éveil, je crus crier : « Je l'ai déjà écrite, cette phrase : *Ils montraient ainsi qu'ils avaient peur de nous, à cause, je crois, de nos vêtements.* »

Oui, je l'avais déjà écrite. Il me suffit d'ouvrir, dans mon petit salon, la porte vitrée du meuble où sont rangées les diverses éditions de mes maigres œuvres complètes, d'en extraire le mince fascicule relié de cuir de Cordoue et intitulé, en lettres d'or fin et en toscan : *La lettre d'Amerigo Vespucci à propos des îles nouvellement découvertes lors de ses quatre voyages.* J'ouvris ce que je n'ose appeler un volume. La phrase était là, mot pour mot : *Ils montraient ainsi...* J'avais rédigé cette lettre à Lisbonne, en septembre 1504, et l'avais adressée à mon ami d'enfance Pier Soderini. Pier était devenu le gonfalonier perpétuel de Florence, une fois Savonarole monté sur le bûcher. J'expliquerai plus loin les raisons de cet envoi, si toutefois je parviens... plus loin.

Cette lettre, naturellement, fut lue en public, copiée, distribuée et enfin imprimée, sans que je puisse en corriger les épreuves, dans l'atelier de Gian Stefano di Carlo di Pavia, sous les directives du libraire Pietro Paccini. Rien qu'à écrire le nom de ces deux-là, la rage me prend. Ah les ânes, ah, les porcs ! Qu'ils se fussent permis quelques joliesses et quelques pudibonderies de style sur la nudité et les mœurs des Indiennes, cela m'indiffère ; me faire dire que j'avais parcouru huit cent soixante lieues au lieu de trois cent soixante, à la rigueur, le 8 et le 3 pouvant se confondre facilement, mais oser imprimer que j'aurais abordé pour la première fois le Nouveau Monde, au quatre-vingt-dixième degré de longitude au lieu du quatre-vingt-huitième, ce qui m'aurait fait échouer, tel Noé, au sommet d'un autre mont Ararat, ça, non je ne peux toujours pas le supporter ! Subir le ridicule par la faute des cuistres et des sots, oui, vraiment, c'est intolérable.

Dans cette lettre, mais aussi dans celles que j'adressais au Popolano, je faisais la part belle aux us et coutumes des sauvages, car je savais que cela ferait frémir ou se pâmer les belles dames de l'auditoire. On ne se refait pas ! Mais c'était aussi un voile, un masque, derrière lequel ceux et celles qui savaient lire entre les lignes pourraient comprendre l'énormité vertigineuse de ma découverte : entre les Indes et nous, existait un autre continent, un Nouveau Monde.

Je viens donc de reprendre la plume et le fil de mon récit, bien décidé à ne pas ressasser une nouvelle fois mes considérations et mes observations sur les tribus indigènes, à moins qu'elles aillent dans le sens de ce que je veux raconter maintenant. D'ailleurs, aujourd'hui, la littérature que j'appellerais « de sauvages », avec ces princesses et ces vaillants gentilshommes capturés après un naufrage par d'horribles tribus mangeuses d'hommes, pourrait bien supplanter dans le cœur des lecteurs les romans de chevalerie. Passe, passe la mode, frivole et sautillante. La vérité, elle, avance d'un autre pas.

Ce que j'ai écrit dans mes lettres sur les peuples que j'ai rencontrés est au plus près de cette vérité, même si, comment en serait-il autrement, un mot mal choisi, l'envie de commettre une jolie tournure, la déforme déjà. Je ne me répéterai pas. Et si j'évoque, dans la suite de ce récit, ce que j'ai déjà écrit ailleurs, ce sera seulement pour la bonne compréhension de mon propos. Il me faut d'abord retrouver le plaisir d'écrire que j'ai perdu un moment...

— Foutre de Dieu, bordel de la Sainte Mère du Christ, et que me pardonnent tous les saints du Paradis, j'avais raison ! Juana est une île !

Nous étions, La Cosa et moi, penchés sur le portulan que nous dessinions brasse après brasse, depuis maintenant quinze jours que nous remontions la côte ouest de cette mer, que j'estimais fermée et que j'avais appelée provisoirement « Méditerranée indienne ». J'aurais préféré « colombienne », mais cela n'avait pas l'heur de plaire au pilote de la *Gracieuse*.

Soudain, ce jour-là, sans que rien ne le laissât prévoir, cette côte arrêta brutalement de défiler vers le nord et, derrière un cap, filait maintenant très nettement vers l'ouest, tandis qu'à notre droite la mer s'étendait à l'infini. Or, ce cap se situait à un quart de degré près sur la même latitude que la baie de Juana où Colomb avait fait jurer à ses hommes qu'il s'agissait d'une terre ferme, et non d'une île, avant de rebrousser chemin. Elle n'était distante, à l'est du cap où nous nous trouvions, et si mes calculs étaient exacts, que de quarante-cinq lieues environ. Nous n'étions séparés de Juana que par un détroit. C'est ce qui m'avait valu cette exclamation de La Cosa, exclamation qui pouvait bien le vouer aux flammes éternelles.

— En vérité, ne juge pas témérairement, répondis-je, de manière plus évangélique au pilote de la *Gracieuse*. Peut-être que Juana est rattachée, au nord-ouest, par exemple, à une grande terre ferme. Ce qui en ferait une péninsule. Certes, je te l'accorde, une péninsule n'est pas tout à fait continentale, mais plutôt ce que la queue est au chien.

— Pas mal, rétorqua-t-il. Mais si j'en avais une, enfin... une queue comme les chiens, elle remuerait en ce moment avec une grande allégresse.

Nous longeâmes ce rivage qui s'orientait vers l'ouest. Parfois, sur un piton rocheux, se dressaient des formes ressemblant à des fortins en ruine, dévorés par la végétation. Mais il était impossible de savoir si elles avaient été érigées par la main de l'homme ou par la nature. La côte était inabordable, la mer s'y heurtant avec violence. Et il n'y avait pas âme qui vive. Si c'était là le Cathay, alors, sa chute avait dû être bien plus rude que celle de l'Empire romain. Puis, après un autre cap, le littoral fila plein sud, à notre côté gauche. Nous venions de contourner un long et large promontoire. Les paysages se firent plus riants, les mouillages beaucoup plus sûrs, et la terre se repeupla d'indigènes hospitaliers.

Nous pénétrâmes dans une profonde lagune, bordée de nombreux villages sur pilotis. J'ai raconté ailleurs les us et coutumes de ces doux pêcheurs, et la façon avec laquelle leurs femmes faisaient oublier aux voyageurs l'âpre et morne vie qui fut leur lot durant de si longs jours. Nous restâmes plus que nécessaire dans ce qui nous parut un nouvel éden, où le fruit défendu pendait à une branche d'un arbre sec, dont personne ne se souciait. Poussaient ici tant d'autres végétaux aux belles feuilles vernissées qui ne tombaient jamais, mûrissaient tant d'autres fruits autrement plus délectables, que tous cédaient, tel Adam et Ève, à la tentation. La veille de notre départ, deux soldats désertèrent. Le capitaine Pedro de Soria les fit rechercher, très mollement, pour le principe, avant de m'avouer en riant qu'il les aurait volontiers imités si le poids de sa charge et de sa naissance ne l'avait autant accablé. Il abandonna également en ces lieux enchanteurs notre demi-douzaine de déportés, qui n'eurent pas l'air de pleurer sur leur sort, quand ils nous virent lever l'ancre.

Durant cette agréable escale, et malgré l'indolence dans laquelle je me complaisais ni plus ni moins qu'un matelot, je questionnais mes hôtes sur ce promontoire que nous avions contourné et qui m'intriguait. Les interprètes indiens ne m'étaient d'aucune utilité, car on parlait ici un tout autre langage que dans les îles. Mais, avec des gestes, avec les mots de l'autre que l'on répète, avec nos mots que l'autre répète, on finit toujours par se comprendre. L'Homme, c'est le Verbe. Ou plutôt les verbes, qui se rencontrent, qui se frottent, qui se caressent, qui s'unissent et se pénètrent pour finir par n'en faire qu'un. L'histoire de la tour de Babel n'est qu'un méchant conte raconté aux idiots par un eunuque.

Mes hôtes, tout nus qu'ils fussent, avaient de surprenantes connaissances du temps qui passe et pouvaient en remontrer aux clercs et aux savants docteurs de Rome qui disputent en vain, depuis de longues décennies, sur une réforme du calendrier de Jules César. Ils appelaient le promontoire Yucatán, le pays du massacre. Trente-sept ans et quarante-deux jours plus tôt, il avait été dominé par un empire puissant qui s'était effondré sous les guerres intestines. Les prétendants au trône s'étaient entretués tant et si bien que les rares survivants avaient fini par se réfugier dans la forêt où ils vivaient encore aujourd'hui, tels des animaux, comme ce gros lézard ou ce petit dragon, que ma tendre hôtesse avait rôti, et dont la viande était succulente. Dois-je préciser que je parle ici de la viande du dragon, non de celle de mon hôtesse, qui avait pour moi d'autres saveurs. J'aurais bien d'autres histoires à raconter sur ce paradis terrestre, mais il est plus que temps de quitter cette lagune que nous vîmes s'éloigner, les larmes aux yeux.

Nous suivîmes treize mois durant, sur notre gauche, cette côte qui nous semblait infinie. Parfois, nous pénétrions dans l'embouchure d'un fleuve au flux puissant ou qui allait se perdre dans les mangroves. Leur source devait se situer très loin dans les terres, très haut dans les montagnes. Comment imaginer encore que nous avions affaire à des îles ? Mais comment, à l'inverse, accepter que nous étions aux confins des Indes ou du Cathay ? À moins que, depuis Marco Polo, marchands et aventuriers, pour la plupart vénitiens, missionnaires et pèlerins qui avaient visité l'Asie, nous aient tous menti, rien, vraiment rien, ne correspondait ici à leur témoignage. Non, ce n'était pas les Indes que nous longions, mais un autre monde, un nouveau monde, le quatrième continent, le continent perdu, l'Atlantide. Peu à peu son rivage prenait, sous notre plume et nos fusains, la forme d'un magnifique arrondi. Nous étions aux rives d'un golfe immense, auprès duquel celui de Gibraltar paraîtrait une anse tout juste bonne à protéger quelques barques de pêcheurs. L'extrémité nord de ce golfe géant était une longue avancée qui avait la forme d'une patte de tortue. Quand nous la doublâmes, je dis à La Cosa :

— Cette fois, vieux pirate, tu peux triompher et jeter ton serment par-dessus les moulins : Juana est une île.

J'attendais de sa part une explosion de joie. Il n'en fut rien. Il se contenta de bougonner : « Je l'avais bien dit. » Je perçus en lui comme une amertume.

Nous remontâmes longtemps le long de la « patte de tortue », que je baptisai Florida, tant elle était couverte de plantes multicolores. À notre droite, à moins d'une mauvaise surprise ou d'une grossière erreur de ma part, notre bonne vieille mer Océane dévorait l'espace, comme une invite à rentrer chez nous. Mais il nous fallait d'abord trouver un havre sûr où caréner nos caravelles, dont le bois pourrissait au point que nous avions l'impression de naviguer sur des éponges.

Nous découvrîmes enfin l'endroit idéal, une ria profonde et bien protégée par une île côtière. Au fond, débouchait une rivière dont l'eau fraîche et délicieuse était inépuisable. Les habitants nous accueillirent avec de grandes marques d'amitié et des villages entiers se proposèrent pour haler nos navires à sec. Puis ils nous fournirent un bois de construction remarquable, imputrescible et aisément façonnable, qui fit la joie de l'interprète Samuel. Naturellement, leurs services n'étaient pas gratuits. Une fois qu'ils furent lassés des grelots et des miroirs, ils réclamèrent des objets métalliques, des clous surtout, qu'ils accrochaient au bout de leurs lances et de leurs flèches, et qui étaient autrement plus meurtrières que les dents de cachalot ou les pointes en os qu'ils y inséraient ordinairement.

Durant les trente-sept jours de carénage, La Cosa et moi avions construit, avec quelques planches et sous un toit de palmes, notre laboratoire de cartographie. Pour dormir, je m'étendais dans ce filet de coton que les Indiens nouent à chaque bout à un poteau, et qui offre un sommeil bien plus agréable que sur nos ordinaires paillasses. Comme en plus ces filets étaient suspendus à deux ou trois coudées au-dessus du sol, toutes les vilaines bestioles rampantes qui piquent ou qui mordent ne pouvaient nous atteindre. Je la fis adopter à bord de nos navires, car elles avaient en plus l'avantage de se replier et dégageaient ainsi une place considérable, très précieuse dans cet espace étroit ; les marins pouvaient alors dresser une table, pour manger ou jouer aux cartes, et même écrire, du moins ceux qui le savaient, quand ils n'étaient pas de quart. Ce genre de détails, qui paraissent dérisoires, ont contribué autant, sinon plus, que le calcul des longitudes à la découverte du vaste monde par les caravelles, qu'elles fussent castillanes ou portugaises. Bien plus tard, lors de nos amicales controverses, Colomb revendiquera hautement la primeur de cette novelleté que je lui disputerai avec tout autant de virulence feinte. Cette fois, Colomb gagna, puisque cette litière finit par s'appeler *hamac*, du nom que lui donnaient les Indiens de « ses » Antilles, et non *Jardinémoéa* comme la désignaient les indigènes de « ma » Floride.

L'étendue des terres que nous avions découvertes était

immense, et le papier commençait à nous manquer. Juan et moi allions le mendigoter auprès des autres navires, quitte à subir les sarcasmes des pilotes et les chipotages des subrécargues.

— Pour vous torcher le cul, nous dit un jour Francisco Pinzón, faites comme nous et les indigènes, contentez-vous des feuilles de ce palmier. Elles sont douces au toucher, et vous nettoieront à merveille. Il paraît qu'en plus elles ont des vertus purgatives.

Après avoir dressé notre carte de ce golfe, de cette mer intérieure qui aurait pu contenir l'Espagne, la France et l'Angleterre, il nous fallut baptiser tous les sites qui valaient la peine d'être nommés. Au lieu de leur donner le nom du jour où ils furent découverts, saint Frusquin, saint Auguste ou sainte Apolline, Noël, Pâques, les Cendres ou mi-Carême, ou encore le nom d'une des princesses royales, ou d'un ministre, nous préférâmes les désigner par leurs formes ou leurs qualités, afin que ceux qui viendraient après nous puissent les reconnaître facilement : l'Anse aux deux aiguades, la Lagune terminale, la Baie des six troncs, l'Écueil dangereux, le Rocher mugissant, l'Île aux loups de mer, la Gueule du lion, la Queue d'âne, les Moustaches du chat, etc. Nous y ajoutions, autant que faire se pouvait les désignations indigènes : Yucatán, Tuxtla, río Moctezuma, Apalachicola, Savannah... Ainsi, nos successeurs n'auraient pas à perdre leur temps en longues palabres avant de savoir où ils se trouvaient.

— Mississippi, ici ?

— Si, si, Mississippi.

Et on passerait à autre chose. J'étais beaucoup moins doué pour le dessin que La Cosa. Jadis, Botticelli me conseillait : « Oublie ta tête, laisse aller ta main. » Mais c'était impossible, la tête refusait de se faire oublier, et ma main se crispait, effarée par la liberté que je voulais lui donner. La Cosa, quant à lui, n'était en rien freiné par sa tête, peut-être parce qu'il n'en avait guère, et ses fusains étaient criants de vérité. Quand nous serions enfin de retour au pays, la carte de nos découvertes, que nous ferions enluminer d'oiseaux aux vives couleurs, d'arbres chargés de fruits, de sauvages emplumés et de caravelles aux voiles gonflées peintes de leur croix rouge pattée, comblerait d'aise Sa Majesté Ferdinand II d'Aragon, gardant et copiant pour les marins des documents plus austères mais plus utiles...

Les quatre caravelles furent enfin remises à flot, en bon état de marche. Nous pouvions rentrer chez nous. Alors, martial, Pedro de Soria nous déclara :

— Messieurs, c'est la guerre !

La guerre ? Mais pourquoi et contre qui ? Le capitaine nous expliqua que le peuple qui nous avait accueillis, les Iti, étaient en butte, à chaque nouvelle lune, à l'assaut d'une redoutable tribu de guerriers venus de la mer. Ils pillaient leurs villages et mangeaient leurs prisonniers. Le conseil des Anciens iti avait demandé qu'en paiement de leur hospitalité, nous allâmes réduire leurs ennemis, estimant que ce n'étaient pas quelques miroirs et quelques clochettes qui les rembourseraient de la grande quantité de leurs récoltes et de leur gibier que nous leur avions pris, ainsi que des profondes coupes franches dans leur forêt. Les pilotes et moi-même, malgré notre hâte de rentrer au pays, n'avions rien à objecter à la décision de Soria : tout ce qui se passait à terre était de sa pleine et entière autorité.

Nous appareillâmes, avec une demi-douzaine de volontaires iti qui nous serviraient de guides et qui reviendraient plus tard dans leur village pour raconter aux leurs la belle et bonne manière que nous avions de combattre. Les quatre caravelles suivirent la côte vers le nord-est pendant une vingtaine de lieues. Sur le rivage d'une île côtière, au-dessus d'une plage, quelque quatre cents hommes nus, mais tout emplumés et le corps peint de couleurs vives, nous attendaient en ordre de bataille, armés d'arcs et de lances, protégés par des boucliers en bois. Les nouvelles vont plus vite dans ces forêts qu'entre Séville et Lisbonne. Nous constatâmes par la suite que nos alliés iti, qui n'étaient pas aussi pacifiques que le capitaine voulait le croire, étaient venus jusqu'ici par les terres afin de prendre leurs ennemis à revers.

Nos chaloupes furent mises à l'eau, chargées de la moitié des soldats, soit une quarantaine d'entre eux, de l'interprète Ali qui s'était porté volontaire, et d'une petite bombarde à la proue de chacune d'entre elles... Ils nous laissèrent débarquer et nous mettre en ordre de bataille. Je dis « nous » par commodité, mais j'étais resté à bord, ainsi que tous les marins, sauf quatre qui tenaient la barre des chaloupes, les soldats étant à la rame.

Les sauvages de ces contrées ont leur manière propre de faire la guerre, dont nous, civilisés, pourrions nous inspirer. Les deux camps restent opposés l'un face à l'autre, à portée de lance. Ils s'envoient leurs jets puis comptent leurs morts et leurs blessés. Celui qui en déplore le plus reconnaît sa défaite et se replie. En cas de désaccord ou d'égalité de victimes, chaque camp choisit son champion et les deux hommes se battront jusqu'à la mort tels des héros d'Homère. En vérité, la plupart du temps, ce genre de combat n'a pas lieu. Ils procèdent surtout par incursions dans le territoire ennemi, où ils se livrent au pillage et font des prisonniers qu'ils sacrifient ensuite à leurs divinités avant de les manger.

Les Indiens laissèrent donc notre contingent débarquer, charger nos bombardes et nos espingardes. Les bouches à feu parlèrent, les arbalétriers tirèrent, et les Indiens, affolés plus encore par les détonations que par leurs guerriers tombés, s'enfuirent dans les bois. Puis ils repartirent à l'assaut, nous envoyèrent une volée de flèches, qui tuèrent l'interprète Ali, trop avancé, et blessèrent plusieurs soldats. Enfin, l'ennemi accepta le corps à corps. Mais que peuvent des gourdins et des lances en bois contre des sabres en acier de Tolède ? Ils battirent à nouveau en retraite, alors que le soir tombait. Notre victoire était complète. La troupe remonta à bord pour la nuit.

Au matin, les Indiens avaient repris très exactement leur position. Profitant de l'obscurité, ils avaient emporté leurs morts et leurs blessés. Cette fois, le capitaine fit débarquer toute la troupe, ou presque, ne laissant qu'une dizaine d'hommes en réserve à bord. Divisés en quatre escadrons sous le commandement chacun de leur sergent, nos soldats, après un tir d'artillerie, se lancèrent à l'assaut, sabre au clair. L'ennemi résista vaillamment, mais ce fut un massacre. Au bout d'une heure, les Indiens se débandèrent. Le capitaine les poursuivit. Tous les combattants disparurent dans la forêt.

En fin d'après-midi, la troupe revint, poussant devant elle un troupeau encordé de deux cent cinquante femmes et hommes nus. Leur village avait été incendié. Avant de rembarquer, le capitaine fit ses adieux à nos guides, qui repartirent, à bord d'une pirogue prise à leur ennemi. Pour récompense de leur bravoure au combat, Pedro de Soria leur offrit quatre de ses prisonnières et trois de ses prisonniers, ces derniers étant certainement destinés à finir à la broche. Enfin, quand je dis à la broche... Peut-être les faisaient-ils bouillir ou mariner. La pirogue disparut derrière l'île. Elle rejoignit sans doute la troupe de nos alliés iti, qui attendaient sur le continent de débarquer à leur tour pour finir notre travail.

— Nous ne pouvons tout de même pas emporter tous ces gens avec nous à Cadix ! m'exclamai-je.

— Nos cales sont vides et peuvent les contenir tous, répliqua Vicente Pinzón. Et nous avons suffisamment de provisions pour les nourrir durant la traversée. Nous les revendrons aux Canaries, au marché aux esclaves de Lanzarote. Ça amortira en partie le coût de notre voyage.

— Enfin, Vicente, protestai-je encore, les consignes du roi sont formelles : nous ne devons nous livrer à aucun négoce sur ce qui appartient au royaume de Castille.

— Il ne s'agit pas de négoce, intervint alors le capitaine Soria. Ce sont des prisonniers de guerre, et des païens. Nous procédons avec eux comme avec les Turcs ou les Maures de la secte de Mahomet que nous avons capturés.

L'argument était peut-être spécieux, mais que pouvais-je y trouver à redire ? Je m'inclinai. La traversée du retour se passa sans incident notable, en moins d'un mois. J'allais souvent dans la cale de la *Gracieuse* afin d'en savoir plus sur ce peuple « Cannibale ». Un mot qui, quand mes lettres furent publiées, fit florès et deviendra synonyme de mangeurs d'hommes, d'anthropophages. Je voulais avoir sur ces gens le plus d'informations possible, avant que tout souvenir de leurs mœurs, de leurs traditions, de leurs lois et de leur religion leur fût arraché par le baptême. Parmi les cinquante-cinq prisonniers que ma caravelle transportait, je finis par repérer un homme d'une quarantaine d'années, accompagné de sa fille. La considération et le respect dans lesquels le tenaient ses compagnons me firent comprendre que le père était une sorte de sage, d'ancien, de cacique, comme dit Colomb, de roi, pourquoi pas, ce qui aurait fait de sa fille une princesse. Nous finîmes par nous comprendre et même par nous estimer. Je leur faisais enlever leurs chaînes qu'ils ne retrouvaient qu'au soir ; nous bavardions de longues heures assis en tailleur sur le pont.

À Lanzarote, j'exigeai qu'on ne les vende pas avec les autres. Le père et la fille restèrent avec moi. À Cadix, je les fis baptiser, pour le père, Marco, pour la fille, Simonetta. Marco est devenu mon valet de chambre, une perle, même s'il s'obstine toujours à nettoyer, dès que j'ai le dos tourné, ma blouse de travail. Simonetta est devenue ma compagne. Je fus pour cette autre Galatée un bon Pygmalion, puisque c'est elle qui me proposa le titre du présent ouvrage : *Les Quatre Journées*, le *Tétraméron.* Telle fut ma part du butin de la guerre contre les Cannibales.

Ma première expédition s'acheva le 15 octobre 1498, dans le port de Cadix. Luis de Santángel était mort quelques mois avant notre retour, au bel âge de soixante-seize ans, si tant est qu'il y ait un bel âge pour mourir. Celui à qui je devais désormais rendre des comptes n'était autre que Juan Alonso Pérez de Guzmán y Afán de Ribera, troisième duc de Medina Sidonia, marquis de Cazaza, comte de Huelva et seigneur d'Andalousie. Sa lignée remontait à la nuit des temps – je n'ose écrire perfidement « aux temps de la nuit » –, les flatteurs prétendant même qu'elle serait une branche bâtarde du roi wisigoth Récarède, qui fut le premier de ces barbares à passer de l'hérésie d'Arius au christianisme. D'autres, préférant la vaillance à la foi, l'affirmaient tout bonnement descendant de Rodrigo Díaz de Bivar, le Cid Campeador. Le duc laissait dire, affichant sur le sujet une indifférence tout aristocratique. J'ai souvent remarqué que, plus un noble est huppé, moins il se soucie de cette huppe, comme si elle allait de soi.

Il montrait à mon endroit une familiarité bon enfant, toujours un peu distante, mais jamais méprisante, prenant soin de m'appeler « mestre Ameriyo ». Le duc ne se comportait pas de la même façon avec Juan de La Cosa, et le rudoyait un peu comme le ferait un général avec le plus brave et le plus rustre de ses officiers. Juan et moi étions allés lui montrer le fruit de notre voyage à Séville où le duc résidait durant la saison froide. Nous nous dispensâmes seulement de lui évoquer la vente des esclaves à Lanzarote. Il aurait bien pu réclamer à Pinzón et au capitaine Soria la part qui lui était due. Il nous fit l'honneur de s'intéresser à notre récit et à nos documents. Puis il reprit notre opinion à son compte, comme s'il l'avait émise le premier : nous avions découvert, non le rivage occidental des Indes, mais autre chose, qu'il pensait être le quatrième continent, qu'évoquaient déjà Hérodote, Aristote, l'Ancien Testament et Pline. Pour un descendant des rois gothiques, le duc avait de bonnes lectures. Il décida de nous faire repartir l'année prochaine, quand les vents seraient redevenus favorables, avec d'autres objectifs qu'il me laissait le soin de déterminer. Puis il se rendit auprès du roi, à Valence, pour lui montrer les cartes que Juan et moi avions dressées. Il avait demandé à son enlumineur et peintre personnel de les rendre plus présentables, en y apposant son blason, et ainsi de les faire siennes, agrandissant sur le vélin ses fiefs et domaines.

Bien des événements s'étaient produits dans notre vieux monde durant nos dix-sept mois d'absence, mais je ne mentionnerai que ceux qui se rapportent à mon propos.

Le nouveau roi de Portugal Manuel Ier, durant les premiers mois de son règne, s'était montré très timoré vis-à-vis de la Castille et de l'Aragon. Il avait accepté la condition *sine qua non* imposée par Isabelle avant d'épouser une de ses filles : l'expulsion des juifs du Portugal, à commencer par ceux qui, en grand nombre, avaient fui l'Espagne, cinq ans auparavant. Le pays ne possédant pas la parfaite mécanique d'une Sainte Inquisition, leur départ se passa dans la plus grande confusion, avec des drames plus terribles encore. Les enfants de plus de quatorze ans furent arrachés à leur mère, convertis de force, envoyés coloniser les îles africaines que possédait le Portugal, en compagnie de voleurs, de criminels, et d'esclaves prélevés sur le continent noir. Depuis toujours, enfin... au moins depuis un siècle, chrétiens, mahométans et juifs portugais avaient pourtant vécu en bon voisinage sous la protection de lois pleines de sagesse. C'est, me semble-t-il, l'assemblement de ces différentes coutumes, croyances et lois qui permit le prodigieux essor du Portugal jusqu'au bout de l'Afrique, ainsi que sa prospérité. Bien des membres de la noblesse et de la bourgeoisie avaient eu un juif parmi leurs ancêtres ou leurs collatéraux. Jaime de Majorque prétendait que la mère de Jean d'Avis, bâtard fondateur de la dynastie régnante, une fille de marchand, aurait été elle-même une convertie. Si c'était le cas, on comprendrait mieux la haine et le mépris dans lesquels Isabelle de Castille tenait ses « chers cousins », « chers frères » et « chers fils » du royaume voisin.

Ses conseillers, ses ministres, sa mère, dont le médecin était juif, supplièrent Manuel de faire cesser la procédure d'expulsion qui pourrait bien mener le pays au désastre. Le roi s'inclina, sitôt qu'il eut obtenu gain de cause : la main d'une des nombreuses filles d'Isabelle et de Ferdinand. Il décréta que les juifs pourraient conserver leurs « coutumes » vingt ans durant sans être inquiétés, autant dire qu'ils pouvaient continuer à pratiquer leur culte. Il remit également en vigueur l'ancienne loi qui interdisait que l'on fît la moindre distinction entre nouveaux- et vieux-chrétiens. L'ordre revint, mais les blessures restèrent profondes.

Une fois marié, celui qu'on eût cru un gendre soumis prit une décision qui allait fort mécontenter les rois d'Espagne : poursuivre l'œuvre de son prédécesseur Jean II, doubler, dix ans après sa découverte par Bartolomeu Dias, le cap de Bonne-Espérance et atteindre l'Inde – au singulier – aux épices – à l'innombrable pluriel. Une flotte de trois unités accompagnée d'un bateau de ravitaillement, que je saurai être plus tard celle de Vasco de Gama, était partie de Lisbonne moins de deux mois après que la nôtre appareillait de Cadix.

Dès qu'elle apprit le départ et la destination de l'expédition, Isabelle de Castille, par dépit, proclama que tout ce qui se trouvait à l'est du cap de Bonne-Espérance comptait dans la part castillane du traité de Tordesillas. Même le plus exécrable des cartographes lui aurait ri au nez. Mais on ne rit pas au nez d'une reine. Colomb me dira qu'il parvint à la raisonner, tout en obtenant d'elle l'autorisation de repartir vers ses Indes occidentales. Il était au milieu de la mer Océane au moment où La Cosa et moi découvrîmes que Juana était bel et bien une île, malgré tous les serments du monde.

Avec les compagnons de mon premier voyage, nous décidâmes de reprendre les mêmes équipages et les mêmes navires. Cela nous avait si bien réussi qu'il n'y avait aucune raison d'en changer. En revanche, nous n'eûmes pas notre mot à dire sur l'officier royal qui nous accompagnerait. Contrairement à son prédécesseur, Alonso de Hojeda appartenait à la maison de Castille. J'eus pour lui un préjugé favorable, car il avait été capitaine d'armes sur la flotte de l'Amiral, lors de son second voyage. Il possédait donc quelque expérience de la mer. Je déchantai vite, avant même de le rencontrer, quand Vicente Pinzón, qui le connaissait bien et ne le portait pas dans son cœur, loin de là, me raconta tout ce qu'il savait sur lui. Hojeda, hidalgo de modeste lignée, devait sa fulgurante carrière à l'évêque de Burgos Rodrigo da Fonseca, membre très influent de la Sainte Inquisition, et l'un des principaux opposants au projet de Colomb. Ce haut dignitaire de l'Église castillane avait protégé notre futur capitaine d'armes, comme s'il était son bâtard préféré. À Hispaniola, Hojeda s'était montré un des plus zélés massacreurs d'Indiens, n'ayant pas son pareil pour les torturer et tenter de leur faire avouer où se cachaient leurs mines d'or. Il se heurta ensuite violemment aux frères Colomb, s'en plaignit, ainsi que d'autres militaires, dans une pétition qu'ils envoyèrent à la reine. Isabelle commanda à l'un de ses hommes de confiance, Juan de Aguado, que je surnomme plus haut « l'officier secourable », de se rendre sur place en inspection. Celui-ci revint donc avec Colomb que j'accueillis comme on sait à Cadix. Hojeda était également à bord, et éreinta l'Amiral devant la cour. Il risquait de ne pas se montrer avec nous aussi accommodant que Pedro de Soria.

Le duc de Medina avait approuvé la destination de notre nouvelle expédition. Il s'agissait d'abord de retrouver ces terres que les Pinzón avaient touchées trois ou quatre ans avant que Colomb n'appareillât la première fois. Elles semblaient situées largement au sud-est de notre promontoire de Yucatán. Je voulais savoir si ces deux lieux étaient reliés entre eux par un littoral, ou si un bras de mer les séparait. Bras de mer, qui aurait pu être le passage par l'ouest vers les Indes. Le duc me chargea d'une autre mission : déterminer le point exact où passait la frontière nord-sud tracée à Tordesillas, car si cette démarcation entre le Portugal et la Castille traversait la terre ferme, elle pourrait provoquer des complications diplomatiques à n'en plus finir. Je bondis sur l'occasion.

— Puisqu'il s'agit de diplomatie, Votre Altesse, il nous faudra réduire considérablement le contingent de soldats embarqués afin de montrer aux Portugais que nos intentions n'ont rien de belliqueux.

Je le suppliai également de faire la leçon à Hojeda, afin que lui et ses hommes ne s'en tiennent qu'à la seule tâche de protéger nos navires contre les autochtones qui se montreraient hostiles. Ce fut fait. Le duc écrivit une lettre destinée à Manuel Ier de Portugal, allant en ce sens, lui demandant l'autorisation de naviguer de son côté de la frontière maritime le temps de ma traversée. Il l'obtint et je devins ainsi une sorte d'ambassadeur des mers. Quant aux soldats embarqués, ils ne seraient plus que douze par navire, mettant Alonso de Hojeda en nette infériorité. Si l'envie le prenait de nous faire quelque tracas, nos équipages, tous du comté de Huelva, sauraient bien l'en empêcher, par la force s'il le fallait.

Je ne le rencontrai que deux semaines avant notre départ, au cours d'une réunion identique à celle que nous avions eue deux ans plus tôt, presque jour pour jour, avec les mêmes pilotes, Vicente Pinzón et son frère Francisco, Juan de La Cosa, et Díaz de Solís. Mais ce fut moi que Vicente chargea d'exposer à notre nouveau capitaine d'armes la répartition des tâches et des missions à bord et à terre. Durant tout l'entretien, Vicente paraissait absent, plongé dans des pensées bien loin de nos préoccupations immédiates. Une fois que j'eus conclu, il demanda la parole :

— Messieurs, j'ai des nouvelles à vous apprendre. D'abord, l'expédition portugaise partie l'an passé et qui devait contourner l'Afrique pour atteindre Calicut est de retour. Ils sont encore en quarantaine dans les îles du Cap-Vert, mais Lisbonne, pourtant d'ordinaire si discrète, laisse cette fois filtrer comme à plaisir les informations sur cette navigation et sa parfaite réussite : ils ont trouvé la route des épices. Leurs Majestés catholiques sont furieuses contre Colomb. La reine Isabelle, surtout, estime avoir été bernée. Elle pense désormais que les arguments de l'Amiral qui l'avaient convaincue de chercher les Indes par l'ouest n'étaient que mensonge, manipulation et tricherie. Son procès va s'ouvrir, bien que Colomb soit en ce moment à Hispaniola. Comme mes frères et moi avons largement participé à ce projet, nous sommes convoqués au tribunal, au mieux comme témoins, au pire comme complices.

— Mais alors, m'exclamai-je, nous ne partons plus ?

— Et moi, renchérit La Cosa, j'en étais, des deux premiers voyages ! Suis-je appelé également à témoigner ?

Pinzón leva la main pour nous rassurer et demander le silence :

— Tu n'es en rien mis en cause, Juan, dit-il d'abord à La Cosa. Cette expédition va se faire comme prévu, et tu restes à ton poste. Amerigo et toi possédez à la cour le plus sûr des protecteurs, le duc de Medina Sidonia. Mais vous ne partirez qu'à trois caravelles. L'une d'entre elles est réquisitionnée, au cas où nous devrions accompagner une escadre pour chercher Colomb dans ses îles. J'ai choisi de garder à quai la moins manœuvrante, la *Mignonne*, son équipage et même... et même ses douze soldats et leur sergent.

Il me lança alors un clin d'œil qui voulait dire : « Toujours ça de moins. » Hojeda resta de marbre. Depuis le début de la réunion, il n'avait pas ouvert la bouche.

— Nous voilà non seulement privés d'une unité, dis-je encore, mais surtout de notre *piloto mayor*.

— Je proposerais bien que tu me remplaces, si toutefois les amis y consentent. Je t'ai observé, durant nos dix-huit mois de navigation, toi et ta gourmandise à tout savoir. Tu en as l'autorité, tu as acquis toutes les connaissances et l'expérience nécessaires. De plus, quoi que tu en dises, tu as le flair, Morigo, le flair.

— Vive le *piloto mayor* Morigo ! s'exclamèrent en chœur La Cosa et Díaz de Solís.

J'étais aux anges. Mon rêve qui avait commencé si longtemps auparavant en contemplant l'île d'Elbe, de l'autre côté du goulet la séparant de Piombino, se réalisait sans que j'y fusse pour quelque chose. Pendant que nous nous congratulions, Hojeda regardait avec une attention profonde les nombreuses bagues qu'il portait à chacun de ses doigts, comme s'il s'étonnait d'être aussi richement paré.

Durant les longs mois que nous naviguerons ensemble à bord de la *Joyeuse*, mes échanges avec le capitaine d'armes se réduiront au service. Si par moments il se laissait un peu aller, sa conversation avait pour unique objet les richesses minières supposées des îles de Colomb. Hojeda aussi avait son rêve : l'or, et seulement l'or.

Nos trois caravelles quittèrent Cadix le 16 mai 1499. J'avais décidé que nous ne ferions pas escale aux Canaries, mais dans l'archipel portugais du Cap-Vert. Les laissez-passer dûment signés et contresignés par le duc et ses homologues lusitaniens nous donnaient le droit de naviguer de l'autre côté de « Tordesillas », et de nous y réapprovisionner. C'était à partir de ces îles que leurs navires pratiquaient la grande volte : des vents portants les poussaient très au large vers le sud-ouest jusqu'à l'endroit où d'autres vents favorables les rabattaient vers le sud de l'Afrique. Je subodorais qu'en élargissant cette volte les Portugais avaient touché les terres atteintes jadis par les Pinzón.

J'aurais peut-être pu, en jetant l'ancre à Santiago, capitale de l'archipel du Cap-Vert, rencontrer quelques-uns de ceux qui revenaient de Calicut et attendaient ici la fin de leur quarantaine. Mais une flottille sous pavillon castillan, lettres de créances ou pas, aurait sans doute reçu un très mauvais accueil. Le Portugal avait eu avec nous le triomphe magnanime, mais je ne devais pas en abuser. Nous mouillâmes dans l'île voisine, peu fréquentée et peu peuplée. On l'appelait l'île du Feu, car c'était un volcan éteint.

Nous n'y rencontrâmes qu'une poignée de déportés, ces fameux *degredados*, dont beaucoup étaient déjà métissés avec des esclaves importées du continent africain. Lisbonne les avait oubliés ; en guise de gouverneur ou d'administrateur, un gros homme rubicond, qui, pour nous accueillir, avait endossé sur son torse nu une jaquette informe que son ventre protubérant n'autorisait pas à boutonner. Il nous fit boire une étrange liqueur jaunâtre, à la fois sucrée et amère, qui était la sève, se fermentant très vite, de sa plantation de petits palmiers. Le prêtre qui l'accompagnait enlaçait sans vergogne une négresse fort maigre, qu'il alla même jusqu'à me proposer le temps de notre escale, et que je refusai poliment. En terre vraiment chrétienne, celui-là aurait monté cent fois sur le bûcher, sauf s'il était devenu cardinal ou pape. Pour le reste, ils ignoraient tout de ce qui se passait dans l'île capitale de Santiago et de ceux qui y faisaient escale. Moins ils s'en occupaient, moins on s'occupait d'eux et mieux ils se portaient. Nous ne nous attardâmes dans l'île du Feu que le temps de compléter nos réserves en eau et en bois. Ils exigèrent d'être payés en cruzados portugais, et non en maravédis castillans qu'ils estimaient une monnaie trop faible pour eux. À quoi pouvait servir cet argent à ces gens redevenus presque sauvages ?

À la fin juin, quarante-quatre jours après notre départ de Cadix, et à cinq cents lieues à peu près de l'île du Feu, cinq degrés au sud de la ligne équinoxiale, nous eûmes en vue le futur cap Saint-Roch, extrémité est de la grande avancée dans la mer Océane. Cette « terre des Pinzón », comme je l'avais baptisée, était exactement à la position donnée par Vicente, du moins en latitude car, pour le calcul des longitudes, mon camarade était bien plus paresseux que moi. Avant de nous en approcher, je tins conseil avec La Cosa et Díaz de Solís, montés à bord de la *Joyeuse*. Hojeda refusa de se joindre à nous parce que, disait-il, il ne comprenait rien à notre jargon de marins. Il préféra se rendre sur les deux autres navires y inspecter ses soldats et rétablir la discipline. C'était l'occupation favorite de notre capitaine d'armes, mais certainement pas celle de ses hommes.

Nous décidâmes de longer la côte vers le sud. L'*Effrontée* partirait devant pour sonder. D'un plus petit tonnage que les deux autres caravelles, elle avait toutes les qualités pour se faufiler dans une anse bien protégée. Et son pilote, Juan de La Cosa, était le plus habile de nous trois. Ainsi fut fait.

Mais la terre des Pinzón, si c'était elle, se refusait à nous. Les rares endroits épargnés par la houle n'étaient qu'enchevêtrements d'arbres baignant dans l'eau saumâtre, ou embouchures de fleuves au débit trop puissant. Le large ne valait guère mieux. Les courants contraires étaient d'une telle force qu'ils nous faisaient parfois reculer. Au bout de quarante lieues, nous nous réunîmes à nouveau et décidâmes de rebrousser chemin. J'avais fait une grave erreur de débutant, celle d'être poussé par le besoin irraisonné d'aller voir « ce qu'il y avait derrière », prenant ainsi la direction opposée de celle que j'avais préconisée : suivre le littoral vers l'ouest jusqu'à rejoindre, si cela était possible, celle que nous avions explorée la dernière fois. Les quarante lieues furent parcourues vers le nord en cinq fois moins de temps qu'à l'aller.

La côte, tout aussi capricieuse que n'importe quelle côte, défilait à notre gauche, s'orientant, dans sa tendance moyenne, vers l'ouest-nord-ouest. Nous étions donc sur la bonne route, même si le promontoire de Yucatán devait se situer à une énorme distance de nous, peut-être cinquante degrés de longitude au couchant, et quelque vingt degrés de latitude au nord. Qu'il y eût ou non un bras de mer nous séparant de lui, comme le détroit de Gibraltar sépare l'Europe de l'Afrique, nous avions affaire à une, sinon deux grandes terres fermes, tant le littoral se déroulait à perte de vue. Rien ne prouvait encore que ce ou ces continents n'étaient ni l'Inde ni le Cathay. Nous doublions souvent la large embouchure de fleuves jetant dans la mer des quantités monstrueuses d'eau douce qui allaient se perdre très au large. Or, la terre, sous sa couverture de forêt épaisse, ne possédait aucun relief un tant soit peu élevé proche de la côte. Leur source devait se trouver infiniment loin sous ces frondaisons. Et il suffisait de voir les humbles hameaux des rares riverains pour comprendre qu'il ne s'agissait ni de l'Indus, ni du fleuve Jaune de Marco Polo, ni a fortiori, que l'âme de Colomb me pardonne, de l'autre extrémité du Nil, voire des quatre fleuves descendant du Paradis. Je me gardais bien, en émule de saint Thomas, d'émettre de telles hypothèses. Plus sérieusement, nous ne pouvions imaginer que d'aussi puissants débits d'eau douce, qu'il nous aurait été impossible de remonter, pouvaient être un détroit menant à une autre mer.

Un jour, remorqués par nos chaloupes à l'avant desquelles un matelot sondait, nous pénétrâmes dans l'un de ces estuaires. Il nous paraissait une aiguade idéale, car il était protégé par une grande île qui occupait la moitié de la baie. Comme l'endroit semblait très sûr, la nef capitane – ma *Gracieuse* – était en tête ; les deux autres caravelles suivaient à prudente distance afin de ne pas nous aborder.

Les indigènes, habitants de minuscules pincées de huttes, nous regardèrent passer sans s'affoler et sans s'enfuir dans la forêt comme les autres l'avaient fait à nos escales précédentes. Je compris vite les raisons de cette apparente indifférence. Tirée sur une des grèves de l'île fluviale, une caravelle était en carène et une autre attendait son tour, affourchée face au rivage. En haut de leur grand mât et à leur poupe, pendait le pavillon portugais. Jamais, durant mes navigations, je ne fis et ne ferai de rencontre aussi étonnante. Plus surprenant encore, mais ça ne me vint pas tout de suite à l'esprit, le fleuve chevauchait à quelques degrés près le méridien de Tordesillas.

De la rive, les matelots portugais nous faisaient de grands gestes des bras en signe de bienvenue. Bientôt, nous entendîmes leurs cris qui n'avaient rien d'hostile, bien au contraire. Je fis jeter les ancres de poupe et de proue, et m'apprêtai à descendre dans la chaloupe revenue sous l'échelle de coupée, quand soudain, Hojeda aboya à ses hommes de mettre les deux bombardes en batterie et de charger leurs espingardes.

— Qu'est-ce qui vous prend ? hurlai-je. Vous êtes devenu fou, capitaine ! Le Portugal et la Castille sont en paix que je sache.

— Occupez-vous de vos affaires, pilote ! Depuis que l'ancre est jetée, moi seul ai le commandement.

— Avez-vous oublié les lettres de créance de Leurs Majestés qui font de moi leur ambassadeur chaque fois que nous rencontrons les ressortissants d'une nation chrétienne ? Faites déposer leurs armes à vos hommes ; sinon je vous mets aux arrêts.

Il se calma d'un coup et obtempéra. Je lui dis alors d'un ton radouci :

— Oublions l'incident, capitaine. Et, si vous le voulez, faisons prêter serment à l'équipage et aux soldats de la *Gracieuse* qu'ils n'évoqueront jamais, devant quiconque, ce qui vient de se passer. Ça ne sera pas consigné dans le routier.

— Inutile, grommela-t-il. J'ai eu tort. Je suis un soldat, voyez-vous. Mais ne comptez pas sur moi pour vous accompagner à terre. Je ne veux rien avoir à faire avec ces salopards de Portugais, ces bâtards de juifs et de Maures.

Et il partit s'enfermer dans sa cabine. Je me dirigeai à nouveau vers l'échelle. Le timonier m'interpella :

— Eh, m'sieur l'ambassadeur, tu ne vas quand même pas aller à terre dans cette tenue !

Depuis que nous longions ces côtes, je me contentais de rester tête et pieds nus, pantalon coupé à mi-mollet la chemise largement ouverte. La nuit, je préférais le plus souvent dormir dans mon filet à la mode indienne, en haut du château arrière, sous une voile tendue au-dessus de ma tête pour me protéger des averses aussi brèves que brutales.

Je m'enfermai dans mon réduit où régnait une chaleur d'enfer. Dégoulinant de sueur, j'enfilai une lourde veste écarlate et bleu, pris mes escarpins dans une main et la serviette contenant différents documents signés des Rois Catholiques dans l'autre. Je me coiffai d'un chapeau de feutre violet et ressortis, sous les sifflements d'admiration moqueuse de mes matelots. L'autorité du chef, en mer, ne se mesure pas aux marques de déférence plus ou moins sincères qu'on lui témoigne, mais à la rapidité et à l'efficacité avec lesquelles on obéit à ses ordres. C'est Vicente Pinzón qui le dit.

Je sautai à terre. Rarement, un ambassadeur, chaussures à la main, ne fut aussi grotesque que moi. Deux hommes vinrent à ma rencontre, pieds nus, pantalons courts, chemise même pas boutonnée, un chapeau de paille sur la tête, tel celui avec lequel les glaneuses se protègent du soleil au cœur de l'été. Le plus jeune des deux était bâti en hercule ; sa large barbe en éventail ne se distinguait pas à sa base de son torse velu. Un sabre à la lame nue était glissé dans son ceinturon. Son compagnon, plus petit, était d'une minceur nerveuse et musculeuse à la fois. Son visage creux, taillé à la serpe, à la moustache grise, s'auréolait d'une longue chevelure blanche. Je me présentai à eux.

— Vespucci, s'exclama l'hercule d'une voix de stentor. Mon meilleur lecteur ! Ou le pire, selon le côté de la frontière où on se situe. On m'a déjà parlé de vous. Je ne vous voyais pas du tout comme ça... Duarte Pacheco Pereira, pour vous servir.

Pacheco ! Le négociateur portugais à Tordesillas, dont Santángel m'avait fait « traduire » le mémoire à l'origine de la méridienne de démarcation. Moi non plus, je ne le voyais pas comme ça, mais plutôt comme un petit astrologue rabougri, rusé, et à l'érudition infinie. Sur ce dernier point, je ne m'étais pas trompé. Il poursuivit, toujours aussi tonitruant :

— Comme mon vieil ami est d'un naturel trop taciturne ou trop modeste pour se présenter lui-même, je le fais à sa place. Vous avez devant vous, monsieur Vespucci, le meilleur marin que le Portugal n'ait jamais possédé, donc le meilleur marin du monde et de tous les temps. J'ai nommé : Bartolomeu Dias !

Je faillis tomber à la renverse. Le découvreur du cap de Bonne-Espérance ! Le tout nouveau *piloto mayor* que j'étais se sentit bien petit face à ce géant des mers. Ils me dispensèrent de leur présenter mes lettres de créance ; ma veste tomba vite et ma chemise se rouvrit encore plus rapidement. Quant aux chaussures, un matelot qui me suivait les ramassa sur le sable et les trouva fort à son goût. Je leur demandai l'autorisation de faire débarquer une partie de mes hommes et je nommai les deux autres pilotes. Puis, je leur avouai ma crainte qu'il y eût des incidents, sachant qu'entre Castillans et Portugais, ça n'avait jamais été, et de loin, le grand amour. Hojeda en était la preuve.

— Aucun risque, me dit Dias. Je connais La Cosa et Solís.

Ils ont sans doute enrôlé le plus grand nombre de leur équipage dans la Niebla. La majorité des nôtres sont d'Algarve, de l'autre côté de la frontière. Ils doivent tous se connaître. Il y en a peut-être même qui sont cousins ou beaux-frères. Ça traficote de toute éternité au-dessus et au large du cours inférieur du Guadiana, le fleuve qui sépare nos deux régions. Ça se bagarre aussi, mais dans les tavernes ou dans la rue. Certainement pas dans un tel endroit, si loin de chez eux.

— Eh bien, dis-je, j'ai trouvé en vous mon deuxième professeur en matière de gens de mer, le premier étant Vicente Pinzón.

— Pinzón ! Que devient ce cher forban ? On m'avait dit que ce serait lui que nous pourrions rencontrer par ici. Mais votre présence me fait tout autant plaisir, et bien plus d'honneur.

Ils savaient donc qu'une expédition castillane croiserait dans ces eaux. Les espions de Manuel semblaient autrement plus efficaces que ceux de sa belle-mère Isabelle. Pacheco intervint alors, peut-être parce que Dias en avait trop dit, peut-être parce que, comme souvent les colosses exubérants de son espèce, envahissant tout l'espace autour d'eux, il ne supportait pas de se sentir mis à l'écart.

— Vous pouvez faire descendre sans risque tous vos hommes. Un ou deux gardes par navire à la rigueur. L'endroit n'est pas un fleuve contrairement à ce que nous avons cru, mais une ria très profonde aussi sûre qu'un étang. Aucun risque de s'échouer à marée basse à l'endroit que vous avez choisi pour mouiller. En revanche, laissez quand même un petit contingent de soldats à bord. Les indigènes, qui ont pour nom Tupinambas, sont de braves pêcheurs pacifiques. Mais ils peuvent avoir des réactions inattendues si par mégarde nous contrevenons à un de leurs interdits. Vous en avez embarqué combien, de gens d'armes ?

Un gros malin, ce Pacheco ! Mais je n'étais pas non plus

tombé de la dernière pluie. Pour avoir ce genre de renseignements, il devrait s'adresser à quelqu'un d'autre, et je doutais qu'il l'obtînt. Je me contentai de lui répondre, à côté :

— Leur capitaine a décidé de les garder consignés à bord. Lui-même ne veut pas descendre à terre. Plus tard, peut-être, si notre séjour se prolonge un peu.

Pacheco n'insista pas. Je donnai mes ordres au barreur de la chaloupe qui repartit en boitillant, mais chaussé d'élégants escarpins à boucle d'argent. Bientôt, à l'exception de deux hommes de quart par navire, tous les marins débarquèrent. Portugais et Castillans, ou plutôt gens d'Algarve et de la Niebla, fraternisèrent, comme lors de retrouvailles. Dias ne s'était pas trompé. Lui-même d'ailleurs témoigna sa joie de revoir La Cosa et surtout Solís, qui avait navigué jadis sous ses ordres. Il n'y eut pas la moindre anicroche ; le seul subrécargue de notre expédition, homme discret et efficace, avait eu la prudence de rationner le vin à trois timbales par homme et par jour, une demi-timbale pour l'eau-de-vie.

Je me sentais comme exclu de la fête, ignoré par mes compagnons. Mon grade de *piloto mayor* n'en était pas la seule cause. Sans vraiment le vouloir, je me tins à l'écart, m'assis sur le sable à contempler ces myriades d'étoiles de la nuit équinoxiale que masquaient parfois quelques nuages. Pacheco posa son imposante carcasse à mes côtés.

— Voyez-vous, mon cher Amerigo, si vous permettez que je vous appelle ainsi, c'est dans ces moments-là qu'ils nous montrent que nous ne sommes pas de leur monde.

— Même si je ne connais pas votre monde, mon cher Duarte, je partage vos sentiments.

— Dis plutôt Pacheco – on se tutoie tant qu'à faire –, c'est sous ce nom-là que je voudrais passer à la postérité. Je le trouve plus sonore que le banal Pereira. Connais-tu l'histoire d'Iniéchdicachtrou ?

J'avouai mon ignorance. Il insista, un peu agacé, en prenant l'accent italien :

— Inès de Castro !

— Bien sûr, comme tout le monde ! Il était une fois, il y a bien longtemps, un prince de Portugal qui aimait passionnément une humble bergère et désirait l'épouser. Mais le roi son père interdit cette union malséante. Il voulait pour son fils de plus nobles partis. Le prince les refusa tous, tant les deux amants étaient unis l'un à l'autre par un amour absolu. Le roi fit alors assassiner la bergère. C'est ça ?

— Oui, si on veut. Sauf qu'Inès de Castro était loin d'être une bergère sentant le suint et le lait caillé. Eh bien, figure-toi – il eut un gros rire qui lui secoua tout le corps –, figure-toi que mon bisaïeul, quoique gentilhomme de vieille lignée, fut l'un des trois sicaires du roi qui planta son couteau dans le corps délicieux de la belle.

— Eh bien moi, répliquai-je avec légèreté, mes ancêtres récoltaient le miel de leurs abeilles et cultivaient leurs vignes. C'est du moins ce qu'on m'a dit. Car finalement, je m'en fiche, de mes ancêtres. Qu'ils reposent en paix, c'est tout le mal que je leur souhaite.

— Comme je t'envie ! Pourtant, tous les deux, nous ne serons jamais du monde de ceux qui rient, qui chantent et plaisantent derrière nous. Et ils nous le montrent bien, ce fossé invisible, ce précipice infranchissable.

Je pris alors en amitié cet homme qui jouait trop mal au rustre. Il m'avait révélé sa profonde et absurde blessure, ce remords d'un crime qui n'avait jamais été le sien, et j'en étais bouleversé. Il s'était inventé son péché originel. Je me relevai en m'appuyant sur sa large épaule en lui disant :

— *Carpe diem*, Pacheco, *carpe diem*, telle est la seule sagesse.

La teneur de nos échanges, durant la suite de notre escale commune de trois semaines, fut moins intime mais bien plus instructive. J'entendis pour la première fois prononcer le nom de Vasco de Gama par la bouche de Bartolomeu Dias. Le découvreur du cap de Bonne-Espérance ne portait d'ailleurs aucun réel intérêt, ni en mal ni en bien, à celui qu'il considérait seulement comme le capitaine d'armes des troupes embarquées à bord de l'expédition ayant atteint l'Inde. Une sorte d'Hojeda, en somme. Les vrais réalisateurs de cet exploit avaient été, selon lui, et je partage son opinion, les marins et les pilotes de l'expédition, surtout son propre frère Diogo. Dias les avait tous enrôlés, comme le lui incombait sa charge de directeur des arsenaux de Lisbonne.

Dias était fort amer d'avoir été écarté par le roi. Après tout, n'était-ce pas lui qui avait ouvert la porte de la route aux épices en franchissant le premier le bout de l'Afrique ? Fils du découvreur du fleuve Gambie, en mer depuis l'enfance, rompu à la navigation astronomique, inventeur de gouvernails plus souples et manœuvrants, aimé et respecté de ses équipages, nul n'aurait été plus apte que lui à mener le Portugal jusqu'à la capitale mondiale des épices, Calicut. Au Portugal, jusqu'à la désignation surprenante, par le roi, de Vasco de Gama, pilotes, subrécargues, capitaines d'armes échangeaient leurs fonctions à plaisir, quand la nécessité le réclamait. Tel commis était capable de tenir la barre, tel pilote, de commander la brigade embarquée, tel capitaine d'armes de veiller au fret et à l'intendance. Et nul n'avait l'impression de déchoir ou de prendre du galon en changeant ainsi de rôle : ils étaient marins avant tout.

Vasco de Gama, lui, était un soldat. Tout comme son père et ses frères, il faisait partie de l'Ordre de Santiago, garde prétorienne de feu le roi Jean II. Le clan Gama avait déjoué un complot contre son maître et tué certains des conspirateurs, dont le frère aîné du monarque actuel. Contre toute attente, le nouveau roi Manuel n'entreprit rien contre l'Ordre de Santiago. Deux ans après son avènement, à la surprise générale, il nommait Vasco, son frère et leurs proches pour constituer la troupe embarquée dans la première escadre chrétienne qui n'eût jamais traversé la mer de l'Inde. Leur nomination avait tout l'air d'une mise à l'écart, d'une proscription de membres importants de cette confrérie qui n'avait plus rien de religieux. Mes interlocuteurs se montrèrent très discrets sur le déroulement proprement dit de l'expédition. Mais quelques sous-entendus me firent comprendre que les choses ne s'étaient pas bien passées, Vasco voulant étendre son autorité aux choses de la mer, dont il ignorait tout. Il mit aux arrêts les pilotes qui refusaient de se soumettre à ses ordres absurdes. Je n'en appris pas plus.

Alors que je faisais escale à l'île du Feu, Dias et Pacheco accueillaient à Santiago du Cap-Vert les rescapés de la flotte de Vasco de retour de Calicut. Ces deux membres éminents de la junte des mathématiciens avaient examiné routiers et cartes, recueilli les témoignages des équipages survivants – ils ne me donnèrent pas le nombre de morts –, inspectèrent les échantillons de poivre, de cannelle, de gingembre rapportés de Calicut. Ils envoyèrent un rapport très favorable au roi, et un autre plus mitigé à la Maison de Guinée. Vasco et le reste de ses soldats, tous de l'ordre de Santiago, avaient été envoyés aux Açores où ils devraient attendre que Manuel Ier statue sur leur sort. Quant aux équipages, ils resteraient dans l'archipel du Cap-Vert, le temps qu'à Lisbonne on décide de l'accueil qu'on leur réserverait.

— Je vous trouve bien prudents et frileux, vous autres Portugais, plaisantai-je. Comment un peuple aussi audacieux sur la mer peut-il être aussi timoré une fois rentré au port ?

— Cette prudence, cette frilosité, répondit Pacheco, est le secret de notre réussite. C'est d'ailleurs notre seul vrai secret, quoique les autres en pensent.

— Le seul, vraiment ? J'en vois au moins un autre sous mes yeux : votre présence ici, alors que vous devriez vous trouver à Lisbonne pour savourer une victoire à laquelle vous deux avez si largement contribué.

— Je crois que nous pouvons révéler un certain nombre de choses à monsieur Amerigo, intervint Dias. D'ailleurs, quand vous serez de retour à Cadix, s'il plaît à Dieu, ces choses seront sans doute de notoriété publique.

On avait cru, à l'étranger, qu'une fois l'extrémité sud de l'Afrique découverte, les Portugais s'en étaient satisfaits, comblés par l'or, la malaguette, l'ivoire et les esclaves que rapportaient leurs caravelles. En réalité, Dias, Pacheco et les autres, laissant les marchands et le roi s'enrichir, écumaient en tous sens leur mer close, en étudiaient les vents et les courants, jusqu'au jour où l'un d'entre eux – Pacheco et Dias ne voulurent pas me dire ni qui, ni quand – toucha les terres où nous nous trouvions, mais bien plus au sud, à un endroit que j'estime être aujourd'hui la baie de Tous-les-Saints. Cette nouvelle terre n'intéressa pas le Portugal, ou plutôt la Maison de Guinée, pour ses richesses réelles ou supposées, mais comme une escale bienvenue au sommet du grand arc de cercle, la volte, que leurs navires traçaient, portés par les vents dominants, entre l'archipel du Cap-Vert et Bonne-Espérance. On comprend pourquoi Jean II avait refusé son projet à Colomb d'atteindre les Indes par l'ouest. Ils peaufinèrent cette route, démontrant ainsi qu'en mer la ligne droite n'est pas le plus court chemin pour aller d'un point à un autre. Cependant, des espions déguisés en pèlerins ou en marchands maures, parlant arabe et hébreu, avaient été envoyés par les terres jusqu'en Arabie. De là, et sans trop se soucier du royaume légendaire du prêtre Jean, ils avaient traversé la mer de l'Inde et atteint Calicut à bord de boutres mahométans. À leur retour, ils avaient exploré la côte orientale de l'Afrique. On conclut alors que le voyage vers les épices et le retour devraient se dérouler selon un calendrier très précis, tenant compte de la renverse régulière des vents tant dans la mer Océane que dans celle de l'Inde et l'inversion des saisons entre l'hémisphère Nord et l'hémisphère Sud. Cette préparation minutieuse était loin d'être achevée, quand Colomb atteignit ce qu'il croyait être les confins du Cathay. Menaces de Jean II, bulles du pape, et enfin Tordesillas. Pacheco y obtint bien plus que ce qu'il voulait : l'escale indispensable au sommet de la grande volte. Mais il resta très évasif quand je lui demandai si l'expédition de Vasco de Gama avait pratiqué cette escale. Les deux Portugais partageaient mon opinion qu'il ne s'agissait ni de l'Inde et de ses épices, ni du Cathay et de son or, mais d'une immense barrière qui nous séparait d'eux. Et Dias précisait que les Castillans allaient s'y heurter longtemps encore, comme l'abeille sur la vitre, avant d'en faire leur miel. À moins qu'ils y découvrent un passage, mais un passage vers où ?

— Vers la ligne antipodique de Tordesillas, répondis-je. Calculons d'abord où elle passe sur ce versant, puisque nous sommes ici pour cette raison, vous comme moi : déterminer la part revenant à la Castille et celle du Portugal.

Pacheco, Dias, La Cosa et moi nous mîmes à l'ouvrage, passant plusieurs nuits à observer le ciel, nous confiant les petits secrets de nos méthodes de calcul respectifs. C'est ainsi que je conçois la quête de la Vérité : par l'échange des savoirs. Nous décidâmes finalement, avec une marge d'erreur raisonnable, que nous étions à une vingtaine de lieues à l'intérieur de la partie castillane. Je leur en concédais, même si je ne suis ni roi ni pape la rive sud de notre mouillage. À nous, la rive nord. Dias proposa de baptiser notre baie « rio Guadiana », comme le fleuve qui fait la frontière entre la Niebla et l'Algarve. Une semaine après, nous nous séparâmes, eux allant vers le levant, et nous vers le couchant, des deux côtés de la ligne invisible.

Ne narrant désormais que ce que je n'ai pas raconté dans les lettres, ou plutôt ce qu'on y raconte à ma place et qu'on m'a fait l'honneur de publier, je me contenterai de résumer ci-dessous la suite de notre navigation. Il n'y a d'ailleurs pas grand-chose à en dire, tant l'immense terre que nous longions depuis de nombreuses semaines n'était que forêts denses aux arbres géants, fumantes d'humidité sous une permanente chaleur d'orage n'éclatant jamais, vibrant sempiternellement de cris d'oiseaux et de bêtes sauvages, qui nous mettaient les nerfs à vif. Plusieurs fois encore, nous doublâmes l'embouchure béante ou étouffée par la végétation, de fleuves auprès desquels le Nil paraîtrait un autre Arno. Pas d'hommes, ou si peu, et qui s'enfuyaient à l'apparition de nos navires. Il nous fallut parfois faire parler les armes pour obtenir d'eux bois et eau douce dont pourtant ils ne manquaient pas. Nous faisions escale de préférence dans une de ces petites îles côtières qui jalonnaient la côte en chapelets presque ininterrompus. Le climat y était plus frais, des fruits délicieux y poussaient naturellement, les poissons, le petit gibier à poil et à plume y abondaient. Si c'est péché de manger du singe, ce n'est que péché de gourmandise.

Puis la lente et monotone navigation côtière reprenait. La vermine commençait à ronger le bois, et la grogne, les hommes. Je ne m'en apercevais pas, tant j'avais gardé mon enthousiasme à voir prendre forme sur le papier, lieue après lieue, ce continent, ce nouveau monde. La Cosa partageait les mêmes sentiments que moi.

Un jour, en amont d'un autre de ces grands fleuves dont les bras s'enchevêtraient en un delta labyrinthique, nous abordâmes une île côtière bien plus grande que les autres. Nous ignorions que Colomb l'avait découverte plusieurs mois avant nous et l'avait appelée Trinidad. Nous ne trouvâmes aucune trace de son passage, pilier de pierre prélevé sur le lest, ou croix de bois sur lesquels les découvreurs gravaient leurs noms et la date de leur débarquement. Le plus souvent, d'ailleurs, les indigènes les détruisaient après leur départ.

Ceux de la Trinidad étaient des géants, non pas des monstres ni des cyclopes de légende, mais ils nous dominaient tous, y compris les femmes, d'au moins une tête, fort vilaine ; nous n'eûmes que peu de loisir de parler avec eux : ils nous faisaient aussi peur que nous les terrorisions. Un de mes amis d'adolescence, Francesco Degli Albizzi, possédait la même taille qu'eux. C'était le plus doux et le plus pacifique des garçons. Nous autres, tels des roquets autour d'un molosse, nous ne sommes jamais parvenus à le mettre en colère. Me voilà à nouveau prenant un chemin de traverse. Colomb, en me montrant ses cartes quelques semaines plus tard, me démontrera, sans que je lui aie rien demandé, qu'il était le découvreur de Trinidad. Pourtant quand je rapporterai ce fait à La Cosa, celui-ci mettra en doute son antériorité. Je souhaite n'avoir pas montré une rancune aussi tenace au cours de mon récit.

Quand nous fûmes sur la côte nord de Trinidad, baptisée par nous l'île aux Géants, je m'aperçus que le littoral de la terre ferme qui, jusqu'alors, se dirigeait à n'en plus finir vers le nord-ouest, s'orientait maintenant, avec netteté, droit vers le couchant. Nous étions à l'entrée de ce que j'avais appelé, lors de la première expédition, la « Méditerranée indienne ». Il ne me restait plus, si j'ose dire, que cinq cents lieues en droite ligne – mais combien de fois de plus en longeant la côte ? – pour atteindre le point que nous avions touché la première fois au sud-est du promontoire de Yucatán. Je réunis le conseil pour leur exposer la suite de notre navigation. Une fois que j'eus fini, le pilote de l'*Effrontée*, Díaz de Solís, un homme pourtant d'ordinaire accommodant, et même un peu timide, intervint :

— Non, Morigo, les hommes ne tiendront pas jusque-là. Ils n'en peuvent plus. Je les ai souvent surpris dans des conciliabules, qui ne me disent rien qui vaille. Ce n'est pas encore la mutinerie, mais c'est déjà la groume. Avant que ça ne se gâte, je te propose de filer sur Hispaniola, puis de rentrer à la maison.

— De quoi se plaignent-ils ? rétorquai-je. Nous n'avons pas eu un mort à déplorer. Jamais ils n'ont souffert ni de la soif ni de la faim. Pas le moindre coup de fouet n'a été distribué.

— Dix mois, Amerigo, insista Solís, dix mois et trois jours, très exactement, que nous avons quitté Cadix ! Te rends-tu compte de ce que tu leur fais endurer ?

Non, je ne m'en rendais pas compte, tellement ma pensée et ma plume étaient tendues vers cette presque-île du Yucatán que je voulais à nouveau aborder pour boucler la boucle, pour conclure. À ce moment de notre débat, événement exceptionnel, le capitaine Hojeda intervint :

— Je partage l'opinion de monsieur le pilote Díaz de Solís. Je n'arrive plus à maintenir la discipline dans la troupe. Ils ne comprennent pas pourquoi ça s'éternise ainsi. Et puis, ça ne leur a rien rapporté. Ils ont la bourse aussi plate qu'à leur appareillage. Pas une once d'or.

Je lançai un regard suppliant à La Cosa, craignant qu'il fît lui aussi partie de ce que je croyais être une conspiration. Il comprit mon appel au secours et dit :

— Voilà ce que je propose : nous allons continuer à longer cette côte jusqu'au moment où nous serons sur la même longitude qu'Hispaniola, soit dans une dizaine de degrés à l'ouest, ou quelque cent quatre-vingts lieues, si vous voulez, de l'endroit où nous sommes. Si, à ce moment-là, nous n'avons pas trouvé ce que nous cherchons, c'est-à-dire un détroit, un passage qui pourrait être celui nous menant vers les Indes, eh bien, nous remontons vers le nord. Escale chez l'Amiral, et on rentre au pays.

Je l'aurais embrassé ! Et j'allais annoncer à tous, au porte-voix, la décision du conseil. Je venais de recevoir une autre leçon : un bateau, ce n'est pas seulement un laboratoire flottant qui me porte seul dans ma quête de la Vérité, de ma vérité, c'est aussi une assemblée d'êtres humains, d'êtres pensants.

Malgré la douceur de son climat, malgré ses îles aux allures de petit paradis, ses eaux poissonneuses, ses arbres ployant sous des fruits juteux et sucrés, ses oiseaux au plumage de couleurs tellement chatoyantes qu'elles en auraient désespéré l'ami Botticelli, malgré toutes ces espèces d'animaux trop diverses pour que l'arche de Noé, quel que fût son tonnage, n'eût pu les contenir tous, le rivage méridional de la Méditerranée indienne, que

Colomb appela la mer des Antilles, était désespérément clos, muré, sans le moindre détroit, le moindre passage, la plus mince des Dardanelles qui nous aurait menés vers d'autres eaux.

Ce que je redoutais arriva : nous atteignîmes la longitude d'Hispaniola. Et le miracle survint. À ce point, exactement, s'ouvrait un golfe très étendu au fond duquel deux petits caps pointaient l'un vers l'autre, ne laissant entre eux qu'un passage étroit, tel Gibraltar face à Ceuta, nouvelles Colonnes d'Hercule, nouveau Bosphore ! J'allais vite déchanter. Après s'être faufilées dans ce canal, les trois caravelles débouchèrent sur une lagune, certes d'une vaste étendue, mais fermée. Une multitude d'arbres plongeaient leurs racines dans l'eau saumâtre, et surtout, partout, même au centre de cette nappe parfaitement lisse, avaient été construits des villages sur pilotis reliés entre eux par un ingénieux système de passerelles et de pont-levis. On eût dit la cité des Doges à l'époque des invasions barbares. Je ne suis pas florentin pour rien et, pour me moquer un peu de la vieille rivale, je baptisai cet étrange et magnifique endroit du nom de « petite Venise », Venezuela.

L'hospitalité des riverains de cette autre Adriatique était sans limites. Le mois que nous passâmes en cet endroit ne fut que fêtes, rires, banquets, amours éphémères nouées avec des filles d'ici dont le corps était aussi parfait que leurs mœurs étaient volages. Quand Hojeda, tout autant lubrique que nous tous, vint m'informer qu'il allait, à la demande de nos hôtes, partir par les terres en expédition punitive contre leurs cruels ennemis, forcément mangeurs d'hommes, ennemis qui, à ce qu'on lui avait dit, possédaient de l'or en grande quantité, je le laissai aller. Il en revint victorieux, mais sans la moindre pépite.

Par chance, si nos amis du Venezuela étaient dépourvus de métal précieux, ils possédaient en revanche des perles à foison. Sinon eux, du moins leurs huîtres qui s'accrochaient en essaims à la base des arbres plongeant dans l'eau. Elles n'étaient pas, tant s'en fallut, de la meilleure qualité, mais elles germaient parfois par dizaines dans la même coquille, qui avait pris la forme du tronc auquel elles adhéraient. J'y vis le meilleur moyen de nous rembourser tous de nos peines. Je suggérai donc aux hommes d'en faire la récolte, sous la surveillance toutefois du subrécargue, du « notaire ».

Il fallut bien repartir. Les équipages, qui, quelques semaines auparavant, me menaçaient de mutinerie si je ne les ramenais pas au plus tôt au pays, remontèrent à bord à reculons, quand ce n'était pas à grands coups de botte dans le train. Les trois caravelles se dirigèrent vers Hispaniola, dont nous atteignîmes le port d'Isabela au début du mois de mai 1500.

Une flottille d'une dizaine de chaloupes battant pavillon castillan vint vers nous, chargés d'hommes en armes. Trois d'entre elles abordèrent la *Joyeuse*, les autres allèrent à la *Gracieuse* et à l'*Effrontée*. L'officier qui monta à bord aurait pu être le patron d'un navire de pirates. Hojeda, lui, avait ceint son épée, coiffé son casque et enfilé son haubert. Nous allâmes à la rencontre du nouveau venu. Mais, en guise de salut, celui-ci me demanda sèchement de remonter à la timonerie. J'allais protester, mais Hojeda me répéta cet ordre en me signifiant qu'ici il avait le commandement. Je m'inclinai : je ne pouvais jouer de mon titre d'ambassadeur de la reine de Castille dans ce lieu qui était son domaine. Les deux hommes tinrent un long conciliabule inaudible de l'endroit où je me trouvais. Enfin, le capitaine d'armes monta l'échelle du château arrière et m'annonça, sans autre forme de procès, que les équipages et leurs pilotes étaient consignés à bord, en quarantaine. Seuls lui et ses soldats descendraient à terre. Puis il me tourna le dos et s'en fut. Avant de repartir, ils firent monter de l'eau, un tonneau de vin et des vivres frais.

Dès que la flottille de chaloupes eut touché la côte, La Cosa et Solís vinrent me voir. Il s'était passé exactement la même chose sur leur bateau, les sergents y jouant le rôle de capitaine d'armes. Naturellement, le pilote de l'*Effrontée* désigna le vice-roi et amiral Colomb comme responsable de notre situation. Nous restâmes quinze jours sans pouvoir descendre à terre. Par deux fois, on vint nous ravitailler, mais je ne pus tirer un mot des esclaves indiens porteurs de tonneaux et de ballots. Les rameurs et leur barreur étaient restés sur leur barque.

Enfin, un officier, d'un bien meilleur aspect que le précédent, monta à mon bord et m'annonça que « Son Excellence le vice-roi et grand amiral des Indes aurait un grand plaisir à me recevoir en audience ». Je demandai à mon subrécargue Pérez de m'accompagner avec les journaux de route et les cartes, puis, dans ma cabine, je me vêtis péniblement d'un habit plus décent, celui que la moisissure avait le moins rongé.

Le port de La Isabela semblait à l'abandon. Y erraient quelques soldats débraillés à la mine patibulaire, quelques matelots ivres, des moines ruisselants sous leur bure, et des esclaves faméliques, dont beaucoup gisaient au milieu de la rue ou adossés à une palissade, endormis, malades, morts peut-être. Contre mon attente, l'officier, toujours muet, ne nous fit pas entrer dans le palais du vice-roi, belle bâtisse blanche, dont les portes et les volets peints d'un bleu vif étaient clos. Nous escaladâmes la butte en haut de laquelle se dressait le fort de la Conception dominant la baie, dont les batteries étaient pointées non vers le large, mais vers l'intérieur des terres.

Au fond de la salle des gardes, pleine d'hommes en armes, effondré dans un fauteuil, Colomb, vêtu de la bure brune des frères mineurs me fit un pâle sourire. Ses cheveux, naguère roux, étaient devenus complètement blancs. À sa droite, debout, son fils Diego, vingt ans à peine et tout en armes. À sa gauche, également cuirassé, l'épée au côté, Bartolomé Colomb, que son aîné avait fait administrateur d'Hispaniola, et qui m'adressa la parole en ces termes :

— De quel côté êtes-vous, monsieur Vespucci ? Celui du droit ou celui de la canaille ?

— Je ne comprends pas ce que vous voulez dire...

— Père, dit alors Diego, nous pourrions peut-être nous entretenir avec notre visiteur dans un endroit moins peuplé.

Colomb acquiesça. Aidé par son frère et son fils, il se leva péniblement de son fauteuil. Debout, il était plus vaillant et se dirigea d'un pas ferme vers une petite porte qu'il ouvrit avec la clé d'un trousseau pendant sur sa bure, en guise de chapelet. À qui jouait-il la comédie du grand malade, à moi, ou à ceux de la salle des gardes ? Nous entrâmes dans la pénombre d'une pièce éclairée par une seule fenêtre grillagée, la salle du conseil, avec sa longue table rectangulaire entourée de simples tabourets. Sur l'un des murs chaulés, en guise d'ornement, une grande carte d'Hispaniola, piquée de petits drapeaux, les uns aux armes de l'Amiral, les autres, noirs.

— Mon ami, dit Colomb au subrécargue Pérez qu'il devait prendre pour mon secrétaire, je vous demanderai de ne rien écrire sur cet entretien.

Puis s'adressant à moi :

— Cher Vespucci, je n'ai pas le courage de vous exposer la situation dans laquelle nous nous trouvons. Et Bartolomé n'en a pas le sang-froid. Aussi, Diego, mon fils, je te laisse la parole.

Hispaniola était en proie au chaos. La folie de l'or, or introuvable, s'était emparée de toutes les têtes. Les Colomb eux-mêmes en étaient saisis parfois, par bouffées, pour revenir ensuite à leur première ambition : transformer le vice-royaume en une colonie prospère, sur le modèle de Madère et des Açores portugaises, où l'on cultiverait la canne, le coton, la tomate, le maïs et... l'ananas si cher au cœur et aux papilles du roi Ferdinand. Mais il y avait une différence de taille avec Madère et les Açores : ces archipels avaient été découverts déserts de tout être humain. À Hispaniola, comme naguère aux Canaries, il fallait confisquer leurs terres à leurs habitants, réduire ceux-ci en esclavage ou leur faire la guerre. Plusieurs tribus se révoltèrent et s'enfuirent dans les forêts et les montagnes d'où elles harcelaient les envahisseurs. Les hidalgos se lancèrent à leur poursuite sans attendre les ordres du vice-roi ni de son frère. Les Colomb montrèrent aussi peu de pitié, mais ils furent bien plus velléitaires et maladroits que les autres chrétiens. Ces derniers entrèrent alors en dissidence, formant des partis, des clans, des bandes, parfois opposés les uns aux autres, mais tous unis quand il s'agissait d'affronter l'Amiral. Le principal chef de ces forbans était l'ancien alcade d'Isabela nommé par Colomb, un certain Roldán. Il occupait le port lors de notre arrivée, et Hojeda n'avait pas hésité un instant avant de se ranger à ses côtés. Puis les partisans de l'Amiral les en avaient chassés. On en était là. Et je déclarai :

— Je suis toujours dans le camp de la loi, jamais dans celui de la canaille, comme le dit monsieur votre frère, Amiral – « Votre Excellence » ou « Votre Seigneurie » ne pouvaient toujours passer mes lèvres. – Mais, d'abord, contrairement à vous, je reste un étranger à la Castille. Ensuite, Leurs Majestés m'ont chargé d'une mission n'ayant absolument rien à voir avec les malheureux événements que vous venez de m'apprendre. J'ai déterminé la frontière terrestre tracée lors du traité de Tordesillas et je dois rentrer à Séville pour leur montrer le fruit de mon voyage.

— Vous pouvez partir quand vous voulez, dit Bartolomé.

— Non, rétorqua son aîné. La saison des tempêtes tropicales commence ces jours-ci. Elles surviennent de façon inattendue, et avec une violence incroyable. Ça ne se calme qu'à la mi-juillet. Nous avons donc tout le temps d'examiner vos cartes, mon cher ami.

Je lui dis que je les avais apportées avec moi. Son visage s'éclaircit. Mes documents furent déployés sur la table. Les deux frères s'y plongèrent goulûment. De mon côté, j'examinai celles que Colomb avait relevées, et où était dessinée l'île côtière de Trinidad, « l'île des Géants » que nous avions abordée plusieurs mois après lui. J'eus alors la sottise de dire que nous avions affaire à un nouveau continent et non aux Indes. À ces mots, Colomb éclata d'une soudaine colère de dément, me traita de menteur, de charlatan. Puis ses invectives parurent s'adresser au monde entier. Son fils me prit par le bras et me chuchota :

— Il vaut mieux que vous partiez, monsieur.

Le subrécargue Pérez rangea à la hâte les cartes dans sa serviette et nous nous retrouvâmes, en moins de temps qu'il ne le faut pour l'écrire, devant le portail de la forteresse, accompagnés du même officier qui nous avait menés jusqu'ici et de sa phalange de soldats. Au pied de la butte, une trentaine d'hommes s'étaient assemblés.

— Merde ! Ils sont revenus, lâcha l'officier.

Il ordonna à ses hommes de nous encadrer et de nous couvrir de leurs boucliers. Il dégaina son épée pour nous frayer un passage. La foule s'écarta, et se mit à crier :

— À la baille, les étrangers ! Rentre chez toi, chien d'Italien ! Vive Roldán ! Vive Hojeda ! Mort à Colomb !

Nous prîmes le pas de course, ils nous suivirent à distance toujours hurlant et nous jetant des pierres. Ce fut miracle de parvenir sans dommage jusqu'à l'embarcadère, puis sur la *Joyeuse*.

Le vent s'était levé. Un gros nuage noir et menaçant s'avançait vers nous de l'horizon. La Cosa, Díaz de Solís et moi décidâmes quand même de quitter Isabela pour trouver un refuge sur la côte sud de l'île. Une fois là-bas, en attendant que le vent et le ciel nous redeviennent favorables, La Cosa, qui avait de la suite dans les idées, proposa que nous fassions le tour de Juana pour en dessiner les côtes. Je jure aujourd'hui sous serment que Juana, rebaptisée depuis de son nom indigène de Cuba, est bel et bien une île.

En cet an mil cinq cent après la naissance de Notre Seigneur Jésus-Christ, année que d'aucuns redoutaient ou espéraient comme celle de la fin des temps ou de la parousie, je ne relevais pour ma part comme événement notable, hormis les guerres, les pestilences et les disettes habituelles qui accablent notre vieux monde sans tenir compte de la rondeur des chiffres, que le départ d'une nouvelle expédition portugaise vers Calicut, de treize unités, cette fois, ce qui était considérable. L'une d'entre elles revint à Lisbonne après avoir seulement traversé la mer Océane, et le roi Manuel, à son retour, annonça au monde que ses marins avaient découvert une grande terre ferme au sud-ouest, incluse dans le domaine que lui réservait le traité de Tordesillas. Cette terre, baptisée de la Vraie Croix, n'était autre que celle où j'avais rencontré Pacheco et Dias.

Puis, toujours en cette année 1500, les Colomb furent privés de leurs titres et de leurs charges, remplacés à Hispaniola par un simple gouverneur. Les deux frères furent mis aux arrêts et renvoyés en Castille. L'ex-vice-roi des Indes occidentales débarqua à Cadix deux mois après mon retour. On a raconté depuis qu'on lui avait mis les fers aux pieds. C'est faux. Il s'était de lui-même revêtu de son humble bure de franciscain, où pendait cette fois un chapelet en bois grossier, afin de montrer au monde son martyre, et de se poser en victime de l'ingratitude des rois et de la fourberie des jaloux.

À la fin septembre, une fois reposé des fatigues du voyage, je demandai audience à Isabelle et Ferdinand, qui résidaient à Grenade, où les représentants du nouveau roi de France, Louis XII, négociaient un traité destiné à se partager entre eux l'Italie. Je voulais quant à moi obtenir de Leurs Majestés qu'elles me permettent de repartir afin de relier sur mes cartes le Venezuela au Yucatán, ou découvrir entre les deux un passage ouvrant le littoral vers les Indes. Pour plaire à la reine, je comptais lui remettre une grande coquille d'huître contenant pas moins de cent trente perles, dont la plupart, il est vrai, n'avait pas germé et ne pouvait se détacher de la nacre sans dommage. C'était une curiosité que je lui offrais, non un tribut que je lui versais. Après tout, je n'étais pas allé là-bas pour les enrichir, mais pour les instruire. Les bonnes perles, et elles étaient en grand nombre, nous nous les étions partagées, mes compagnons et moi, y compris celles oubliées à bord par Hojeda et ses hommes ; les absents ont toujours tort. Nous en avions tiré un bon prix, qui nous dédommageait un peu de nos peines.

Les monarques me reçurent aimablement, écoutèrent mon récit avec attention, examinèrent les cartes et les dessins. La reine s'amusa de mon huître bizarre et me dit qu'il faudrait que je retourne sur place pour lui en rapporter des perles d'une meilleure qualité. Je n'en avais pas espéré tant. Son époux me précisa toutefois qu'ils ne prendraient leur décision que quand le traité avec la France serait signé. Je ressortis de cette audience satisfait.

Je vais maintenant lever le serment que j'avais prêté à ces têtes couronnées. Je m'apprête donc à donner ci-dessous les véritables motifs de mes deux derniers voyages, dont j'ai écrit ailleurs, faussement, qu'ils étaient accomplis au service du roi de Portugal. Mais comme le présent ouvrage, s'il est publié un jour, ne le sera qu'après ma mort, je ne me sens pas le droit d'emporter au tombeau ma part de vérité.

J'attendais donc, cet hiver-là, à Séville, dans les bras de ma jolie Cannibale, qui se contentait, par bonheur, de me dévorer seulement des yeux, et de ne se montrer gourmande que de mes caresses, de recevoir des Rois Catholique l'ordre de mon départ. Je préparais cependant ma future expédition. J'avais décidé de reprendre les mêmes navires et les mêmes hommes, à l'exception de Pinzón, qui était, aux dernières nouvelles, à Hispaniola, ou dans ses parages.

L'année 1500 se termina sans qu'aucune apocalypse ne s'annonçât. En revanche, ce fut un compatriote florentin qui le fit à ma porte. Je n'avais jamais rencontré Giuliano del Giocondo, mais j'avais été lié jadis à des membres de sa famille, qui était du même rang que la mienne, du moins quand ma famille tenait encore son rang. Il était secrétaire de l'ambassadeur de Florence à Lisbonne, tout en se montrant un négociant avisé. Après avoir longtemps évoqué nos connaissances communes, et en avoir quelquefois médit, il en vint aux raisons de sa visite. Giocondo servait d'intermédiaire entre Manuel de Portugal et les rois d'Espagne, ou plutôt entre la Maison de Guinée et le duc de Medina Sidonia. Il jouait ce rôle car nous autres, Florentins, réputés subtils diplomates, sommes censés être d'une parfaite neutralité dans les sempiternels tiraillements entre ces royaumes frontaliers. Or, c'était un arbitre insoupçonnable de partialité qu'Espagne et Portugal cherchaient pour aller déterminer *in situ*, sur les terres nouvelles, la frontière tracée à Tordesillas.

— Encore ! m'exclamai-je. Mais cette affaire est réglée depuis que...

Je me mordis les lèvres. Neutre ou pas neutre, Giocondo n'avait pas à être informé par ma bouche de ma rencontre de l'autre côté de la mer Océane avec Pacheco et Dias. J'avais juré aux rois d'en garder le secret.

— Monsieur Pacheco Pereira ne tarit pas d'éloges à votre

égard, me répondit-il pour me montrer qu'il n'ignorait rien de cette rencontre. C'est d'ailleurs lui qui est à l'origine de votre désignation pour cette mission commune aux deux royaumes, mais sur des navires portugais. Ce gentilhomme vous surnomme le Pic de La Mirandole de la cosmographie.

— Très flatteur... Mais je dois refuser. Je repars en exploration pour le compte des Rois Catholiques au mois de mai prochain. Je n'attends plus que leur blanc-seing.

— Le duc ne m'a jamais parlé de cela. De toute façon, vous n'avez pas le choix. Leurs différentes Majestés de Portugal, de Castille, d'Aragon et autres lieux sont tombées d'accord sur votre nom, dès juillet dernier, avant votre retour, quand Manuel Ier était venu à Grenade aux funérailles de son fils, un nourrisson de dix-huit mois, que sa tendre grand-mère Isabelle gardait près d'elle, en otage.

« Leurs différentes Majestés », « tendre grand-mère »... Je ne pus m'empêcher de sourire : Giocondo était un aussi indécrottable citoyen de la République que moi. Moi qui m'encrottais plus encore, maintenant que je savais que le couple royal m'avait menti en me faisant miroiter un nouveau voyage vers la lagune des perles, alors qu'ils me destinaient déjà à une autre mission.

— Mais, objectai-je, je suppose que, malgré l'impartialité qu'on nous prête, j'aurais mon équivalent toscan, côté portugais.

— Parfaitement. Il a pour nom Alberto Cantino.

— Cantino, cette canaille ! Je le récuse d'avance. Et puis, il est bien incapable de faire le moindre petit calcul astronomique.

Je racontai alors au diplomate les indélicatesses de l'ancien commis de la maison Médicis à Séville. Giocondo me répondit qu'il était parfaitement au courant du peu de moralité de ce louche individu, qui vendait ses services à n'importe quelle cité italienne concurrente de Florence. Le choix des Toscans de Lisbonne s'était porté sur lui, m'affirma-t-il, pour l'éloigner du Portugal avant que les épices de Calicut y parviennent.

— Cantino est en quelque sorte notre *degredado* à nous. Vous savez, ces repris de justice que les Portugais abandonnent sur des rivages inconnus...

Qu'il ne compte pas sur moi pour commettre ce genre de basse besogne ! Mais au fond, ça m'amusait de retrouver l'ancien messager du Magnifique auprès du roi de France et que j'avais jadis remplacé, si j'ose dire, au pied levé. Cela donnera du piquant à un voyage peu enthousiasmant puisque je devrais atteindre le même endroit, le rio Guadiana, pour y faire les mêmes calculs.

— Ne croyez pas cela, dit Giocondo. Je ne saurais vous expliquer la chose, car je suis très loin d'être féru en géométrie et autres mathématiques, mais, à ce que j'ai compris, la frontière que vous avez déterminée au nord de cette Terre de la Vraie Croix aurait son pendant sur sa côte sud.

Je réfléchis un instant en dessinant dans l'air, avec mon doigt, des formes invisibles. Soudain, j'eus une illumination. Ce n'était qu'une hypothèse ; à moi de la transformer en réalité : le Nouveau Monde devait posséder le même immense promontoire, la même énorme bosse avançant vers le levant que celle que l'Afrique poussait vers le couchant. Les deux continents se reflétaient l'un l'autre, avec la mer Océane pour miroir.

Une semaine plus tard, à l'aube, deux voitures quittaient discrètement Séville en direction de la frontière. Mon départ par la mer, à Cadix, aurait été trop voyant. Dans la seconde, s'entassaient ma Simonetta cannibale, son père Marco, Jaime de Majorque, ses quatre enfants et leur gouvernante. Mon ancien comptable m'avait supplié de l'emmener avec lui. Il voulait s'installer à Lisbonne, car la vie des nouveaux-chrétiens, toujours sous la menace d'une dénonciation, devenait de plus en plus périlleuse en Castille, depuis la mort de Luis de Santángel.

Ses habitants appelaient Lisbonne, à l'imitation de Rome,

« la ville aux sept collines ». Mais elle en comptait bien plus, et de bien plus pentues, mes jambes fourbues en savent quelque chose. La prestigieuse cité affichait sans honte sa richesse, et les origines de celle-ci : le commerce, l'esprit d'aventure et d'initiative, la soif de tout ce qui était nouveau, l'audace de ses marins, la sagacité de ses marchands. Son opulence se lisait du fronton de ses flamboyantes églises au plus humble chambranle en guingois des quartiers de pêcheurs ou d'artisans. Et son antique château royal, construit jadis sur un piton par les Maures, où Manuel Ier résidait le moins possible pour se garder des récurrentes pestilences frappant sa capitale, paraissait une vieille relique des siècles obscurs, des temps barbares. Cette prospérité avouée et sans égale pourrait bien s'accroître démesurément quand les épices de Calicut se déverseraient sur ses quais.

— Ce jour-là, me dit en riant un de mes hôtes florentins, Venise n'aura plus qu'à revenir à la pêche !

Mes compatriotes résidant au Portugal avaient organisé en mon honneur une réception à l'ambassade de la Seigneurie. Tous les Toscans avaient leur logement, leur banque ou leur commerce derrière ce joli palais au goût italien, dominant les entrepôts de l'avant-port d'Alcantara, hors les murs, mais à pied d'œuvre, constituant ainsi un faubourg appelé par eux « la petite Florence ». Quels que fussent les intérêts qu'ils étaient censés représenter ici, ceux des Médicis, des Giraldi, et autres Berardi, ils formaient surtout, comme celle fondée à Séville par Marco, une guilde, une hanse informelle mais soudée, se distribuant les bénéfices de leur industrie, en donnant à chacun sa juste part, après la réussite d'une de leurs entreprises, ou comblant chacun les pertes en cas d'échec, bien plus rare.

Il n'y avait ce jour-là, dans les murs de l'ambassade, qu'un seul « étranger » d'importance. Mais Fernando de Noronha l'était triplement. Portugais en cette parcelle de Florence, juif converti selon Manuel Ier, et surtout concurrent, à nos yeux du moins, car représentant à Lisbonne du riche financier bavarois Jacob Fugger. Celui-ci n'avait eu que la part du pauvre dans ce festin qu'était, depuis un demi-siècle, l'irrésistible ascension lusitanienne. Et il n'avait pas grand-chose à espérer des futures épices de Calicut, la table étant déjà dressée et les places prises. Pour l'en dédommager, et garder en réserve la banque germanique, le roi lui avait accordé la moitié des bénéfices provenant du bois-brésil produisant une teinture rouge de qualité parfaite et poussant à profusion dans mon nouveau monde, dans sa terre de la Vraie Croix. Noronha, son facteur à Lisbonne, avait une raison supplémentaire de s'intéresser à l'entreprise. Il voulait peupler les comptoirs qu'il allait installer là-bas de colons juifs et convertis. Encore un qui rêvait d'une nouvelle terre promise. Sa Majesté, m'expliqua-t-il, lui avait donné son accord, car le roi y voyait un bon moyen de se débarrasser de ces gens qu'il avait déjà tenté d'expulser, espérant maintenant les écarter du commerce des épices à venir, dont le monarque comptait bien être le principal bénéficiaire. De surcroît, Manuel se souciait comme d'une guigne de sa nouvelle possession de la Vraie Croix : il n'y avait là-bas ni chrétiens à secourir ni mahométans à combattre.

J'affirmai à Noronha que j'avais décidé depuis longtemps de ne plus m'occuper de commerce ou de politique. Chat échaudé craint l'eau froide. Mon seul désir, désormais, était de découvrir la réalité de l'univers physique.

— C'est pour cela que nous sommes tous tombés d'accord sur votre personne, conclut-il.

Avant d'aller m'entretenir avec d'autres convives, je lui recommandai chaudement le meilleur et le plus intègre comptable de toute la Chrétienté. Jaime de Majorque et les siens m'avaient quitté sitôt notre arrivée, pour être hébergés par quelque membre de sa parentèle, dans une des rares *Judiarias* subsistant encore à Lisbonne.

Vint à moi une personne que j'avais essayé d'éviter depuis

le début de la réception : Piero Vaglienti qui, parmi ses multiples activités, défendait au Portugal les intérêts de Lorenzo de Médicis, le Popolano, mon ancien employeur. Je n'avais rien à me reprocher dans la faillite de sa succursale sévillane, mais je n'avais aucune envie de me justifier une nouvelle fois. Tout cela était si loin, dans une autre vie.

— Monsieur Vespucci, me dit-il, le Popolano se plaint de vous.

Ça commençait mal.

— Il vous aime pourtant et vous admire, poursuivit-il. Il ne tarit pas d'éloges sur le professeur des mystères de la terre et du ciel que vous avez été pour lui et feu son frère Jean. Il se montre très peiné de votre silence et souhaiterait ardemment que vous lui racontiez vos voyages, vos découvertes. Pourquoi ne le faites-vous pas ?

C'était mieux. Mon seul crime était ma négligence, le seul reproche qu'on me faisait était de vouloir vivre libre et seul. Libre donc seul.

— Mon silence n'est pas dû à une quelconque animosité à son égard, répondis-je. Mais le temps m'a manqué. Ces dernières années, j'étais plus souvent en mer qu'à mon écritoire. Et puis, je suis tenu à la discrétion par les rois que je sers. Enfin, mon style est déplorable. Je ne suis qu'un sec mathématicien, pas un poète.

— De cela, je m'en arrangerai. J'en ai une vieille habitude. Je lui envoie depuis longtemps tous les récits de voyageurs qui veulent bien me livrer leur témoignage et je les remanie à ma manière, de façon plaisante, afin de ne pas ennuyer l'auditoire choisi devant lequel mes lettres sont lues. Je ne vous demande pas de révéler les secrets exigés par vos commanditaires. Il y a sur les places de Lisbonne ou de Séville suffisamment d'espions de tout poil pour accomplir cette tâche à votre insu...

— Alberto Cantino, par exemple ?

— Par exemple, répéta-t-il avec un fin sourire. Tout ce

que je vous demande est de raconter au Popolano de belles histoires de cruels sauvages et de voluptueuses sauvagesses, des descriptions d'animaux et de plantes extraordinaires – mais pas de monstres fabuleux, entendons-nous bien –, de tempêtes, de chaleurs torrides... Enfin, vous voyez, quoi ! Glissez-y par endroits quelques considérations physiques, mathématiques ou cosmographiques, quelques chiffres, distances parcourues ou position d'une île, qui sont plus de votre domaine, et dont vous avez su insuffler la passion à Lorenzo : rien ne le distrait autant que de reconstituer sur ses mappemondes l'itinéraire évoqué et d'y mettre les terres nouvelles à la place indiquée.

Je lui promis de lui remettre « quelque chose » avant mon départ. Après tout, le sort pouvait m'être défavorable. Une disgrâce est plus vite arrivée qu'un naufrage dans ces contrées d'Ibérie, et je devrais peut-être un jour être forcé de me replier à Florence. Il vaudrait mieux alors que j'y retrouve des amis et des protecteurs, plutôt que des ennemis ou des indifférents.

Ni Dias ni Pacheco n'étaient à Lisbonne. Le premier menait une caravelle de la grande expédition de Cabral vers Calicut, qu'ils n'avaient vraisemblablement pas encore atteint. Le second avait pris son sillage deux mois après, avec seulement quatre navires, dont l'objectif n'était pas les épices de l'Inde, mais l'exploration de ses côtes. Je regrettais leur absence, car ils m'auraient peut-être permis de pénétrer dans l'enceinte de la Maison de la Mine, de Guinée et désormais de l'Inde, interdite à tous, étrangers ou pas, sauf aux pilotes, capitaines et subrécargues de retour, ainsi qu'aux fonctionnaires et cartographes qui y étaient employés.

Quelques jours après la réception à l'ambassade, Noronha me demanda de l'accompagner pour nous entretenir avec le seul personnage de la cour susceptible de nous donner l'autorisation officielle de partir. Ce n'était pas le roi, mais Vasco de Gama.

À son retour de Calicut, en 1499, après plus de deux mois de purgatoire aux Açores, puis une retraite d'une neuvaine dans un prieuré en aval de Lisbonne, Vasco avait enfin été reçu par Manuel. Le roi tirait ainsi un trait sur le passé du lieutenant de la garde prétorienne de son prédécesseur Jean II, l'Ordre de Santiago. Puis il l'avait couvert d'honneurs en tout genre : grand amiral de l'Inde, alcade et seigneur de sa ville natale de Sines, pension très conséquente, chevalier de l'Ordre du Christ, qui avait la préférence du roi, et enfin le titre de « don » délivré jusqu'alors à la plus haute noblesse. Tout cela valut à l'ancien capitaine d'armes de cette expédition triomphale à Calicut, dont la renommée avait écrasé celle de la traversée de Colomb, nombre d'ennemis et d'envieux, dans une cour ni plus ni moins bruissante d'intrigues que les autres, mais que les épices attendues excitaient.

L'homme qui nous reçut dans son palais de Sintra, à quelques lieues de la capitale, et proche de la résidence royale, était court de taille, trapu, vêtu d'habits de soie noire aux crevées écarlates, arborant la même barbe que Pacheco, ornement pileux fort en vogue dans la noblesse du pays. Quelque chose de glacé, de cruel et d'un peu sournois dans le regard donnait à Vasco de Gama une vague ressemblance avec mon ancien capitaine d'armes Hojeda. Giocondo m'avait averti que don Vasco n'était qu'un soudard rusé, brutal et ambitieux, qui n'avait jamais témoigné ni estime, ni amitié, ni fidélité, ni reconnaissance, envers nul autre que ceux de son clan ou de qui pourrait lui être utile. Une sorte de condottiere à la portugaise, selon l'expression du diplomate. Depuis qu'il avait été élevé à la dignité de grand amiral de l'Inde, à peine six mois auparavant, il n'avait eu de cesse de rogner l'étendue des compétences de la Maison de Guinée. C'était lui, désormais, qui désignait au roi celui qui dirigerait la prochaine expédition, tous des officiers de vieille mais petite noblesse, des guerriers qui, dès lors, lui seraient, espérait-il, tout dévoués, et auraient, même en mer, un pouvoir absolu. Cabral, en route vers Calicut, Pacheco dans son sillage, étaient les premiers de ceux-là. En peu de temps, les pilotes, les marins, les vrais découvreurs seraient réduits au rôle obscur de charroyeurs, de cochers des caravelles.

Don Vasco avait pris les marins en grande détestation depuis que, contre l'avis, et surtout l'autorité des pilotes expérimentés de son expédition, il avait décidé seul de la date prématurée pour la traversée de retour de la mer de l'Inde, alors que la renverse de ces vents puissants qu'on appelle maintenant « mousson » ne se ferait que trois mois plus tard. Ils s'étaient traînés, errant et zigzaguant sans avancer sous un déluge de pluie poisseuse et chaude. Soixante hommes moururent du scorbut et des fièvres, dont son propre frère Paulo de Gama, capitaine d'armes sur le deuxième navire. On murmurait, à Lisbonne, qu'à un moment pilotes, subrécargues et matelots encore debout tentèrent de se révolter, et que Vasco mata la mutinerie avec ses soldats. Mais peut-on savoir ce qui se passe vraiment dans une telle société d'hommes vivant en promiscuité dans un espace aussi réduit ?

Je ne l'intéressais pas. J'étais un étranger, un philosophe, un jongleur d'étoiles, et aussi, dans son esprit, un marin. L'expédition à laquelle je devais prendre part ne l'intéressait pas non plus : pas d'épices à la clé, pas de Maures à étriper. L'entretien entre don Vasco et Noronha fut bref, à peine courtois. L'amiral signifia qu'il ne pourrait distraire qu'une dizaine de soldats et leur sergent pour notre service et notre protection. Pour le reste, la Couronne ne débourserait pas un cruzado. Il nous imposait en outre une vingtaine de *degredados*, de condamnés de droit commun, dont la peine était commuée en proscription à vie, que nous devrions recruter dans leur prison lisboète, et qui seraient déposés à quelque endroit de la Terre de la Vraie Croix que nous jugerions bon. Je ne reverrais plus jamais don Vasco et, ma foi, je ne m'en porte pas plus mal.

Nous rentrâmes à Lisbonne. En chemin, Fernando de Noronha ne fit aucun commentaire sur cette rencontre, mais m'informa qu'il avait pris à son service mon ami Jaime de Majorque, qu'il appelait de son nom hébreu. C'est également sous leur ancien patronyme qu'il me présenta les deux autres convertis qui nous attendaient dans les locaux de la succursale Fugger au Portugal. Ceux-là avaient l'allure de tranquilles bourgeois, dont ils avaient la vêture discrète, mais de qualité. Jadis, ils avaient tous deux suivi leurs études en Italie, l'un à la faculté de Padoue, l'autre à celle de Pise, ce qui donna aux débuts de notre conversation une tournure plaisante. Ils m'accompagneraient dans cette expédition. Je ne donnerai ici que leur nom chrétien, Gaspar de Lemos et Gonçalo Coelho.

Gaspar déroula une ébauche de carte représentant les côtes découvertes de la Terre de la Vraie Croix, qu'ils appelaient simplement Brésil. Je les imiterai en cela. Le Brésil, donc, s'arrêtait au nord dans la baie où Pacheco, Dias et moi nous nous étions rencontrés et où nous avions décidé que passerait la frontière de Tordesillas. Frontière qui, sur la carte, était représentée par une épaisse ligne rouge traversant la feuille de haut en bas. Le littoral se poursuivait vers l'est-sud-est, jusqu'à l'endroit que j'avais baptisé « la terre des Pinzón » et qui était désigné ici sous le nom de cap Saint-Roch. Après ce cap, la côte s'incurvait vers le sud-est, puis droit au sud jusqu'à un point nommé Porto Seguro vers le seizième degré de latitude australe, où l'expédition Cabral, à l'aller, avait fait escale. Le reste était en blanc, ce serait à nous de le compléter.

— Quand rencontrerai-je les pilotes de nos trois navires ? demandai-je.

— Vous les avez devant vous, rétorqua Gaspar de Lemos : Coelho et moi. Vous serez le troisième.

Je ne pus cacher mon étonnement. Ces deux bourgeois érudits, menant une caravelle dans des eaux inconnues !

Mon ébahissement et ma déception devaient être lisibles, car Noronha me dit :

— Je ne vous pensais pas encombré de ce genre de préjugés, monsieur Vespucci. Nous autres aussi comptons d'excellents marins parmi nous. Ainsi le chevalier João Gonçalves Zarco, qui découvrit l'archipel de Madère, était juif. Sans remonter jusque-là, notre ami Gaspar de Lemos, ici présent, a piloté le treizième navire de l'expédition de Cabral en route vers Calicut. À l'escale de Porto Seguro, sur la Terre du Bois-Brésil, il les laissa poursuivre leur route et revint à Lisbonne porteur des documents attestant de l'existence de ladite terre. Quant à notre docteur ès arts de votre université de Pise, maître Gonçalo Coelho, je vous épargne le récit de ses navigations, nous en aurions pour toute la nuit. Je sais les services que vous avez rendus à mes coreligionnaires chassés de leur pays natal par la reine Isabelle – que la peste l'étouffe ! –, mais gardez-vous des préjugés, monsieur Vespucci, ils mènent tout droit au fanatisme.

Je rougis jusqu'aux oreilles. Au fond, moi aussi, j'étais un « bourgeois érudit », même si j'étais issu d'une famille de très vieux et très pieux chrétiens. Pour masquer ma confusion et ne pas perdre la face, je répliquai sur le mode de la plaisanterie :

— C'est votre faute, à vous autres, juifs. Dans l'Ancien Testament, votre Torah, les prophètes n'ont de cesse d'invectiver et de vouer aux gémonies quiconque prendrait la mer et s'éloignerait ainsi du Temple de Jérusalem. En guise de marin, je vous concède Noé, mais il finit par s'échouer au sommet du mont Ararat. Jonas ? Naufragé dans le ventre d'une baleine. Et je ne parle pas de Moïse, qui ouvrit la mer Rouge en deux, au lieu de la traverser en bateau, comme tout un chacun !

Ils eurent le bon goût de s'esclaffer à ces propos peu orthodoxes. Puis nous revînmes aux choses sérieuses : notre voyage.

Nous étions fin janvier. Il ne me restait plus qu'à attendre, dans une petite mais agréable maison juste derrière l'ambassade de Toscane prêtée par Giocondo. Je lui demandai en plus un grand service dont je lui saurais gré : de me trouver, pour ma Simonetta cannibale, un précepteur, le plus vieux et le plus laid possible, mais pouvant enseigner à ma compagne, durant mon absence, ma langue, et celles des contrées où je vivais, l'art de se vêtir et de se comporter dans notre monde civilisé, sans oublier, on l'aura compris, des notions de la vraie foi chrétienne. Il me présenta dès le lendemain cette perle rare.

Bruno Maffi n'avait connu, durant sa longue vie, que des malheurs. À dix-huit ans, ordonné prêtre du village toscan de Certaldo, il porta un trop grand intérêt aux enfants mineurs gardant chèvres et moutons. Les villageois, quand ils l'apprirent, le mirent à mal, et ses ouailles s'acharnèrent sur l'instrument de son péché, tant et si bien qu'il en devint eunuque. Il s'enfuit alors vers la Sardaigne. Un corsaire barbaresque s'empara de sa barque. Maffi fut vendu comme esclave à Tunis. Au bout de vingt ans à garder le harem de son maître, il le quitta, je ne sais ni pourquoi ni comment. La suite de ses tribulations serait délectable à raconter, mais cela ferait un volume de plus à cet ouvrage. Il finit par échouer à Lisbonne où, par pitié, mais aussi parce qu'il n'était pas exigeant sur le montant de son salaire, l'ambassade l'engagea comme homme à tout faire, gardien de nuit, copiste – il avait une belle écriture –, balayeur, pâtissier, car il savait à merveille faire ces gâteaux mauresques, trop sucrés et pâteux à mon goût. On aimait bien Maffi, à l'ambassade, il faisait partie des meubles, mais cette ombre rabougrie, omniprésente, avait fini par en indisposer plus d'un. Et on ne savait pas comment s'en débarrasser sans aller à l'encontre de la charité chrétienne. Je l'engageai sans hésiter à mon service. Et le Pygmalion que j'étais n'en eut qu'à s'en féliciter. Sous le couteau de l'ouvrier

Maffi, ma Galatée prit la vie et les formes que je désirais qu'elle prît.

Durant ces derniers mois d'hiver, je me consacrai également, non sans désinvolture, à la rédaction de mes deux précédentes navigations, destinées à l'instruction de mon ancien élève le Popolano. Comme le roi Ferdinand avait exigé que je ne révèle rien de mon premier voyage, j'en fis la synthèse avec le second, y mélangeant anecdotes, et péripéties, pour n'en faire qu'une seule expédition. Une chatte n'y aurait pas reconnu ses petits. Quand je lui remis mon texte, Piero Vaglienti se pâma d'extase, comme s'il venait de découvrir, en ma personne, le nouveau Dante ou le nouveau Boccace. Il fit quelques retouches que j'acceptai. Que m'importait, au fond, que les dents de la tribu cannibale devinssent, sous sa plume, longues, pointues et acérées, et non plus comme celles de tout un chacun ? Je consentis également à ce qu'il antidate de quelques mois cette première lettre au Popolano, pour faire accroire que je l'avais écrite sitôt mis le pied sur les quais de Cadix.

Je ne pourrai raconter ce troisième voyage, qui fut le plus important de tous, que de mémoire et en me référant aux diverses lettres que j'ai envoyées à Florence. En effet, à mon retour à Lisbonne, mes routiers, mes notes, mes cartes, mes relevés ont tous été confisqués par la Maison de l'Inde. On ne me les a jamais restitués, malgré mes demandes réitérées et plusieurs suppliques au roi Manuel Ier lui-même. Quant aux lettres, d'abord trop remaniées à mon goût par Piero Vaglienti, traduites en latin et en français, puis modifiées par les imprimeurs et les libraires successifs pour les mettre au goût qu'ils croyaient être celui du lecteur, elles louent surtout le mérite, à la première personne, du Florentin qui « savait la science de la navigation mieux que tous les pilotes au monde », et dans lequel je ne me reconnais pas. Ces fascicules, truffés d'erreurs et d'approximations, où pas un seul de mes compagnons, pourtant tout aussi méritants que moi, n'a été nommé, avaient pour principal objectif de chanter, à travers l'un de ses ressortissants, la gloire de Florence tout entière, la gloire de la Seigneurie, qui aurait, à travers ma personne, découvert le Nouveau Monde. Je renie donc ces ouvrages, et ne m'en servirai que comme pense-bête.

Nous sommes partis de Lisbonne, le 10 mai 1501, cap droit vers le sud. Nos trois caravelles étaient des prodiges de maniabilité et de légèreté, grâce à d'infimes détails, des petites inventions de rien et dont j'aurais pu dire : « Astucieux, ça ! Je n'y aurais pas pensé. » Cela permettait de réduire l'équipage à seize marins, dont huit étaient à l'ouvrage durant quatre heures, tandis que les huit autres se reposaient. Outre la petite escouade de soldats, répartie sur les navires de Gaspar de Lemos, premier pilote, et de Gonçalo Coelho – en tant que semi-représentant de la Castille, je n'y avais pas droit –, nous avions embarqué deux sortes de passagers : les déportés de droit commun, ou *degredados*, et des volontaires pour fonder dans le Nouveau Monde la première factorerie d'exploitation du bois-brésil. Quant à l'autre « arbitre » florentin, Alberto Cantino, je ne pus le rencontrer ni avant ni après l'appareillage, car il s'était réfugié très vite sur la caravelle de Coelho qui lui avait été dévolue. Il me fuyait, et je n'avais aucune envie de le poursuivre.

Nous traversâmes l'archipel castillan des Canaries sans nous y arrêter, fîmes une petite volte vers l'ouest pour contourner ce cap Bojador qui fut jadis l'épouvantail, les Colonnes d'Hercule portugaises, avant que le courageux Gil Eanes ne parvienne à le doubler sur une simple barque de pêcheur avec neuf hommes d'équipage. Puis nous rabattîmes vers la côte africaine que nous longeâmes avant de pénétrer dans l'anse formée par une avancée nommée Cap-Vert, Bezeguiche pour les autochtones. Ce comptoir portugais faisait, avec les royaumes locaux, la traite pacifique de l'ivoire, d'un peu d'or, et de nombreux esclaves. On savait déjà à Lisbonne que deux des navires de l'expédition de Cabral, de retour de Calicut, y étaient au mouillage, voire en quarantaine. Gaspar de Lemos avait grande hâte d'avoir des nouvelles de ceux qu'il avait accompagnés jusqu'au Brésil. Je partageais son impatience. Deux caravelles en piteux état étaient tirées en carène sur une longue grève.

Après avoir vérifié que l'ancrage de mon bateau était bien assuré, je me rendis à terre. Gonçalo Coelho m'accueillit avec une mine désolée. Il me tutoya spontanément, comme nous le faisions tous, une fois loin derrière nous les afféteries de la civilisation.

— Ton compatriote, ce Cantino... Le malheureux est resté allongé en haut du château arrière, durant toute la traversée, à vomir tripes et boyaux. S'il continue avec nous, je te parie deux cruzados qu'il va nous claquer entre les doigts. Il vaudrait mieux le laisser ici, et qu'il rentre à Lisbonne par ses propres moyens. Mais pour ça, il me faudrait ton accord.

— Je voudrais bien le voir.

— Il m'a supplié que tu n'en fasses rien, car, m'a-t-il affirmé, il a honte de se montrer à toi dans un état aussi pitoyable. Il force peut-être un peu la note, mais, avec vous autres, Italiens, on ne sait jamais si vous jouez ou non la comédie.

Je réfléchis un instant. À Cadix, Giocondo avait insinué que si je devais m'encombrer de ce poids mort, c'était pour l'éloigner, afin que Cantino ne mette pas son nez dans le commerce des épices pour y traficoter ses petites malversations. Or, du pays des épices, ces deux navires étaient déjà revenus. Les cales pleines de poivre et de cannelle, je n'allais pas tarder à l'apprendre. Mais, par ailleurs, le secrétaire d'ambassade m'avait laissé entendre qu'il ne trouverait rien à redire si j'abandonnais ce douteux personnage, tel un *degredado,* sur un coin de terre quelconque. La presqu'île et la baie de Bezeguiche en valaient bien une autre.

— Eh bien soit, débarque-le, dis-je enfin à Coelho. Je te

rédigerai un bout de papier te déchargeant de toute responsabilité.

Les deux autres pilotes et moi partîmes à la rencontre de ceux qui revenaient de l'Inde. Ils nous racontèrent qu'à l'aller, une violente tempête avait éclaté au large de Bonne-Espérance. Malgré les conseils de ses pilotes, Cabral, impatient d'atteindre les Indes et aussi peu marin que Vasco, avait voulu doubler le cap au cœur de l'hiver austral. Cinq navires avaient disparu, dont celui de Bartolomeu Dias. Aucun ne s'était rendu aux différents points de rendez-vous sur la côte orientale de l'Afrique, ni à Calicut. On n'avait plus d'espoir de les retrouver. Celui qui avait découvert le passage vers l'Inde n'entrera jamais dans la mer dont il avait ouvert la porte. J'apprendrai à mon retour, que la caravelle de son frère Diogo avait réussi à fuir devant la tempête. Il avait découvert de grandes îles au cœur de la mer de l'Inde, avait pénétré dans la mer Rouge, puis était parvenu à rejoindre Lisbonne, avec seulement neuf hommes d'équipage. Diogo ne naviguera plus, tant la disparition de son aîné l'avait plongé dans le désespoir. Il restera malgré tout un personnage important de la Maison de Guinée et de l'Inde.

Les sept navires rescapés de la flotte de Cabral s'étaient retrouvés à l'embouchure d'un fleuve du nom de Mozambique. Remontant la côte est de l'Afrique, ils avaient bombardé les pacifiques ports de commerce tenus par des mahométans de La Mecque, comme Vasco de Gama le leur avait demandé, pour les punir de l'accueil mitigé qu'il y avait reçu deux ans auparavant. Puis la puissante mousson les avait poussés en trois semaines jusqu'à Calicut. Le riche monarque local, qu'on appelait le « seigneur de la mer » ou Samorin, les accueillit bien mieux que ses prédécesseurs : ils avaient pris soin d'apporter avec eux or et écarlate que ce monarque païen – et non chrétien, comme Vasco l'avait affirmé à Manuel Ier – réclamait contre son poivre. Mais Cabral, suivant toujours les conseils de Vasco, après avoir débarqué négociants et *degredados* chargés d'installer la factorerie, s'empara de gens qu'il croyait être des notables et les fit détenir à bord en otage. Mal lui en prit ; les Portugais descendus à terre furent tous massacrés. Cabral mit alors Calicut, presque totalement dépourvue de défenses, à feu et à sang. Puis il repartit vers un royaume voisin, Cochin, qui voyait d'un très bon œil arriver ces clients peu regardants sur les prix et la qualité de la marchandise. Pacheco, parti trois mois après lui, s'y trouvait déjà et parvint à le dissuader de ne pas employer ici les mêmes méthodes. L'expédition put ainsi rentrer avec la renverse de la mousson, les cales pleines de gingembre, de cannelle et surtout de poivre. Mais le temps de la découverte était bel et bien terminé. Venait celui de la poudre et du boulet.

Ce ne furent ni les marins ni a fortiori les militaires qui nous firent ce récit. Ils avaient l'ordre formel d'en réserver la primeur au roi. Gaspar de Lemos finit par trouver quelqu'un susceptible d'assouvir notre curiosité, et qui portait le même prénom de nouveau chrétien. Gaspar de Gama devait en revanche son nouveau patronyme à son parrain, Vasco, qui l'avait fait baptiser à son retour de Calicut. Lui, préférait qu'on l'appelât Gaspar de l'Inde. Cet étrange personnage me connaissait par ouï-dire. Il était juif de Venise, et y avait reçu le rabbin financier Abravanel qui avait fui la Castille à bord d'une des caravelles que j'avais affrétées. Celui-ci avait demandé à Gaspar de se rendre auprès du Grand Turc Bajazet, qui avait accueilli à bras ouverts les juifs chassés d'Espagne. Le sultan, à son tour, le chargea de se rendre auprès d'un de ses vassaux, en Inde, afin de le conseiller dans sa guerre contre le royaume païen d'à côté. Gaspar, ayant appris la venue de Vasco et de ses caravelles fortement pourvues en canons et bombardes, vint à sa rencontre et lui proposa une alliance : le soutien des armes à feu en échange d'une belle cargaison d'épices. Mais Vasco, qui avait trop hâte de rentrer, le fit prisonnier puis l'obligea à se convertir, ce qui ne semblait pas trop peser sur l'ancien messager du rabbin Abravanel auprès du Grand Turc.

Cet autre Gaspar nous raconta ses aventures avec une verve et une faconde qui les rendaient crédibles. Il avait une parfaite connaissance de l'Inde et des terres alentour. Mais il était incapable de les situer sur une carte. À moins qu'il jouât à l'ignorant pour ne pas nous en dire trop. Il nous confirma en tout cas l'existence des deux immenses îles de Java et Sumatra, abordées par Marco Polo et d'autres Vénitiens, puis à l'est du détroit les séparant d'une très longue péninsule qu'il appelait Malacca, aux confins du Cathay. J'écrivis alors ma deuxième lettre au Popolano, où je livrais la liste toponymique énumérée par Gaspar de l'Inde. J'y joignis une ébauche de mappemonde afin que mes correspondants puissent approximativement situer ces lieux. Je confiai le tout à Gaspar de l'Inde pour qu'il le remette entre les mains de Piero Vaglienti. La lettre parvint bien au facteur des Médicis à Lisbonne, mais pas la mappemonde, confisquée par la Maison de Guinée et de l'Inde.

Avant de quitter cette escale instructive, Lemos nous proposa un itinéraire tout à fait inédit : rejoindre la ligne équinoxiale et la suivre jusqu'au moment où nous toucherions la Terre du Bois-Brésil. Le premier pilote n'aimait rien tant que d'inventer de nouvelles routes, même s'il devait y affronter des vents contraires et peut-être pire. Coelho, plus prudent, s'y opposa. Mon avis fit pencher la balance du côté de Gaspar de Lemos, car l'idée de chevaucher ainsi l'équateur entre nos étoiles et celles du ciel austral m'excitait beaucoup.

Mal nous en prit. Sitôt atteinte cette fameuse ligne, nous nous dirigeâmes plein ouest. Les vents nous soufflèrent de face en permanence, de sorte que, pour avancer, nous devions sans cesse tirer des bords et naviguer au plus près. Notre sillage devait ressembler aux lacets d'une sente de montagne. La mer se creusa ; des vagues immenses surgissaient à notre proue comme si elles voulaient nous engloutir, puis s'affaissaient sous nous tandis que nous les escaladions. Des averses violentes se déversaient en trombes d'eau. Le ciel couvert de nuages noirs faisait croire à un perpétuel et sombre crépuscule. Astrolabe et octant ne m'étaient d'aucune utilité, et seule la bonne vieille boussole pouvait m'indiquer dans quelle direction nous nous dirigions. Finalement, de guerre lasse, Gaspar de Lemos nous fit quitter la ligne équinoxiale et rabattre au sud-ouest. Au bout de trois jours à progresser péniblement, les fureurs du ciel et de la mer se calmèrent soudain. Le lendemain, nous étions en vue de la côte, deux mois et une semaine après avoir quitté l'Afrique. Je pus enfin faire le point et m'apercevoir que nous étions, à quelques degrés près, dans les parages du lieu où nous avions abordé, La Cosa, Solís et moi, après notre traversée de la mer Océane, lors de ma seconde navigation sous pavillon castillan.

— Désolés, mes amis, de vous avoir fait subir tout cela, nous dit Gaspar de Lemos, une fois que nous nous fûmes retrouvés à son bord. J'ai choisi la mauvaise parallèle et la mauvaise saison.

— Bah ! répondit Coelho, à toute chose malheur est bon. Ceux qui nous succéderont prendront une autre route. Découvrir que l'on a fait une erreur, c'est encore de la découverte.

Malgré le très mauvais temps que nous avions essuyé durant ces longues semaines, nos caravelles n'avaient pas subi d'avaries assez graves pour que nous soyons obligés de nous arrêter trop longtemps. Nous ne restâmes donc qu'un seul jour et une seule nuit à l'estuaire d'un cours d'eau que nous appelâmes le fleuve du Nord, à une vingtaine de lieues à l'ouest de l'ultime avancée au levant du Brésil, le cap Saint-Roch. Les indigènes avaient fui à notre approche, abandonnant même leurs pirogues. Nous laissâmes quelques babioles sur la rive, pour les payer du bois et des fruits sauvages que nous leur avions pris, estimant que poissons, eau douce et coquillages étaient gratuits.

Gaspar était d'avis que nous contournions ce cap Saint-Roch, bien moins impressionnant vu du pont que sur la carte, en faisant une grande volte à l'est qui nous permettrait peut-être d'atteindre un minuscule archipel à une centaine de lieues au large, qu'il avait découvert et appelé « îles Carême » parce qu'elles lui semblaient en avoir la face. Il avait oublié d'en relever la position exacte. Il voulait maintenant réparer cette négligence due à sa grande hâte de revenir annoncer au roi et à la Maison de Guinée l'escale au pays du Bois-Brésil. Gonçalo Coelho s'opposa à cet itinéraire : l'objectif de notre expédition, plaida-t-il, était en premier lieu de longer et dessiner le littoral jusqu'à l'endroit où l'expédition Cabral l'avait abordée et qui avait été baptisé d'un nom plein de promesses : *Porto Seguro* en portugais, le « havre sûr », dont nous étions séparés par plus de quinze degrés de latitude, mais combien de lieues ? Tel le roi Salomon, je proposai une solution pouvant satisfaire les deux parties. Lorsque j'avais contourné le cap Saint-Roch, poussé par le désir irréfléchi d'aller « voir ce qu'il y avait de l'autre côté », je m'étais heurté à de puissants courants contraires qui nous avaient finalement obligés, La Cosa, Solís et moi, à rebrousser chemin. Si ces courants allaient encore dans le même sens, eh bien, nous pratiquerions la volte désirée par Gaspar, quitte à aller chercher ses îles Carême. S'ils nous étaient devenus favorables, nous longerions la côte, comme le souhaitait Coelho.

C'est ce qui se passa : les courants s'étaient inversés et nous poussèrent rapidement vers le sud. Ce que j'ai appelé « la bosse » du Nouveau Monde était infiniment moins proéminente et plus courte que son homologue africaine. Au bout d'une centaine de lieues, elle s'incurvait imperceptiblement vers le sud-ouest. Nous arrivâmes enfin dans une baie qui nous sembla propice pour y réparer nos navires.

C'est ici que celui ou ceux qui ont remanié mes lettres pour les rendre plus plaisantes à la lecture ont placé une de mes rencontres avec les indigènes, un épisode qui eut un grand succès, et fut plagié maintes fois dans les « romans de sauvages » et autres « romans de naufrage ». J'avoue ne plus savoir si cette péripétie se déroula dans ce rio Largo ou ailleurs, ou même lors de ce voyage-ci. Jusqu'à présent, j'ai attaché peu d'importance à ce que ces remanieurs, ces correcteurs, ces censeurs faisaient de mes écrits. Mon seul souci était qu'ils recopient exactement tout ce qui concernait les sciences de la navigation et de la cosmographie. Ce ne fut pas toujours le cas. Mais, puisque j'ai décidé de révéler ici toute la vérité, je ne puis que rectifier ce conte épique dont on m'a fait le héros, et qui donne à mon ami Gaspar de Lemos – qu'on s'abstient de nommer – le vilain rôle du lâche, du fourbe et du méchant.

Sur la rive du rio Largo, de nombreux indigènes observaient nos manœuvres avec curiosité. Jugeant qu'ils étaient amicaux, nous leur fîmes de grands gestes et mîmes une chaloupe à l'eau. Ils s'enfuirent dans les sous-bois. Les hommes de la chaloupe disposèrent alors sur la grève grelots, miroirs et pièces de tissu, comme nous le faisions d'habitude pour montrer que nous n'étions venus que pour pratiquer des échanges et non les combattre. Les hommes remontèrent à bord. Le lendemain matin, comme nous nous y attendions, les autochtones étaient de retour, hommes et femmes mêlés, et avaient allumé des feux. Cela nous parut l'indice de leurs bonnes intentions. Mais nous étions trop peu armés pour risquer un débarquement ; le chef de notre petite escouade de soldats désigna deux déportés, deux *degredados*, pour se rendre à terre, et parlementer avec les indigènes, éventuellement visiter leur village, avant de revenir en rendre compte. Ensuite, ils resteraient ici à demeure, si leurs hôtes y consentaient. Contrairement à ce que l'on a publié sous mon nom, j'affirme que ce ne furent en aucun cas des volontaires, mais deux condamnés à mort, qui n'avaient eu le choix, dans les prisons de Lisbonne, qu'entre le gibet et ce genre de mission plus que périlleuse. S'ils s'y étaient refusés, le chef de l'escouade les aurait fait pendre aux vergues, sans autre forme de procès. Ils le savaient.

Une chaloupe les déposa sur la grève, et revint à grands coups de rames. Les deux *degredados* s'en furent avec les indigènes mâles. Ne restaient que leurs femmes, autre signe, selon nous, qu'ils ne nous voulaient que du bien, et que notre escale pourrait être agrémentée de quelques voluptueux souvenirs. Mais nous devions être prudents. Cette fois-ci, le capitaine d'armes désigna pour descendre un jeune colosse, doux et jovial que ses compagnons appelaient, par antinomie, Fraco, le malingre. Parfois, à bord, pour notre distraction, il se livrait à des tours de force, soulevant d'une main des poids considérables, ou brisant une planche épaisse avec la seule tranche de sa main. Il avait naguère fait profession d'hercule de foire. Mais il avait été condamné à la corde ou à la déportation pour avoir tué à coups de poing sa bonne amie et l'amant de celle-ci.

Fraco alla donc rejoindre les femmes indigènes, se retournant souvent et nous faisant des gestes nous montrant sans équivoque quelle serait la nature de ses nouveaux exploits. Du bord, matelots, soldats et déportés lui criaient leurs encouragements obscènes. Il fut vite entouré par les sauvagesses nues. Soudain, l'une d'entre elles lui assena un violent coup de gourdin sur le crâne. Les autres s'acharnèrent sur le malheureux gisant sur le sable, puis nous firent signe de venir les rejoindre afin de subir le même sort. Les hommes indigènes surgirent alors des frondaisons et nous envoyèrent une volée de flèches dont quelques-unes se fichèrent dans notre coque. Nous répliquâmes par un tir de nos bombardes qui ne blessa aucun d'entre eux, mais dont le bruit les éparpilla. Ne restait sur la plage que le corps sans vie de Fraco. Il ne fallait pas être grand clerc pour comprendre que les deux autres *degredados* avaient également été tués. Nous n'avions plus qu'à quitter ces lieux maudits.

Encore aujourd'hui, certains de mes correspondants à

Florence ou ailleurs m'accablent de questions sur cette péripétie, avec une curiosité pour le moins malsaine, due sans doute au rôle tenu par ces femmes qu'on eut tôt fait d'appeler « amazones ». Je m'abstiens, dans mes réponses, de l'assouvir. Mais je nie, en tout cas, que, tel un matamore, j'exigeai d'un prétendu « capitaine » trop peureux, de descendre à terre venger Fraco. C'eût été courir au massacre, tant le guet-apens qu'on nous tendait était évident. Je crois avoir prouvé par mes actes que je ne suis pas un lâche. Mais je ne suis pas non plus un bravache à la tête folle, rêvant de prouesses guerrières aussi vaines que vouées à l'échec. Jamais, non plus, les sauvagesses ne firent rôtir le malheureux sous nos yeux avant de le dévorer. Les pratiques anthropophagiques, comme me l'ont expliqué ma Simonetta cannibale et son père mon valet de chambre, n'ont rien d'un simple repas, mais tiennent plutôt d'une cérémonie, d'un sacrifice dédié à leurs idoles et leurs ancêtres ; les communiants espèrent, en dévorant le cœur et le foie de leurs victimes, prendre leurs qualités guerrières et autres vertus supposées. Une sorte d'eucharistie, en somme. Le lecteur peut biffer d'un épais trait d'encre noire cette dernière considération. Mon fantôme n'ira pas lui tirer les pieds pour autant.

Et puis... la mémoire est décidément une curieuse rivière, qui se tarit soudain sous un lit de cailloux, avant de rejaillir plus loin en aval, d'une nouvelle source. En le rédigeant, je viens de me convaincre que l'épisode trop fameux du meurtre de Fraco par ces prétendues amazones n'avait pas eu lieu durant cette expédition sous pavillon portugais. Le drame s'était déroulé lors de mon précédent voyage. Peu avant notre séjour dans la lagune de Venezuela, nous avions rencontré de nombreuses peuplades hostiles. Ce fut l'une d'entre elles qui massacra l'hercule de foire. Au contraire, avec Coelho et Lemos, nous n'eûmes à déplorer aucun incident de ce type. Les tribus autochtones, peu nombreuses, nous ont toujours accueillis pacifiquement, du moins quand elles consentaient à le faire. C'est sans doute pour cela que mes correcteurs ou mes censeurs y ont reporté cette péripétie, car ce chapitre devait manquer singulièrement, à leurs yeux, de rencontres agitées avec les sauvages.

La côte s'orientait toujours doucement vers le sud-ouest. L'image d'un nouveau monde reflet déformé de l'Afrique m'apparaissait toujours appropriée, mais avec un grand décalage, en latitudes, le cap Saint-Roch se situant bien plus au sud que son homologue le Cap-Vert. Si on pouvait rapprocher la terre du Brésil au plus près du golfe de Guinée, elle s'y emboîterait assez justement, n'y laissant que quelques grands lacs et mers intérieures. En constatant cette ressemblance et cette symétrie frappantes entre les deux continents, une nouvelle hypothèse mûrit en moi : il pourrait y avoir, peut-être plus au sud que lui, le jumeau brésilien du cap de Bonne-Espérance. En le contournant, par l'ouest, nous pourrions trouver l'autre rivage de la mer de l'Inde, ou celui de la mer du Cathay, peu importe.

Je n'allais pas à la découverte à la manière de Colomb afin de démontrer que j'avais eu raison. Pour ne pas se tromper, il vaut mieux ne pas se charger, avant de partir, de certitudes. L'ombre d'un doute est un bagage plus léger à porter.

Nous pénétrâmes un jour dans le plus beau havre du monde. Trois navires battant pavillon portugais y mouillaient déjà, eux aussi affrétés par Fernando de Noronha. Ils étaient partis quatre à cinq semaines après nous de Lisbonne, mais avaient emprunté un chemin plus aisé et rapide que celui de l'équateur. Nous nous montrâmes, bien sûr, très joyeux de les rencontrer, pour mieux cacher notre désappointement de n'avoir pas découvert ce site magnifique avant eux. Coelho évita d'en faire le reproche à Gaspar de Lemos, celui-ci s'en fustigeant déjà suffisamment lui-même. Je m'abstins pour ma part de tout commentaire.

Leurs passagers volontaires, aidés par les matelots, les

déportés et les soldats, avaient déjà érigé un fortin sous les directives du maître charpentier. Ce dernier me tomba dans les bras. Le lecteur aura reconnu le savetier Samuel de Malaga, acheté naguère à Hispaniola comme interprète. Le premier pilote de nos devanciers – j'ai oublié son nom, qu'il me pardonne – avait appelé le site « la baie de Tous-les-saints » non parce qu'il l'avait découvert le 1er novembre, mais, expliqua-t-il avec cette ironie particulière aux nouveaux-chrétiens, « parce que ce port aurait pu contenir les légions de porteurs d'auréoles passés, présents et à venir ». Sur ses rives poussait à foison le fameux bois-brésil. Gaspar de Lemos réunit nos passagers, volontaires, soldats et même les *degredados*, pour leur demander s'ils voulaient rester ici ou repartir avec nous trouver un autre endroit où fonder une nouvelle colonie. À l'exception de la moitié des déportés, tous voulurent nous accompagner. L'esprit d'aventure, de découverte est aussi épidémique qu'une pestilence, mais bien moins nocif.

Les escales qui suivirent furent aussi enchanteresses que celle de la baie de Tous-les-Saints, mais au moins nous en étions les découvreurs, à l'exception de celle de Porto Seguro, escale de Cabral, l'an passé. Deux Blancs vinrent à nous. « Blanc » est une manière de parler, car, presque aussi nus que leurs hôtes, ils étaient couverts de cette teinture rouge qui éloignait les moustiques. Leur peau était également ornée de volutes et de motifs géométriques bleu nuit, indélébiles : la peinture était piquée point à point dans leur chair. C'étaient les *degredados* laissés ici par Cabral.

L'un des deux demanda à nous accompagner dans la suite de notre navigation, afin de nous servir d'interprète. Il parlait excellemment plusieurs langues locales. Cet Alvaro Ribeiro, d'une vingtaine d'années, avait été page d'un grand seigneur portugais. L'épouse de celui-ci, le trouvant à son goût, avait jeté son dévolu sur lui. Alvaro ne résista pas. Quand le mari l'apprit, il fit jeter le page en prison, espérant bien que les juges le fissent pendre. Mais on ne pend pas, à Lisbonne, pour un adultère, sinon toute la ville, le roi compris, se balancerait à la potence. Et Alvaro fut déporté. Débarqué à Porto Seguro, il se fâcha avec son compagnon de misère – « misère » est-il le mot bien approprié ? –, chacun voulant être le plus influent auprès du conseil des sages de la tribu qui les avait accueillis. L'autre *degredado* l'emporta, grâce au soutien de deux mousses déserteurs de l'expédition Cabral, et qui avaient prudemment décidé de ne pas se présenter à nous, craignant d'être ramenés de force au pays. Et pendus. Ou déportés. La nature humaine est décidément incorrigible. Même au paradis, on se bat pour le pouvoir.

À la fin décembre 1501, nos trois caravelles doublèrent une avancée que nous appelâmes le cap Froid, *Cabo Frio*, à cause de la température qui y régnait quand nous le doublâmes, bien que nous fussions au cœur de l'été austral. Puis, quelques jours se passèrent à naviguer avant que nous découvrions, le premier de l'an 1502, une baie encore mieux protégée que celle de Tous-les-Saints, mais tout aussi vaste avec des richesses tout aussi prometteuses : tabac, bois-brésil entre autres, et des indigènes tout aussi hospitaliers. Même si aucun fleuve d'importance ne s'y jetait, nous la baptisâmes Rio de Janeiro, « de janvier ». Nos passagers acceptèrent d'enthousiasme d'y fonder leur colonie, ainsi que la moitié de nos soldats, qui signèrent, le plus souvent d'une croix, leur démobilisation. Il était temps, car bientôt, sur cette côte filant toujours vers l'ouest-sud-ouest, nous franchirions la méridienne de Tordesillas.

Les trois caravelles, allégées d'une cinquantaine de passagers, reprirent leur route. Deux jours après notre départ de Rio de Janeiro, nous franchîmes, du moins selon mes calculs, mais aussi des deux autres pilotes, la frontière méridienne tracée à Tordesillas, quelque huit ans auparavant. La côte y était très abordable, et nous n'eûmes aucun mal à jeter l'ancre dans une crique sûre, le jour de l'Épiphanie. Au lieu de l'appeler de ce nom, je ne sais plus lequel d'entre nous, Coelho, me semble-t-il, qui avait toujours le mot pour rire, proposa de la baptiser « anse des Rois », *Angra dos Reis* en portugais. Des rois qui pouvaient tout aussi bien être Balthazar, Melchior et Gaspard, que Manuel de Portugal, Isabelle de Castille et Ferdinand d'Aragon. Ou encore, Gonçalo Coelho, Amerigo Vespucci, et un autre Gaspar, de Lemos celui-là, les rois mages du Nouveau Monde.

Selon ce qui avait été convenu à Lisbonne, puisque nous entrions désormais dans le domaine espagnol, ce fut à moi de prendre le commandement de l'expédition. Le pavillon de la Castille fut hissé à la poupe sous quelques sifflements et quolibets de l'équipage.

J'exposai alors à mes amis mon projet, un projet dont je leur avais rebattu les oreilles depuis plusieurs semaines déjà, mais qui s'officialisait sous la plume de nos subrécargues – nos greffiers. Nous allions suivre le littoral du Nouveau Monde, c'est ainsi que nous l'appelions tous désormais sans conteste, vers le sud, pour y chercher un passage vers l'ouest, équivalent au cap de Bonne-Espérance.

Quoi de plus merveilleux que de découvrir, lieue après lieue, des terres nouvelles semblables les unes aux autres et pourtant à chaque fois si différentes ? Quoi de plus désespérant de ne pas y trouver ce que l'on cherche, ce passage, ce détroit, ce cap qui nous ouvrirait de nouveaux horizons ? Obstinés, nous nous engouffrions dans de larges fleuves ou des anses étroites, mais chaque fois, c'était une impasse, un cul-de-sac. Nous poursuivions alors, ânes têtus, butés, explorant jusqu'à son fond la moindre ouverture, qui finissait chaque fois par se clore devant notre proue. Le rivage, naguère si vert et si luxuriant, devenait d'âpres prairies d'herbes brûlées, dépourvues d'hommes et d'animaux. Puis la mer et le ciel s'en mêlèrent, avec violence, nous obligeant à filer au large, presque secs de voile, pour ne pas nous fracasser sur les récifs bouillonnant d'écume.

Nous autres, habitués aux ciels cléments de nos pays

natals, et désormais aux lourdeurs tropicales, nous grelottions de froid tentant de nous protéger sous des bouts de toile découpés dans la voilure, des cinglances du vent, du grésil et parfois de la neige ; certains de nos matelots n'en avaient jamais vu tomber.

Nous franchîmes la parallèle de l'autre côté de laquelle, à l'est, se trouvait la fin de l'Afrique. Mais la géographie ignore la symétrie. Toujours pas le moindre passage. Au cinquantième degré de latitude sud, limite que je m'étais fixée, je décidai d'abandonner. L'hiver austral allait bientôt commencer. De quoi serait-il fait après un tel été ?

Les vents nous portèrent comme par enchantement jusqu'aux côtes de l'Afrique, à l'endroit appelé Sierra Leone, la « montagne du lion ». De là, nous filâmes vers les Açores, bel endroit pour y passer la fin de ses jours entre pâturages et vents du grand large. Enfin, nous entrâmes dans l'estuaire du Tage après dix-huit mois moins trois jours. Je pouvais proclamer, à l'issue de ce troisième voyage, sans que nul, pas même Colomb, ne puisse me porter la contradiction, que j'avais découvert un nouveau monde.

Atteindre le bout du Nouveau Monde, le contourner pour voir « ce qu'il y avait derrière », telle était désormais ma bonne espérance. Elle me hantera longtemps avec autant d'insistance que les toits d'or de Cipangu hantaient Colomb. J'estimais ne pouvoir organiser cette expédition que sous pavillon des rois d'Espagne, puisque ce passage tant désiré se situait du côté castillan de la frontière, frontière absurde, dont se moquaient les corsaires français et anglais qui la brisaient en tous sens de leurs carènes, pour avoir eux aussi leur part de découvertes, et de butin.

De retour à Lisbonne en septembre 1502, je m'y morfondais depuis un mois, en attendant que la Maison de Guinée veuille bien me rendre mes livres de bord et mes cartes. À la demande de Piero Vaglienti, je rédigeai, pour passer le temps, le récit de mon voyage destiné au Popolano, sans me soucier des corrections et des transformations qui y seraient apportées.

Pacheco, lui aussi, était revenu, mais de l'Inde. Je ne le savais pas, tout à mon impatience de repartir en Andalousie. Ce fut lui-même qui me l'apprit, par une invitation à souper, en compagnie, disait son message, de ma « princesse des îles ». Les leçons de Maffi, le curé défroqué et eunuque, avaient métamorphosé ma Simonetta cannibale. Elle avait maintenant l'allure d'une sultane de conte de fées, avec sa peau veloutée et couleur d'ambre, ses yeux immenses et noirs, son port naturellement altier, ses robes dites « à la mauresque » et sa voilette transparente, dont son précepteur l'avait vêtue.

L'épouse de Pacheco, en revanche, était une femme minuscule et maigrelette, qui menait pourtant son colosse de mari à la baguette, l'obligeant, par exemple, après le repas, à aller empester un petit cabinet attenant, de son tabac, qu'elle appelait « les feuilles excrémentielles ». Moi aussi, je nourrissais mes poumons de leur fumée, au point que je ne peux plus m'en passer, malgré les quintes de toux qu'elles provoquent, léger inconvénient d'un immense plaisir. Les deux femmes, qui semblaient bien s'accorder, restèrent donc dans la salle où nous avions soupé, à s'empiffrer de petits gâteaux en dégustant un vin de Madère trop liquoreux à mont goût. Dans le cabinet, Pacheco alluma mon fourneau puis son rouleau oblong de feuilles séchées, le *charuto.* Je lui exposai alors mon projet de contourner le Nouveau Monde par le sud-ouest.

— Très ambitieux, très ambitieux, grommela-t-il entre deux bouffées. Mais Isabelle et Ferdinand se désintéressent en ce moment de notre Nouveau Monde, qui ne leur rapporte rien, sinon des ennuis. Leur seul sujet de préoccupation est la guerre qu'ils mènent en Italie contre la France. Il te faudra patienter. En attendant, j'ai peut-être quelque chose qui pourrait t'amuser. Un voyage en ma compagnie à Calicut, en suivant la route ouverte par notre pauvre Dias.

— Impossible ! Jamais don Vasco n'acceptera que le cosmographe du roi d'Aragon se promène dans son pré carré.

— Tu n'as aucun souci à te faire. Gama est reparti. Il veut faire la guerre à tout le monde, là-bas : aux paisibles marchands maures de Zanzibar et de Mogadiscio, à leurs coreligionnaires de l'Inde, et même au Grand Turc ! Son titre de vice-roi de l'Inde lui est monté à la tête. Cette brute se prend pour Lusignan ou Godefroy de Bouillon.

Malgré la subtilité de son esprit et son érudition, Pacheco gardait les préjugés de sa vieille noblesse à l'encontre de gens dont l'arbre généalogique ne plongeait ses racines guère plus profondément qu'une herbe folle. Il est vrai que l'ancien homme de main du roi Jean II était devenu, après son retour de Calicut, une sorte de héros vivant du Portugal, se créant ainsi de fortes inimitiés de la part des Grands, les Albuquerque ou les Almeida. Mais il avait su aussi conquérir la faveur de Manuel Ier, qui n'écoutait plus que lui. Au lieu de lui vanter les énormes bénéfices que la Couronne pouvait tirer des épices, il ne lui parlait que de croisades, lui laissant croire qu'en Inde des multitudes de chrétiens attendaient qu'un nouveau Charlemagne vienne les délivrer du joug des sectateurs de Mahomet. Vasco avait touché là où le bât blessait. Voulant s'opposer en tout à feu Jean II, assassin de son frère, le roi méprisait le commerce, qui avait fait pourtant la puissance de sa dynastie. En plus, Isabelle de Castille l'appelait avec dédain et envie « le roi du poivre ». Il en était humilié, ambitionnant de devenir, devant la postérité, le cinquième empereur de la prédiction, celui qui délivrerait Jérusalem. Il entraînerait derrière lui les rois chrétiens dans l'ultime croisade. Dans son mysticisme halluciné, Manuel s'enthousiasmait des grandioses et irréalisables projets de Vasco : le détournement du cours du Nil dans la mer Rouge pour assécher l'Égypte, ou une glorieuse chevauchée dans le désert d'Arabie, pour s'emparer du tombeau de Mahomet. Vasco avait aussi son rêve : se tailler un royaume à coups d'épée, en Inde. Oui, décidément, c'était bien un condottiere à la portugaise.

Cependant, Pacheco et quelques autres, peu soucieux de chrétienté universelle, avaient persévéré dans l'esprit de découverte. Ils avaient touché l'île de Ceylan, évoquée par Marco Polo, dont les rivières charriaient des pierres précieuses, à l'ombre de forêts de canneliers. Puis les îles de

Java et Sumatra derrière lesquelles se cachait Malacca, la Chersonèse d'Or de Ptolémée. Les indigènes leur avaient affirmé qu'après avoir franchi le détroit et contourné cette immense péninsule, ils pourraient atteindre Mangi, le berceau de toutes les épices.

— Mais ces îles, mon cher Amerigo, de quel côté de l'antipode de Tordesillas se situent-elles ? Grave question de diplomatie dont tu te fiches autant que moi, j'en suis sûr. C'est pourtant ce que je te propose d'aller découvrir. Ensuite, nous poursuivrons notre route pour tenter de trouver le passage au sud de ton cher Nouveau Monde, mais par l'est, et non par l'ouest...

— Ensuite ? demandai-je la voix tremblante, comprenant soudain l'immensité de son projet.

Il exhala une auréole de fumée qu'il regarda s'envoler avec une immense satisfaction.

— Ensuite ? Eh bien, nous rentrons à la maison.

— Mais alors, tu veux que nous accomplissions...

— Le tour de la Terre, oui, le tour de la Terre. Ce me semble une entreprise à notre mesure.

Hors de moi, je me dressai, les bras au plafond enfumé, les poings serrés et hurlai :

— Le tour de la Terre, le tour de la Terre !

Dès lors, je ne m'inquiétai plus de mes livres de bord ni de mes cartes, je m'aperçus à peine du départ de Jaime de Majorque et de ses enfants pour le Brésil à bord d'une flotte menée par Fernando de Noronha lui-même. J'attendais avec impatience le retour du printemps, quand Pacheco viendrait m'annoncer notre appareillage. Il le fit à la fin mars.

— J'en suis désolé, me dit-il, mais nous ne naviguerons pas ensemble, seulement à un mois l'un de l'autre. Rendez-vous au comptoir de Cochin. Je t'y attendrai.

Après le naufrage de plusieurs navires de l'expédition Cabral au large de Bonne-Espérance, la Maison de la Guinée et de l'Inde avait estimé qu'il était trop risqué de lancer des armadas de douze navires qui pourraient tous se perdre dans la même tempête. Il était préférable de ne faire partir, à quelques semaines l'une derrière l'autre, que des escadres de six unités, cinq vaisseaux de guerre et une petite caravelle de découverte pour leur servir de guide. Pacheco piloterait le navire éclaireur de la première escadre commandée par deux frères de très haute noblesse, les Albuquerque. Ils appareilleraient début avril. Et moi, début mai. Je piloterais la caravelle de découverte de la deuxième flotte, commandée par un certain Pêro de Ataide. Le temps des marins, des découvreurs était bien terminé, au Portugal. Était venu celui des guerriers, des conquérants.

J'ai du mal à évoquer de façon objective le capitaine d'armes de mon escadre, tant je lui garde rancune de m'avoir empêché par son obstination, sa morgue et son incompétence, d'accomplir le tour de la Terre, ni même de pénétrer dans la mer de l'Inde. Ses soldats surnommaient Ataide, « Pêro l'Enfer », depuis qu'avec une cinquantaine d'hommes de l'expédition Cabral il avait arraisonné au large de Calicut le puissant vaisseau d'un sultanat, et en avait massacré les trois cents soldats et marins, pour s'emparer... d'un éléphant.

Nous nous heurtâmes violemment dès notre première escale aux îles du Cap-Vert. Je voulais profiter des vents portants pour filer vers le Brésil. Là-bas, nous aviserions avant de nous décider si nous pouvions rejoindre Bonne-Espérance au cœur de l'hiver austral, ou s'il nous fallait attendre une mer plus clémente. L'Enfer avait un autre projet. Il voulait d'abord rejoindre la côte africaine au comptoir-forteresse de Sierra Leone. Je tentai de lui expliquer que nous ferions là un considérable et inutile détour, avant de risquer une traversée de la mer Océane dans des conditions très défavorables. Il se mit alors en colère contre le vulgaire pilote que j'étais, florentin de surcroît, et qui n'avait pas à discuter ses ordres. Puis, avec la candeur vaniteuse de ce genre de soudards, il consentit à me donner les raisons de cette absurdité : il avait jadis été en cantonnement à Sierra Leone, à un grade subalterne. Maintenant qu'il commandait une aussi belle escadre, il voulait parader devant ses anciens supérieurs hiérarchiques.

Il en fut empêché, car la mer était tellement mauvaise au large de ce comptoir que nous restâmes quatre jours et quatre nuits sans pouvoir l'aborder, en grand péril de nous fracasser sur ses côtes. À la fin, le commandant s'inclina pour s'épargner une mutinerie.

Je n'avais pas d'autre solution que de mener l'escadre jusqu'au cap Saint-Roch, alors que j'avais prévu celles plus sûres de la baie de Tous-les-Saints ou de Porto Seguro. Nous nous battîmes ainsi longtemps contre des vents capricieux. Un jour enfin, apparut à l'horizon une haute montagne perdue au milieu de l'immensité océane. Je n'avais pas eu le loisir, durant cette pénible traversée, de faire le point, sinon à l'estime, et je ne pouvais donc savoir si cette petite île était assez proche du Brésil pour être celle aperçue par Gaspar de Lemos, quatre ans auparavant, et qu'il avait baptisée Carême.

Nous avions grand besoin de nous ravitailler en eau et en bois. Je décidai donc d'y emmener l'escadre. Je dois avouer que j'avais également très envie d'accrocher ce nouveau trophée à mon tableau de chasse. Je me rendis sur la nef capitane pour informer Pêro l'Enfer de la nécessité de cette escale imprévue. Ma caravelle de découverte s'y rendrait en premier, comme c'était sa tâche, afin d'y repérer hauts-fonds et écueils, sonder et trouver un endroit propice à notre mouillage. Le commandant s'y refusa et décida que son vaisseau, malgré son fort tonnage, prendrait la tête de l'escadre. Ataide, dans sa vanité butée comme son front bas de bœuf, ne voulait laisser à nul autre la gloire d'avoir découvert cette île, pour qu'elle porte un jour son nom. Après Carême, l'Enfer.

Son vaisseau partit donc, nous laissant loin derrière, l'île étant à plus de vingt lieues de nous. La nuit du 10 août, refusant de mettre en panne en attendant le matin, règle élémentaire de prudence à l'approche d'une terre inconnue, la lourde nef, chargée du principal des armes, des canons et de la poudre, alla heurter un récif. Nos chaloupes partirent à son secours. Par bonheur, nous pûmes sauver tout le monde, équipages, soldats et officiers, passagers – des marchands et des *degredados*, mais le navire sombra avec toute sa cargaison.

Le commandant m'ordonna alors d'aller chercher un mouillage sur la côte de cette île-montagne, comme je le lui avais proposé la veille. Mais, malgré mes protestations, il réquisitionna la moitié de mon équipage et ma chaloupe pour aider à répartir les rescapés sur les quatre autres navires. Je partis donc avec seulement neuf hommes vers cette terre qui n'était plus éloignée que de quatre lieues. J'y trouvai une anse profonde et protégée capable d'accueillir les quatre unités restantes de l'escadre. Je fis donc jeter l'ancre. Mais, sans chaloupe, je ne pouvais débarquer. Il nous fallait donc attendre à bord que les autres nous rejoignent. Attente vaine, et qui dura huit jours. Tantale n'a pas dû souffrir autant que nous à voir, à quelques brasses, briller des rivières, alors que notre eau croupissait dans nos tonneaux. On nous avait abandonnés. J'hésitais à construire un radeau de fortune. Si loin des côtes brésiliennes, l'île paraissait déserte, mais je ne m'y fiai pas. Par le passé, j'avais vu tant d'hommes surgir du néant, comme nés d'un rivage que nous avions cru inhabité, et devant lesquels nous avions dû battre en retraite. Or, nous n'étions que dix, et mal armés.

J'avais relevé les positions de notre escale forcée. Ce devait être l'île Carême aperçue par Gaspar de Lemos. Nous étions séparés du Nouveau Monde d'une soixantaine de lieues, sur la même latitude que le cap Saint-Roch. Avec des vents et des courants favorables, nous pourrions l'atteindre en un jour et une nuit. Mais nous étions si peu nombreux que la traversée serait très risquée. Par ailleurs, comment y aborder, sans chaloupe ? Je me donnais encore deux jours avant de prendre une décision, quand la vigie cria qu'une voile s'avançait vers nous. Nous partîmes à sa rencontre, craignant qu'elle ne nous vît pas au fond de cette anse. Ce n'était pas un vaisseau de notre escadre, mais une bonne vieille caravelle de découverte. Quand nous fûmes bord à bord, je poussai un cri de surprise en reconnaissant son pilote : Gonçalo Coelho. Malgré l'eau qui séparait encore nos deux bordages, je bondis sur son bateau et l'embrassai.

— Je ne t'ai pas fait trop attendre ? me demanda-t-il simplement.

Par un hasard extraordinaire, parti de la baie de Tous-les-Saints quelques jours avant, dans l'idée de redécouvrir Carême, Coelho croisa au large les quatre vaisseaux de Pêro l'Enfer. Une chaloupe l'aborda. Un maître d'équipage, qu'il connaissait, l'informa de ma présence sur cette île. Il contrevenait en cela aux ordres de son commandant, qui aurait bien aimé se débarrasser de moi pour toujours. Le maître en question serait sans doute sévèrement puni pour sa désobéissance, mais qu'importe le fouet, jamais un marin n'en abandonnait un autre. Puis l'escadre infernale repartit vers l'escale qui devait être notre point de rendez-vous au cas où nos navires se seraient perdus de vue. Il me restait encore un espoir de retrouver Pacheco, là-bas, à l'autre bout du monde.

Coelho et moi repartîmes de conserve à Carême. L'île était effectivement déserte, mais elle nous semblait bien moins édénique, maintenant que nous pouvions fouler son sol. Nous n'y restâmes que quarante-huit heures. Et après dix-sept jours de navigation, nos caravelles pénètrent dans la baie de Tous-les-Saints. Les vaisseaux de Pêro l'Enfer n'y étaient plus. Malgré les consignes formelles de la Maison de l'Inde, cette brute ne m'avait pas attendu. Il avait abandonné ici tous ses passagers, volontaires ou déportés, ainsi que le maître d'équipage qui lui avait désobéi. En revanche, il avait gardé avec lui mes neuf autres matelots et ma chaloupe. Je ne ferais pas le tour de la Terre cette fois-ci.

Je ne voulais pas rentrer bredouille à Lisbonne et j'acceptai l'offre de Coelho de chercher d'autres sites où exploiter le bois-brésil, qui, disait-il, rapportait dix fois plus que ce qu'il avait coûté en efforts et en transport. Avant de partir, je revis une dernière fois Samuel, l'ancien savetier devenu charpentier, et Jaime de Majorque. Mon ami comptable s'était épanoui sous le ciel tropical. Il répertoriait et surveillait désormais les cargaisons à destination de Lisbonne, avec la même intégrité et les mêmes scrupules que jadis. Il avait perdu son éternel tourment de lièvre aux abois. Mais il gardait le besoin d'éprouver toujours quelque inquiétude, comme moi je ne pouvais me priver de tabac. Cette fois, c'était son fils cadet qui lui causait un grand tracas. Il jugeait ce garçon de seize ans paresseux, se laissant trop aller aux mêmes voluptés indolentes que les indigènes. Son aîné, au contraire, lui donnait toute satisfaction : celui-ci étudiait la Torah et la Kabbale, car il ambitionnait de fonder la première synagogue du Nouveau Monde. Comme son père, il était revenu à la religion de leurs ancêtres.

Fonder une ville ! Cela compensera peut-être mon dépit et ma rage d'avoir été floué par ce matamore, ce bravache de Pêro l'Enfer.

— Si nous retournions à Rio de Janeiro ? proposai-je à Coelho.

Cette baie que nous avions découverte ensemble, où de petites îles s'enchâssaient comme autant de bijoux, dominée par un piton en pain de sucre, amer aisément repérable du large, était d'une beauté tellement grandiose qu'elle pouvait être digne de devenir la capitale du Nouveau Monde.

— Désolé de te décevoir, mais Noronha a jugé que Rio de Janeiro était trop éloignée de la baie de Tous-les-Saints. De plus, le bois-brésil y est trop rare. Gaspar a découvert le site idéal, à une vingtaine de lieues au sud de Porto Seguro et à quelque cent vingt d'ici. Notre bois de braise y pousse comme chiendent. L'ami Gaspar, qui sait comment attirer le chaland, l'a appelé « Caravelas » car les nombreux bras de mer pourraient y accueillir plusieurs armadas.

— Eh bien, va pour Caravelles !

Nos deux navires reprirent donc la route du sud que nous avions déjà empruntée avec Gaspar et lui, tant de mois auparavant. Nous avions embarqué les passagers abandonnés, si j'ose dire, par l'Enfer à Tous-les-Saints. Vingt-quatre avec Coelho, vingt-quatre avec moi.

Je ne sais pas pourquoi, un des censeurs de mes lettres a supprimé la présence de ces colons sur nos navires. Trouvait-il cela indigne d'un citoyen de la Seigneurie, que dis-je, du héros florentin découvreur du Nouveau Monde ? Mystère. Je n'ai décidément pas la même cervelle que ces gens-là. De plus, j'avais eu la sottise d'évoquer au même censeur mon idée de rédiger un récit plus complet de mes voyages. Mon correcteur livra une version fantaisiste de mon séjour à Caravelas : selon lui, j'y aurais pacifié, à la tête d'une trentaine d'hommes, toute la population de la région ! Comment aurais-je pu pacifier des indigènes aussi pacifiques, qui échangeaient, avec bon sens et équité, ce qui pouvait leur être utile contre ce qui nous était indispensable. Mon censeur parle aussi d'une expédition de quarante lieues à l'intérieur des terres où j'aurais « vu tant de choses que je renonçais à les dire ». Quarante lieues ! Fichtre ! C'est à peine si nous en avons fait quatre, en compagnie des autochtones pour observer la manière ingénieuse dont ils chassaient leur nourriture.

J'imagine la colère qui dut saisir Marco Polo quand il vit ce que fit ce plumitif pisan de Rusticello des souvenirs qu'il lui dictait, avec son cortège de Gog et Magog, de prêtre Jean, d'hommes à queue de chien, ou à pied unique leur servant de parasol, de serpents à pattes, et surtout, ce qui me fait encore rire, d'éléphante accouchant, sur le dos, au fond d'un trou creusé avec sa trompe. Tout ce que j'ai envie d'écrire pour ma part, c'est que je me suis bien amusé durant les quelques mois d'escale à Caravelas, à jouer le colon, le bûcheron, l'architecte, le chasseur et le sauvage nu, à jouer à l'homme libre.

Nos cales étaient remplies à ras bord de bois-brésil. Et, courant mars 1504, nous jugeâmes qu'il était temps de rentrer. Avec seize hommes d'équipage chacun, nous traversâmes sans encombre la mer Océane pour atteindre les Açores. Nous passâmes devant l'île de Corvo, l'île du Corbeau, la plus à l'ouest de cet archipel. En longeant un long rocher qui paraît un index pointé vers le couchant, et que les Portugais appellent l'« Indicador », je lui criai, il est vrai passablement éméché par les fonds de tonneau que nous avions raclés de nos timbales :

— Tu peux te replier, mon grand, on l'a trouvé, ton Nouveau Monde !

Ma plume à nouveau se fait lourde. J'ai presque envie d'arrêter mon récit sur cette apostrophe avinée à « l'Index du Corbeau ». Ce serait une belle chute. Il me faut pourtant parler de quelques personnages que je m'étais promis, durant ma rédaction, d'évoquer à nouveau. Et je n'ai pas envie non plus de paraître à tes yeux, mon lecteur, mon fils, un vieillard acrimonieux et hypocondre remâchant ses rancunes, ses frustrations, alors que, me semble-t-il, je reste, malgré toutes les épreuves que j'ai traversées, un gaillard plutôt content de son sort, pour qui un bon mot, un bon vin, une jolie fille et le souvenir d'une île valent mieux que tous les trésors de l'introuvable Cipangu.

Je revins à Lisbonne le 18 juin 1504. Fernando de Noronha s'apprêtait à repartir vers la Terre du Bois-Brésil. Le roi avait consenti à lui donner la capitainerie de l'île Carême, assez bonne selon Sa Majesté, pour un nouveau-chrétien. Il me paya plus que mon compte de la cargaison que je lui rapportais. Au moins, j'assurais mes vieux jours.

Mes compatriotes florentins m'accueillirent avec des larmes de joie, car ils me croyaient mort avec la flotte de Pêro d'Ataide, l'Enfer, qui avait sombré corps et biens dans le Grand Sud, « à cause, a écrit mon censeur, de l'orgueil et de la folie de notre capitaine ». Jamais je n'aurais osé proférer une telle indignité, même s'il n'avait pas tort. Quand j'apprends qu'un homme s'est perdu en mer, quel qu'il soit, pêcheur, pirate, ottoman ou même front de bœuf infernal de la soldatesque, c'est comme si une part de moi-même s'était engloutie avec lui. Tous les marins partagent le même sentiment.

Sitôt ma caravelle à quai, les douaniers montés à mon bord m'avaient une fois encore confisqué mes livres pour les remettre à la Maison de Guinée et de l'Inde. Mais j'avais pris soin, suivant les conseils de Gonçalo Coelho, d'en faire une copie, avant leur inspection. Je la dissimulai dans ma culotte, ce qui me faisait une braguette très avantageuse.

Je n'avais qu'une hâte : rentrer à Cadix pour mieux repartir. J'avais déjà tout organisé, au biscuit près. Il me fallait six navires, dont je privilégiais la solidité sur la vitesse, la maniabilité sur le tonnage. J'en avais déjà choisi les pilotes, outre moi-même : les deux frères Pinzón, La Cosa, et Díaz de Solís. Je n'aurais aucun mal à trouver celui qui mènerait le navire de ravitaillement, et qui monterait à mon bord quand son bateau, vide et inutile, serait détruit. Nous partirions des Canaries, pour rejoindre, en ligne directe, cette anse des Rois où j'avais déterminé que passait la frontière entre les mers portugaise et espagnole. Nous y attendrions les débuts de l'été austral. Alors, nous suivrions la côte, jusqu'au plus profond du sud, jusqu'au pôle antarctique, s'il le fallait, pour y trouver le passage contournant le Nouveau Monde, vers l'ouest, vers les îles aux épices avant d'accomplir le tour de la Terre.

Pour que se réalise ce grand rêve, je devais rester à Lisbonne, geignant, suppliant, priant, pleurant qu'on me restitue mes documents. Sans eux, il me serait bien plus difficile de réaliser mon projet. Je n'étais toutefois pas assez idiot pour user de cet argument afin qu'on me rende le fruit de ma première exploration sous pavillon portugais. Le nouvel ambassadeur de Florence à Lisbonne me proposa une solution qui, pour être bien tordue – à quoi s'attendre d'autre de la part d'un diplomate ? –, n'en était pas moins pertinente : mon ami d'enfance et de jeunesse, Pier Soderini, celui-là même qui dissertait à n'en plus finir à l'auberge du Petit Tonneau sur les amours de Flore, la Simonetta première du nom, et de Mars, Julien de Médicis, était devenu l'homme le plus puissant de Florence – son gonfalonier perpétuel, perpétuel jusqu'à ce qu'un autre prenne sa place. L'ambassadeur me suggéra de lui envoyer, à lui aussi, le récit de mes voyages, mais en glissant, entre les lignes, quelques menaces destinées au roi Manuel, laissant entendre que je pourrais révéler au monde, s'il ne me rendait pas mon dû, tous les secrets de la route des épices et de celle du bois-brésil. J'acceptai, ne résistant pas à faire le fanfaron, à jouer à l'homme qui en a tant vu devant mes anciens condisciples, devenus de sages et rassis sédentaires. Je me délectai aussi à leur rappeler notre jeunesse turbulente, de quelques clins d'œil et allusions complices. Mais un autre censeur mit sa lourde patte sur mon texte léger, et enleva les phrases qui lui semblaient trop familières car adressées au gonfalonier perpétuel. Les censeurs sont des ânes, mais des ânes bien puissants.

De toute façon, Manuel Ier, le « roi du poivre », faute d'être l'empereur de l'ultime croisade, n'en avait rien à faire que je révèle quelques-uns de ses secrets. Ses vaisseaux dominaient désormais toute la mer de l'Inde. Ils avaient réduit, détruit, pillé les comptoirs maures de la côte orientale africaine, fermé tout passage aux bateaux de commerce venant de la mer Rouge, des golfes Persique et Gangétique, et dirigé, de main de maître, tout le commerce des épices vers le Portugal. Venise tremblait. Constantinople, aussi. Et Lisbonne était devenue le port le plus riche du monde.

Jamais je ne reverrais mes cartes, mes livres et tout le fruit de tant de peine. Il était temps de repartir à Cadix, comme un général vaincu, comme un chasseur bredouille. Un soir tard, je sortais de l'ambassade, où j'avais corrigé en compagnie de l'un mes censeurs ce que je croyais être l'ultime version du récit de mes voyages, destiné à Pier Soderini et à ses amis. Je n'avais que la rue à traverser pour rentrer chez moi. Une ombre encapuchonnée me barra le passage. Je mis la main sur la garde de mon épée. L'autre découvrit alors son visage et murmura :

— Ce n'est que moi, monsieur Vespucci.

— Alberto Cantino !

J'eus un mouvement de recul.

— N'ayez pas peur, dit-il encore. Je ne vous veux aucun mal.

— Je ne crains rien de toi, canaille. Simplement, tu me dégoûtes.

— Je vous répugnerai moins quand vous saurez que je vous rapporte toutes vos cartes.

La porte de ma maison s'ouvrit. Mon valet Marco vint à nous, une lanterne dans une main, une dague dans l'autre. Je le rassurai, et brûlant d'impatience, je fis entrer l'espion. Cantino avait à peine changé. Il avait gardé la même allure juvénile du page de Laurent le Magnifique, mais son joli minois un peu veule s'était comme flétri de l'intérieur. Il enleva sa cape qui dissimulait un volumineux sac de marin porté en bandoulière. Il s'accroupit, l'ouvrit et en sortit, tel un colporteur ses almanachs, des rouleaux de papier de diverses tailles et des rectangles de carton soigneusement pliés en quatre ou en huit. Je l'aidai à les déployer sur le dallage du vestibule qui en fut bientôt entièrement tapissé. Marco, debout, derrière nous, n'avait pas rengainé sa dague, et surveillait le nouveau venu d'un œil féroce... de Cannibale.

Tout y était, il y en avait même de trop, tel ce grand planisphère où étaient exactement représentées les côtes du Nouveau Monde que j'avais suivies lors de mes trois premiers voyages. La Terre du Bois-Brésil s'interrompait à l'anse des Rois, masquée par l'épaisse ligne bleue de Tordesillas. Visiblement, la suite de notre exploration à la recherche du passage vers le sud-ouest n'avait pas intéressé les cartographes, car en territoire castillan. En revanche, toute la côte orientale de l'Afrique, les îles de la mer de l'Inde jusqu'à Java et Sumatra étaient dessinées avec une extrême précision, bouleversant ainsi radicalement la vision que l'humanité avait du monde, depuis Ptolémée.

— Et mes livres de bord, mes routiers, mes journaux ? demandai-je à Cantino, comme si j'étais le commanditaire de sa rapine.

— Personne n'a jamais réussi à se saisir de ce genre de documents. Sitôt qu'ils les ont confisqués, les scribes de la Maison de Guinée et de l'Inde en recopient les passages qui les intéressent, puis se rendent au château Saint-Georges où ils remettent les originaux au premier archiviste du roi. Celui-ci les enferme dans une chambre forte dont lui seul à la clé, au cœur d'une des tours de la citadelle, la tour du Registre. Même Crésus ne pourrait soudoyer cet homme-là.

— Ah ? Parce que tu en as soudoyé d'autres ?

— C'est mon petit secret.

Mais ce petit secret, il bouillait de me le révéler, pour me prouver sa valeur, son courage et son intelligence. Naturellement, je jouais à l'indifférent. N'en pouvant plus, il me raconta comment il avait pu se procurer une partie de ce que je désespérais de recouvrer. Il s'était loué les services d'un garçon de salle de la Maison de Guinée et de l'Inde, dont la principale tâche était de brûler les cartes périmées et celles que l'on avait recopiées. Cantino désignait cet humble employé sous le terme réjouissant de « taupe ». Il l'avait recruté dans un des lieux de chasse privilégiés des espions de son acabit : à la table d'une taverne de la ville basse où on jouait gros jeu. La taupe y perdait des sommes considérables pour son maigre salaire, surtout face à un tricheur aussi habile que l'ancien commis de la maison Médicis à Séville. L'employé remboursa ses dettes en lui remettant tout ce qu'il aurait dû détruire. Ces cartes se vendaient très cher, dans les cours d'Europe privées de mers et de terres nouvelles, mais avides de savoir comment le monde changeait.

— Quand j'ai appris que vous vouliez récupérer le fruit de vos prodigieuses découvertes, j'ai ordonné à ma taupe de les voler pour vous, en souvenir de notre ancienne amitié.

— À combien s'élève le prix de cette prétendue ancienne amitié ?

Il blêmit sous l'affront. Je crus même qu'il allait se mettre à pleurer. Drôle de type, décidément, ce Cantino ! J'insistai pourtant en lui ordonnant de ne pas faire de manières avec moi. Il me demanda alors, pour tout salaire, la grande mappemonde dont j'ai parlé plus haut. Je la lui donnai car ne sachant qu'en faire. Puis il disparut dans la nuit. Je ne le revis jamais.

En revanche, j'aurais, l'année suivante, des nouvelles de la mappemonde, par l'un des membres du Conseil de la Seigneurie, le haut secrétaire Nicolas Machiavel. Il me reprochait, dans sa lettre, d'avoir envoyé ce planisphère au duc de Ferrare, de Modène et de Reggio d'Émilie, Hercule Ier d'Este, qui l'exhibait maintenant comme un trophée. Machiavel jugeait indigne du plus fameux voyageur florentin de s'être ainsi vendu à l'un des principaux mécènes concurrents de la Seigneurie. Dans ma réponse, je protestai de ma bonne foi en racontant l'histoire de Cantino. Nous eûmes alors, Machiavel et moi, une plaisante et instructive correspondance, que j'interrompis quand il me laissa entendre qu'il était le principal auteur des bouleversements « littéraires », des remaniements absurdes, des trahisons pleines d'erreurs que l'on avait fait subir au récit de mes voyages, tant ceux destinés à feu le

Popolano décédé en 1503 quand j'étais en mer, qu'à mon ami d'enfance, le gonfalonier perpétuel Pier Soderini.

Le lendemain de ma rencontre avec Cantino, je décidai de rentrer au plus tôt à Séville. J'avais récupéré une partie de mon bien, mais je craignais qu'une dénonciation de ce qui était un vol, aux yeux de la loi portugaise, me valût d'être traîné devant les juges, comme un vulgaire espion. À la fin octobre 1504, je retrouvai la jolie maison que m'avait léguée mon cousin Marco. Au lieu de m'y reposer, je voulus rattraper les quatre mois perdus à Lisbonne. Le cosmographe du roi d'Aragon que j'étais demeuré durant tout ce temps, malgré les considérables arriérés de ma pension, convoqua, en toute amitié, le chevalier Pinzón, l'alguazil major La Cosa et le capitaine Díaz de Solís afin que nous préparions ensemble notre prochaine expédition : le passage au sud du Nouveau Monde, le tour de la Terre... Ils étaient partants. Comment en aurait-il été autrement, avec ces trois-là ?

Nous travaillions d'arrache-pied, quand on nous apprit que Christophe Colomb était de retour de son quatrième voyage et qu'il avait jeté l'ancre, non à Cadix, mais à l'embouchure du Guadalquivir. Alors, La Cosa, oubliant les nombreux contentieux qu'il avait avec l'Amiral, lança :

— Et si nous l'emmenions avec nous ? Ça aurait belle allure.

Pinzón trouva l'idée excellente. J'avais de mon côté quelques réticences, connaissant trop le caractère fantasque de Colomb dont j'avais subi les effets à Hispaniola. Je leur promis toutefois d'aller lui faire cette proposition. J'étais le seul à pouvoir m'entretenir avec lui, d'égal à égal.

J'attendis deux semaines pour qu'il se remît de ses fatigues, et je lui rendis visite dans la belle demeure qu'il avait louée non loin de la mienne. Colomb était devenu fabuleusement riche, en partie grâce à l'or qui commençait à mûrir dans le Nouveau Monde, mais surtout par le produit des terres d'Hispaniola, qu'il avait toutes affermées aux colons, et dont il était devenu le seigneur, même s'il lui était interdit de se rendre dans son fief. Sa santé avait empiré et sa goutte le tenait le plus souvent immobilisé. Il fut ému aux larmes en me voyant venir à lui et m'appela le seul ami qui ne l'avait pas abandonné. Il avait, semblait-il, oublié ses invectives du fort de la Conception. Son dernier voyage n'avait été qu'une longue errance à la recherche vaine du passage vers les Indes, dans ces mers que nous avions sillonnées lui et moi, moi après lui, lui après moi. Il avait fini par s'échouer à la Jamaica, où son intendant à Hispaniola vint le chercher et le ramena en Espagne.

Colomb avait réussi à relier la lagune des perles, le Venezuela, à la presqu'île de Yucatán, grand blanc sur mes cartes. Il me taquina sans méchanceté sur ce point. Je me gardai bien de lui répliquer que Pinzón avait découvert avant lui cet autre golfe, cette autre impasse. Pour la première fois de sa vie, il reconnut qu'il s'était trompé, il est vrai que nous étions seuls, et que j'avais raison : ce n'était pas les Indes, mais le Nouveau Monde, barrière infranchissable entre son rêve et lui. Je lui expliquai mon projet de chercher un passage par le sud-ouest, l'autre cap de Bonne-Espérance. Il trouva l'idée excellente mais déclina mon offre d'y participer, en me montrant son pied bandé et posé sur une pile de coussins. Nous bavardâmes longtemps. Si j'ai enseigné une seule chose à Christophe Colomb, c'est à savoir rire de ses malheurs, comme je riais des miens.

Son fils Diego entra, alors que je racontais ma dernière rencontre avec Cantino. Il nous annonça le décès de Sa Majesté Très Catholique Isabelle de Castille. Je me levai d'un bond, comme assommé, non sous le coup du chagrin, mais parce que ce décès risquait bien de faire sombrer mon cinquième voyage, ma cinquième journée, avant même d'avoir quitté le port.

Il sombra. Ferdinand d'Aragon avait en effet d'autres soucis. Sa fille Jeanne, bientôt surnommée « la Folle », aurait dû succéder à sa mère, en compagnie de son époux, le fils de l'empereur Maximilien. Mais elle s'en montra incapable et son père prit la régence. La noblesse et le peuple castillan soupçonnèrent vite qu'il voulait unir sous sa Couronne les deux royaumes, d'autant qu'on parlait d'un nouveau mariage avec une princesse de Navarre. Bref, le roi avait des ennuis.

Il me convoqua malgré tout à Burgos. Il voulait fonder en Espagne, c'est le terme qu'il employa, une institution équivalente à la Maison de la Mine, de Guinée et de l'Inde du Portugal. Dans cette Casa de Contratación de las Indias – je proposais plutôt *do Nuevo Mundo*, mais ce me fut refusé –, je serais le *piloto mayor*, et n'aurais à m'occuper en rien, à mon grand soulagement, de finances, de commerce, ou de comptabilité, ces tâches étant réservées au *factor*, au *tesoro* et au *contador*, dont je ne dépendrai en aucune manière. J'aurais pour mission de... Mais je crois l'avoir déjà dit au début de cet ouvrage. Le dominicain de l'Inquisition chargé des affaires religieuses de la Casa de Contratación me demanda de veiller à la *limpieza de sangre*, la pureté de sang, des colons, soldats et marins que je recruterais. Je lui jurai sur tous les saints du Paradis qu'il en serait ainsi. Je n'en fis rien, bien sûr, et permis à nombre de mes amis marranes d'aller s'installer sur ce qu'ils croyaient être leur nouvelle Terre promise. Hélas, les promesses ne durent qu'un temps, même celles de Jéhovah.

Une fois que tout fut mis en place, je suppliai le roi de prêter un peu d'attention aux innombrables requêtes de Colomb. Il eut cette réponse, que l'on peut qualifier de mot historique :

— Monsieur le *piloto mayor*, j'ai suffisamment d'emmerdements sur le râble en ce moment pour ne pas m'encombrer en plus des récriminations de ce cinglé !

Colomb mourut l'année suivante. Malgré mes supplications, il voulut, ne tenant pas compte de sa santé délabrée, se rendre à Valladolid, à dos d'âne et vêtu de sa bure de franciscain, solliciter une audience auprès du roi. Il s'éteignit en chemin.

J'aurais voulu repartir en mer. Mais ma fonction de *piloto mayor* ne me le permettait pas. Je ne pouvais plus naviguer que par procuration, sur les cartes remises par ceux qui revenaient de là-bas. Cependant, grâce ou à cause des innombrables versions de mes lettres, diffusées partout dans le vieux monde, ma renommée devint immense, sans que je n'y pusse rien, jusqu'à la cour du Grand Turc, jusqu'au roi de Pologne, et même jusqu'à l'obscur Gymnase de Saint-Dié, qui donna mon prénom au Nouveau Monde : America.

Pinzón, La Cosa et mes autres compagnons sont en mer. Moi, je reste en rade, à quai, attendant leur retour. Et leurs cartes. Je rêve de leur sillage, des terres inconnues qui se lèvent à leur proue. Je ne repartirai jamais, je l'ai bien compris. Trop important personnage, trop notable pour poser une dernière fois ma main sur le bois chaud, priapique, de la barre, l'œil braqué sur les voiles, afin qu'elles restent parfaitement tendues et ne faseillent point, ne serait-ce que d'un scrupule de leur bouline.

Je n'irais jamais plus en mer. J'ai demandé à mon valet Marco le cannibale de me tailler dans le bois d'un millénaire olivier mort de froid l'hiver dernier une boule d'une coudée de circonférence. Une boule parfaite, lisse comme l'est notre mère la terre. J'y collerais, morceau après morceau, tout ce que je sais de la réalité du monde. Puis, je transpercerai cette boule d'un pivot afin qu'elle puisse tourner sur son axe. Quand le globe sera achevé, d'une simple pression, je le ferais tourner sur lui-même. Mon doigt posé sur la mer immense sera alors mon ultime caravelle.

ANNEXE

Cartes des quatre voyages d'Amerigo Vespucci

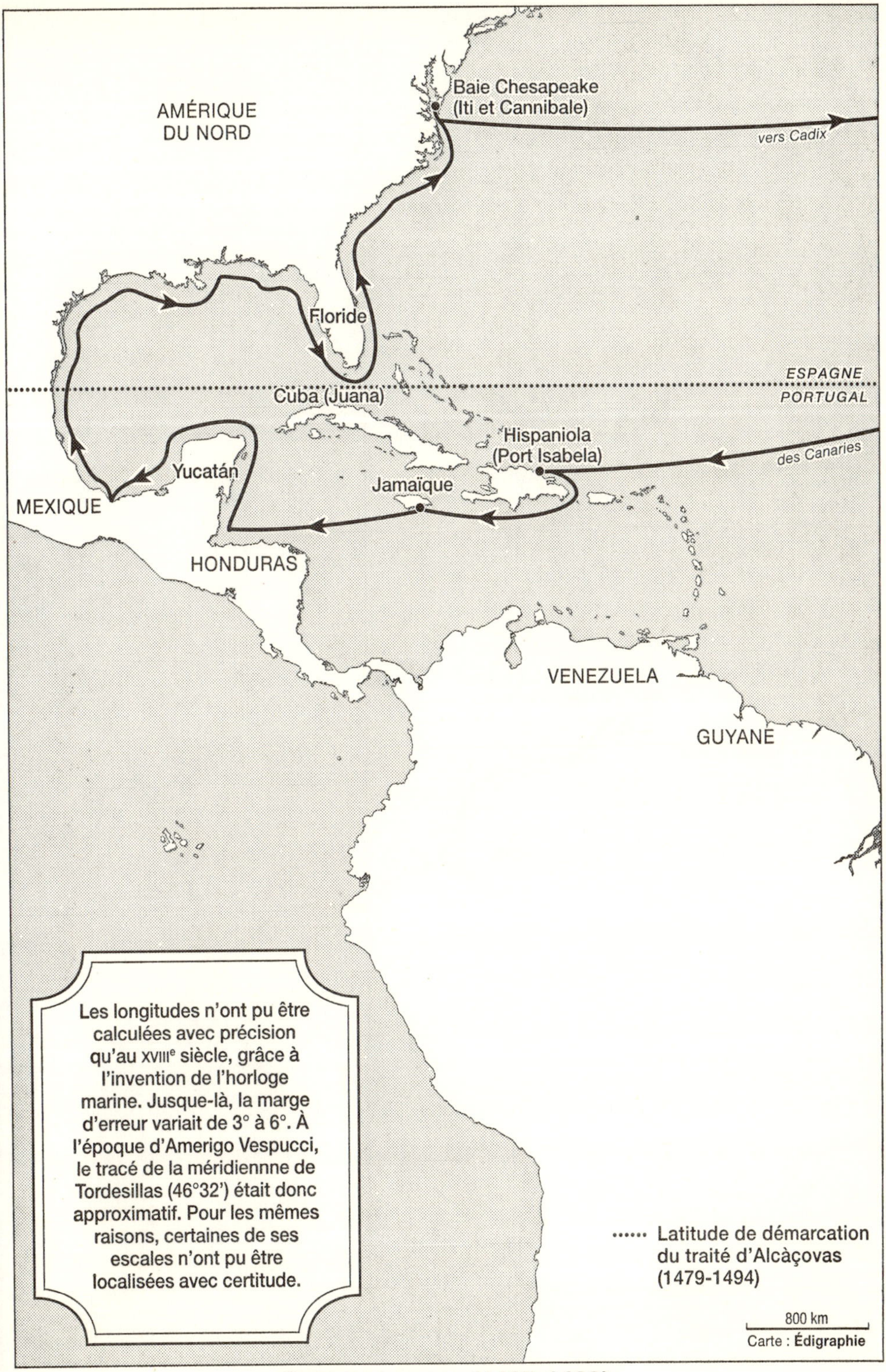

Premier voyage (1497-1498)

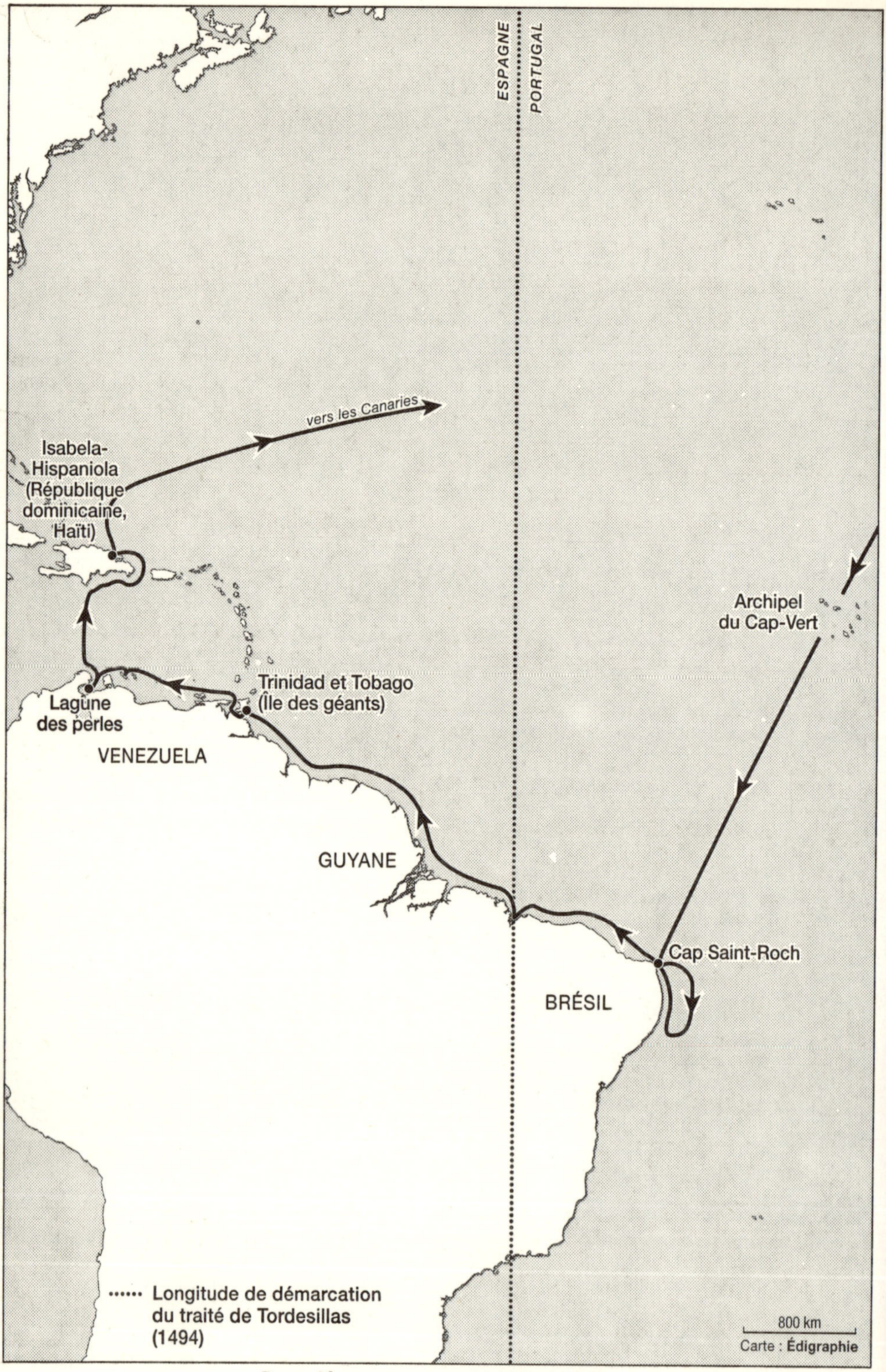

Deuxième voyage (1499-1500)

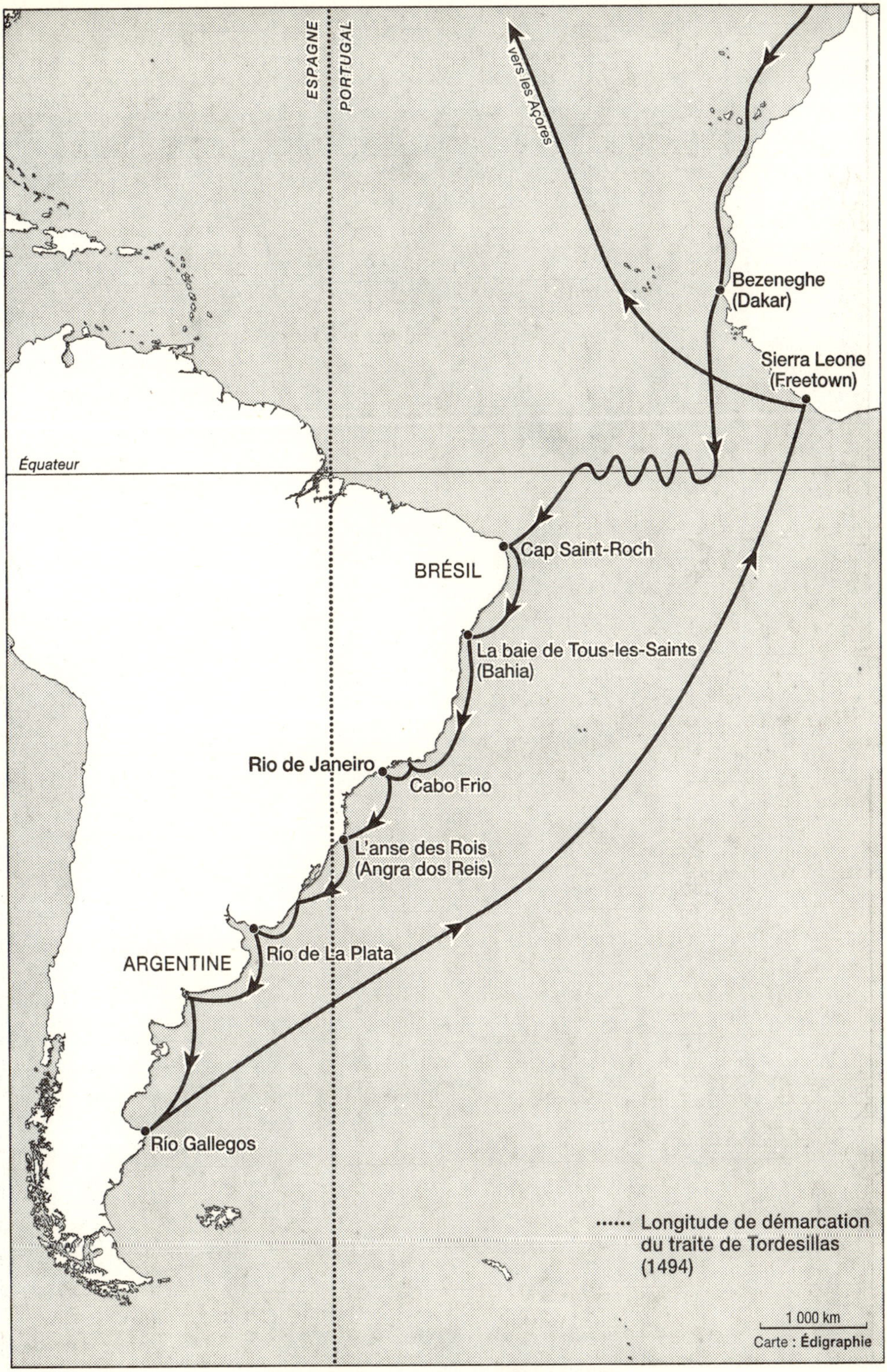

Troisième voyage (1501-1502)

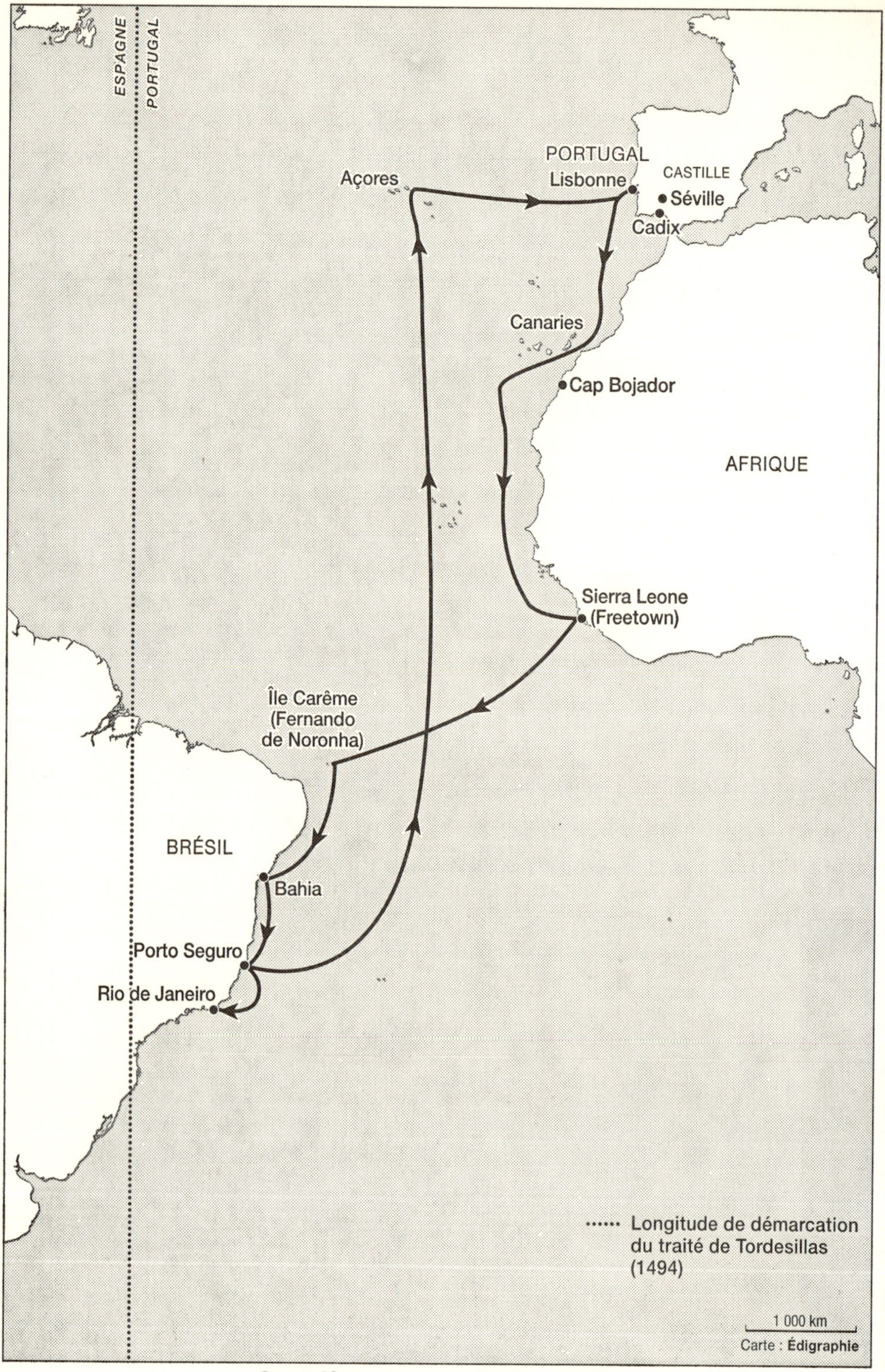

Quatrième voyage (1503-1504)

Cet ouvrage a été imprimé en France par

CPI
BUSSIÈRE

à Saint-Amand-Montrond (Cher)
en décembre 2011

Ce volume a été composé et mis en pages
par Étianne Composition
à Montrouge.

N° d'édition : 51989/01 – N° d'impression : 113544/1
Dépôt légal : décembre 2011